继续
教育

继续(网络)教育系列规划教材
荣获全国高校现代远程教育协作组评比"网络教育教材建设金奖"

应用文写作

（第二版）

Yingyongwen Xiezuo

方琦 肖锡彤 编著

西南财经大学出版社
Southwestern University of Finance & Economics Press
中国·成都

图书在版编目(CIP)数据

应用文写作/方琦,肖锡彤编著.—2版.—成都:西南财经大学出版社,2017.7

ISBN 978-7-5504-2471-5

Ⅰ.①应… Ⅱ.①方…②肖… Ⅲ.①汉语—应用文—写作—高等学校—教材 Ⅳ.①H152.3

中国版本图书馆CIP数据核字(2016)第142652号

应用文写作(第二版)

方 琦 肖锡彤 编著

责任编辑:高小田
封面设计:穆志坚 张姗姗
责任印制:封俊川

出版发行	西南财经大学出版社(四川省成都市光华村街55号)
网　　址	http://www.bookcj.com
电子邮件	bookcj@foxmail.com
邮政编码	610074
电　　话	028-87353785 87352368
印　　刷	郫县犀浦印刷厂
成品尺寸	185mm×260mm
印　　张	12.25
字　　数	275千字
版　　次	2017年7月第2版
印　　次	2017年7月第1次印刷
印　　数	1—3000册
书　　号	ISBN 978-7-5504-2471-5
定　　价	28.00元

总序

随着全民终身学习型社会的逐渐建立和完善，业余继续（网络）学历教育学生对教材的质量要求越来越高。为了进一步提高继续（网络）教育的人才培养质量，帮助学生更好地学习，依据西南财经大学继续（网络）教育人才培养目标、成人学习的特点及规律，西南财经大学继续（网络）教育学院和西南财经大学出版社共同规划，依托学校各专业学院的骨干教师资源，致力于开发适合继续（网络）学历教育学生的高质量优秀系列规划教材。

西南财经大学继续（网络）教育学院和西南财经大学出版社按照继续（网络）教育人才培养方案，编写了专科及专升本公共基础课、专业基础课、专业主干课和部分选修课教材，以完善继续（网络）教育教材体系。

本系列教材的读者主要是在职人员，他们具有一定的社会实践经验和理论知识，个性化学习诉求突出，学习针对性强，学习目的明确。因此，本系列教材的编写突出了基础性、职业性、实践性及综合性。教材体系和内容结构具有新颖、实用、简明、易懂等特点，对重点、难点问题的阐述深入浅出、形象直观，对定理和概念的论述简明扼要。

为了编好本套系列规划教材，在学校领导、出版社和各学院的大力支持下，成立了由学校副校长、博士生导师杨丹教授任主任，博士生导师冯建教授以及继续（网络）教育学院陈顺刚院长和唐旭辉研究员任副主任，其他部分学院领导参加的编审委员会。在编审委员会的协调、组织下，经过广泛深入的调查研究，制定了我校继续（网络）教育教材建设规划，明确了建设目标。

在编审委员会的协调下，组织各学院具有丰富继续（网络）教育教学经验并有教授或副教授职称的教师担任主编，由各书主编组织成立教材编写团队，确定教材编写大纲、实施计划及人员分工等，经编审委员会审核每门教材的编写大纲后再进行编写。自 2009 年启动以来，经几年的打造，现已出版了七十余种教材。该系列教材出版后，社会反响较好，获得了教育部网络教育教材建设评比金奖。

下一步根据教学需要，我们还将做两件事：一是结合转变教学与学习范式，按照理念先进、特色鲜明、立体化建设、模块新颖的要求，引进先进的教材编写模块来修订、完善已出版的教材；二是补充部分新教材。

希望经多方努力，力争将此系列教材打造成适应教学范式转变的高水平教材。在此，我们对各学院领导的大力支持、各位作者的辛勤劳动以及西南财经大学出版社的鼎力相助表示衷心的感谢！在今后教材的使用过程中，我们将听取各方面的意见，不断修订、完善教材，使之发挥更大的作用。

西南财经大学继续（网络）教育学院

2014 年 12 月

第二版前言

应用文写作是高等院校普遍开设的一门应用性课程，它是为提高当代大学生的应用写作能力而设置的。该课程主要讲授在人们日常工作和生活中经常使用的各种应用文体的相关知识，同时辅以一定的写作训练。课程的主要目的是帮助学生熟悉各种应用文体，提高他们的应用写作能力。该课程是当代大学生的基础性和应用性课程之一，修读该课程，能够帮助当代大学生更快适应和有效完成各种应用文稿的起草工作。

编写一本适用于各高等财经院校、成人（网络）教育本科和专科应用文写作课程教学需要的《应用文写作》教材，是我们编写此书的宗旨。为了适应成人（网络）教学的特点，本教材在编写体例上特别做了如下安排：第一，专门编写了“写作基础知识”和“文体知识”两章内容，以适应部分基础薄弱的学生的需求；第二，精心安排了各种应用文体的教学内容，包括行政公文、财经文书、通用文书、新闻报道、司法文书、学术论文等内容，这些内容基本囊括了在现代工作和生活中使用频率较高的主要应用文体，对提高学生的应用写作能力有直接的帮助；第三，对每一种应用文体，均编排了示例范文，供学生学习参考；第四，在每一章末尾，均提出了复习要求，以帮助学生巩固所学知识。在教学中，本教材适宜采取重点讲授和学生自学两种教学方法，同时强化写作训练。

本教材由方琦和肖锡彤编著。方琦老师编写了第二章、第三章、第六章、第七章、第八章，肖锡彤老师编写了第一章、第四章、第五章。由于学识有限，本教材在编写过程中不可避免会出现一些疏漏和错误，欢迎广大读者批评指正。

本教材出版得到了西南财经大学成人教育学院和出版社的大力支持，本书责任编辑也为本教材付出了辛勤劳动，在此表示衷心感谢！

方琦

2017 年 6 月于光华园

目 录

第一章 写作基础知识

写作是一个运用材料表达思想的完整的工作过程，它大致要经过这样四个阶段：准备阶段——酝酿思想，在此基础上研究分析材料，产生初步的认识；构思阶段——提炼观点，选择材料以至谋篇布局；写作成篇——通过语言文字将思想表现出来；修改阶段——修改语言文字，增删材料内容，调整篇章结构，定稿。

在这一章里，我们将探讨写作过程的规律，学习前人在长期写作实践中总结出来的经验。为了方便学习，我们将分别讨论写作过程的几个重要环节，即材料的搜集和选择、观点的提炼、结构的安排和语言的运用。

第一节 材料

一、材料的概念和作用

要想写文章，先得有材料。

所谓材料，就是作者为着某一写作目的，从生活、工作中搜集积累以及写入文章中的事实和论据。材料是构成文章内容的主要成分，也是提炼观点的客观依据。常言道：“巧妇难为无米之炊。”没有充分、真实的材料，观点就得不到充分的表现。写出来的文章，就只能是言之无物、空话连篇、缺“血”少“肉”，恰似皮包骨头的“病人”一样，没人爱看。

二、材料的搜集

准备材料，要做到一个“多”字。所谓“韩信点兵，多多益善”。搜集材料的方法主要有两个：

一是平时积累。我们在实际工作中，接触的都是鲜活的人和事。只要我们做个“有心人”，就不难发现值得写的课题和供写作的材料；只要平时注意把材料搜集起来，写作时就有丰富的材料供我们使用了。

二是专门调查。有些情况是我们平时不可能接触到的，这就需要有目的、有计划、有组织地专门调查，搜集材料。

具体地讲，需要掌握四方面的材料。

（一）直接材料与间接材料

亲身经历获得的直接材料最具体、最生动，也最有说服力。但是，世界上的事物丰富多彩，复杂纷纭，而个人能经历的有限。为了能比较深刻地认识事物，完整地反映事物，就必须搜集间接材料，包括听取有关单位介绍，查阅文书资料，查看会计、统计资料等。

（二）现实材料与历史材料

现实材料能体现新情况、新经验和新问题，我们要重视它。同时，任何事物都有它的过去和现在，了解了事物发展变化的全过程，就可以从中发现规律，从比较中发现问题。

（三）内部的材料与外部的材料

本单位、本地区的材料需要把握，外单位、外地区的材料也需要把握。这样才能更全面地认识客观事物，有利于以宏观视角表现事物。

（四）正面材料与反面材料

事物都是辩证统一体。要想全面、正确地认识事物，必须注意正反两面的材料。

三、材料的选择

搜集材料，应当“以十当一”，以多为佳；选择材料，应当“以一当十”，以严为上。

选择材料应遵循三点原则。

（一）要围绕观点选择材料

这是材料选择的首要依据。材料的取舍必须以表现观点为依据，而不能独立地着眼于材料本身。和观点有关并能有力地说明、烘托、突出观点的材料，把它留下；和观点无关，不能说明、烘托、突出观点的材料不管它多么新颖、生动都要坚决地“扣”下来，不让过“关”。这样，文章才能不枝不蔓，观点集中。

我们一些初学写作的同学，最常犯的毛病之一恰恰在于疏于选材，不忍“割爱”。他们以个人喜好来选择材料，总想把自己辛辛苦苦搜集来的材料都塞进去，不加剪裁，不加剔除。这样做的结果，只能使文章庞杂、观点模糊。

（二）选择典型材料

我们搜集来的材料，与观点有关的还很多，当然不能把它们都写进文章中去。这就需要选择那些最有能力表现观点、说明问题的典型材料。

所谓典型材料，是指能够深刻揭示事物本质，具有广泛代表性的个别事例。人们认识事物总是由“个别到一般，又从一般到个别”这样的逻辑思维模式进行的。所以，通过“个别”反映“一般”，通过“典型”反映“共性”，这是所有文章写作反映生活、表现观点的一条共同规律。所谓“抓典型”“解剖麻雀”等，说的都是这个意思。

比如日新在《函中之鼎以烹鸡》中谈到社会上浪费人才的现象十分严重，他用了这样一个材料：“相当一部分科学家（其中包括国际上知名的老一代科学家）不能专心致志于科学研究。要么社会活动过多，会议过多，耗去了他们大量宝贵时间；要么家务缠身，让诸如采购、领工资、修理仪器等琐碎事务绊住了手脚。前些年，曾听说过国外人士震惊和感慨于童第周洗瓶子。今年，要求帮科学家摆脱杂务的呼声也屡见报端。北京大学一位搞分子生物学的副教授，每周要拿出百分之七十的时间来干杂务。西安地质矿产研究所一位工程博士，为添置一台设备跑了十八天还毫无结果。”这个材料令人感到震惊，很能说明问题。

（三）选择真实、准确的材料

所谓真实，有两层意思：第一，材料必须符合客观事实，可靠可信；第二，它不是偶然的、个别的现象，而是反映着客观事物的主流和本质。列宁曾经强调指出：如果从事实的全部总和去掌握事实，那么，事实不仅是胜于雄辩的东西，而且是证据确凿的东西；如果不是从全部总和，不是从联系中去掌握事实，而是片断的和随便挑出的，那么事实就只能是一种儿戏，或者甚至连儿戏也不如。

应用文与文学作品相比较，在材料的真实性上有着不同的要求。文学作品可以以生活的真实为基础，而不受真人真事的限制，把多个人，多种事件集中起来，进行艺术加工，创出崭新的艺术形象。应用文则不能这样，它所叙述的人物、环境、时间必须绝对真实，连细节也不能虚构。

准确，就是确凿无疑，可靠无误。记人，实有其人；叙事，确有其事，时间、地点、原因，交代明确；引文，完整无误；运用数据，精确不差。

要使材料真实准确，对所选材料须认真审核。尤其是关键性的材料，更要花力气核实，任何一个细节也不能掉以轻心。

四、材料的使用

从不同渠道搜集来的材料，虽然经过了选择，也不能原封不动地写进文章中。还必须经过一番加工改造，使材料符合自己文章的需要，并且使文章语言有一个统一的风格。这需要一定的表达技巧。

（一）截取与浓缩

所谓截取，是指对原始材料取其一段，为我所用。比如有的材料完整地记载了某一社会事件，头绪复杂、过程详尽、涉及面广，我们只需截取其中一两部分内容用在自己的文章中就足够了。再如有的材料全面反映了某一企业生产管理、技术设备、产品销售、资金运用等方方面面的情况，而我们只选择其中一个方面的材料就行了。截取的要点是摘取材料中的精华，而舍弃其余。

所谓浓缩，就是对材料进行压缩，用简洁的语言概括性地叙述材料。比如表述一个事件，只要抓住叙述要素，一句话就可以表达清楚了。例如：“今年二月上旬，南京青山路储蓄所的员工，协助公安机关抓获了诈骗犯刘某，保护了银行资金的安全。”

（二）点面结合使用材料

所谓“面”，指的是事物的整体状貌，全局性情况；所谓“点”，指的是事物的某一侧面，某一局部或某一个别的情况。

在写作中，我们使用概括材料，简洁地表述“面”的情况，寥寥数语，即见精神，给读者以整体印象。而对“点”的情况，我们使用具体材料，细致而微地给予表现，给读者留下深刻的印象。这种方法是十分经济有效的。

第二节　观点

一、观点的概念和作用

人们写文章总有着某种意图：或宣传某种思想，或说明某个问题，或阐发某种主张，或传播某项经验……总之，作者总要在文章中表露自己的思想感情，表达自己对生活、对事物的认识和理解。通过文章，作者直接地表示他对于所反映的事物的态度和意见。这也就是文章的观点。

观点是文章的灵魂。一篇文章质量的高低，价值的大小，关键就在于有没有一个好的观点。只有观点正确、鲜明的应用文才能有益于工作，才能切实地解决工作中的问题，推动我们的工作健康发展。如果一篇应用文，只是罗列了一大堆材料，而不试图说明什么问题，解决什么问题，那么，这篇文章就不能对工作发挥任何作用。

观点又是文章的统帅。我们写文章时，材料如何选择，结构如何安排，采用何种表达方式和语言风格，这都要有个统一的标准、统一的依据。这个标准、这个依据，就是文章的观点，其他就是为表现、突出观点服务。有了观点，从表现观点的需要出发，材料的取舍才能得当，材料的使用方可主次分明；结构的安排才能合理、巧妙，文章才能条理清楚，表达方式的运用、语言的驱遣、标题的拟制等也都有了依据。

古人作文，主张“以意为主”，强调文章必须以明确的观点作为统帅，王夫之说：“无论诗歌与长行文字，具以意为主。意犹帅也，无帅之兵，谓之乌合。李、杜所以称大家者，无意之诗，十不得一二也。”这里所说的“意”，就是我们所说的观点。这个说法很形象，也很有道理：乌合之众的军队是不可能在战场上克敌制胜的；没有“立意”，没有观点，就不可能写出好文章来。如果一定要写，勉强运笔成文，就只能东拉西扯、漫无边际地拼凑词句、罗列材料。这样的文章恐怕连作者自己也会不知所云。

总之，观点是决定文章成败优劣的重要因素，是组织全文的依据，是统率全文的总纲。

作为文章的灵魂与统帅，观点在一篇应用中一般只能有一个，这就是基本观点。为了论证和说明基本观点，往往需要用一些从属观点来进行阐述，从属观点下面也可以再有从属观点。基本观点与从属观点之间是统帅与从属的关系。

二、观点的提炼

人们认识事物，要经历一个从感性认识上升到理性认识的过程。提炼文章的观点也如此。作者在工作中获得了大量材料，有了一定的认识，但这只是提炼观点的基础。这种初步萌生的认识常常是朦胧的、粗浅的。要想获得正确而深刻的观点，使文章思想性强、作用大，就得对观点进行提炼，进行一番改造制作，使我们对客观事物的感性认识上升为理性认识，得出正确而深刻的观点来。

应用文的观点来源于现实工作中，服务于社会工作。它的形成与提炼涉及以下因素：

（一）分析研究材料，揭示客观事物的本质属性

人们的思想观念是对客观现实的反映，要想获正确而深刻的观点思想，必须研究社会工作现象，通过对材料的分析、比较、综合，获得对事物内部联系、固有规律的本质性认识，从而抽取、提炼出思想观点。

应用文讲究客观真实性，切忌对观点随意拔高，任意贴标签。

（二）依循贯彻国家方针政策的轨迹，体现应用文的政策性的特点

国家的方针、政策形成于现阶段社会主义建设的实践，是开展工作的依据。政策的作用是巨大的。因此，在应用文观点的提炼过程中，必须充分意识到方针政策在实际工作中的作用，联系相关政策进行思考，并为贯彻方针、政策出一分力。这也是写作中开启思路、体现思维开阔性的一种方法。

（三）领会领导意图，考虑现实工作需要

从组织学的角度看，单位的领导是组织意志的体现者；从管理学的角度看，单位领导是决策者，他的意见是应该遵从的。因此，如果是领导交代的写作任务，写作者就应该认真领会领导意图，在文章中给予体现。

应用文是适应实际工作而写的，文章应有针对性。作者要关注现实工作的热点、焦点现象，回答实际工作中迫切需要解决的问题。而且，要注意观点的可行性、可操作性，体现应用文观点在理论上的具体实用性，最大限度发挥文章的实际功效。例如《广东省政府关于防治水污染的通知》一文，就是针对广东省水质污染严重的现象，向下级提出了加强措施，防治水污染的要求。

三、对观点的要求

应用文不同于一般的说理或叙事的文章，它是我们在业务工作中处理和解决问题的工具，对于推动事业的发展具有重要的作用，既有很强的政策性，又有执行上的严肃性。因此，它特别需要有鲜明、正确的观点。

（一）正确

所谓正确，就是要符合党和国家的方针、政策，合乎事物本身的规律，合乎社会发展的规律。正确的观点不是凭自己的头脑空想出来的，而是对生活现象和事实材料本身所具有的思想意义的高度概括，是对客观事物本质的正确发掘。因此，我们必须从客观实际出发，详细地解读材料，进行深入的分析，归纳，从材料中引出合乎实际的正确结论来。只有这样，才能杜绝任意强加不符合材料性质的观点，或人为地拔高观点之类的不良现象。

（二）鲜明

所谓鲜明，即是思想观点明确，态度明朗，提法明确。议论文常直接表明观点，文学作品则常借形象思维来表达观点，人们领会它的观点，要有一个分析揣摩的过程。就以文学名著《红楼梦》而言，鲁迅先生曾经说它：“单是命意，就因读者的眼光而有种种：经学家看见《易》，道学家看见淫，才子看见缠绵，革命家看见排满，流言家看见宫闱秘事……”

应用文多用逻辑思维，对于文章中所要说明或解决的问题，明确地表达自己赞成什么反对什么，态度就要明确，毫不含糊。语言运用绝不模棱两可、似是而非，造成理解和观点的差异。

在写作中，常把观点概括为简短的语句。基本观点句或作为全文的标题，或放在开头，或放在结尾，以引起人们的注意。从属观点句常作为层次的小标题，或作段落的首句。这是使观点鲜明的好办法。

第三节 结构

一、结构的概念和作用

占有了材料，确立了主题，解决了文章的思想内容，还不能成为文章，还需要进一步解决文章的形式，即文章的结构和语言，才能完成为一篇文章。

所谓结构，就是文章内部的构造，就是文章内容组织安排的方式。它要解决的是文章中整体与部分、部分与部分之间的关系，是一种组织“局部”为“整体”的构造艺术，是“分”与“合”的艺术。

结构是作者思路的体现，在动笔之前先要理清思路，立定格局。也就是说要事前筹划怎样开头，分多少层次，何先何后，何轻何重，如何过渡照应，如何跌宕起伏，如何结尾等。只有思路理清了，全文的间架、轮廓、大纲立定了，写起文章来，才会从容不迫，“言之有序”。结构的具体内容很多，我们只择其要点，讲讲层次的安排和开头与结尾的方式。

二、层次的安排

所谓层次，指的是文章思想内容的表现次序。它是事物发展的阶段性，是客观事物矛盾的各个侧面，是人们认识事物和表达看法的思维进程性在文章中的反映，它体现了作者思路开展的步骤。

安排层次的方式多种多样，文章的题材不同，安排的方式也不尽相同。应用文常采用下列三种方式来安排层次。

（一）按事物发生、发展的过程来安排层次

这种结构方式的时间性、阶段性强，线索清楚，有助于读者对事物来龙去脉有深入全面的了解。这种方式适用于本身具有很强的阶段性的工作，利于展现各个阶段不同的工作内容和不同的特点。

（二）按材料的性质分类来安排层次

这就是所谓的“逻辑顺序”。把表现观点的众多材料按照它们的性质加以分类——相同的材料归在一起，写在一个层次里，然后从各个不同的侧面，多层次地展现观点。

（三）按问题或事物的各个方面来安排层次

这一结构的特点是全文各层次之间为并列关系，各层次从不同方面、不同角度来表现观点。如做全面总结，往往分别谈信贷工作、会计工作、思想工作……再如写调查报告，往往按照经验（或存在的问题）来划分层次，有几条重要经验就有几个层次。

（四）按“提出问题——分析问题——解决问题”的方式安排层次

这种方式适合于解决工作中阻碍工作开展的困难或弊端。它符合人们认识事物，解决问题的思维模式，逻辑性很强。

（五）按对比的方式安排层次

对比式适合于将不同事物进行比较。运用对比式要注意结构的对称性，让读者能清晰地看出不同事物的差异。

还有一点需要说明：结构方式是多种多样的，也是灵活多变的。在一篇复杂的应用文中，往往以某一种方式作为全文安排大层次的基本方式，而在某一层次中又使用其他方式安排小层次，从而在一篇文章中呈现出两种或三种方式交叉运用的情况。

三、开头与结尾

（一）开头

应用文的开头一般采用平实的方式，一开始就提纲挈领，接触文章的实质内容，开宗明义，落笔入题。忌讳拐弯抹角、委婉曲折，半天也不能进入正题。常见的开头方式有以下几种：

概述式——以概括的语言提示全文的主要内容，给读者一个整体印象。例如总结的开头，通常介绍工作开展的条件、本期主要的工作、主要成绩、核心经验、对工作的评价等，全文的内容都在开头给予了交代。

主旨式——在文章的开头就亮出作者的观点，统领全文。如经济论文就常采用这种方式。

目的式——交代写作动机与目的，使人明了作者的意图。例如指示性通知的开头就常这样写。

根据式——根据政策条文或上级指示精神写作的文章，在开头一般就采用根据式的开头。

问题式——介绍工作面临的困难或不利局面，从中提出需要解决的问题，突出矛盾，引人注目。例如揭露问题的调查报告常用问题式的开头。

（二）结尾

应用文的结尾采用的方式也是平实的，讲求晓之以理、言尽意止，不追求言外之意。常见的方式有以下几种：

结论式——将全文的内容概括起来，给一个结论性意见，加深读者的印象。一些调查报告就采用这种写法。

对策式——针对存在的问题和原因分析，在结尾提出解决问题的办法、措施，切实改进工作，推动工作发展。

第四节　语言

在文章的写作过程中，语言的运用是个十分重要的问题。一篇文章，有了深刻的立意、精选的材料和好的组织结构，最终都要通过语言文字表达出来，否则就不能称为“文章”。语言是文章的“细胞”，是文章最基本的“建筑材料”，是构成文章的“物质形式”。离开了语言，就没有文章。因此，对于每一个学习写作的人来说，准确而熟练地掌握语言这个表情达意的主要工具，是学习写作最重要的任务。

对于语言的运用，一般文章都要求准确、鲜明、生动。就应用文来说，则着重于明确、简练，在此基础上再追求生动，如调查报告、总结等也要尽可能写得生动些。

一、准确

所谓准确，是指运用最确切、精当的字、词、句，恰如其分地表达意思，使人一看就懂。

要使语言准确，需要从以下四个方面下功夫。

（一）用词要确切

要准确地表达情意，就得精心选择最准确、最恰当的词汇，这是运用语言最基本的要求。如：

我们认为美国的这些侵略行动应该被制止，亚洲的和平应该得到保证，亚洲各国的独立和主权应该受到尊重，亚洲人民的权利和自由应该得到保障，对亚洲各国的内政干涉应该停止，在亚洲各国的外国军事基地应该撤出，驻在亚洲各国的外国军队应该撤退，日本军国主义的复活应该防止，一切经济封锁应该限制和取消。

（周恩来总理一九五四年四月二十八日在日内瓦会议上的讲话）

有些人爱用模棱两可的词语，如“据我们不成熟的意见”“据不完全可靠的判断”“大约”“也许”等词语，在写作中也要尽量避免。

（二）句子要通顺

句子通顺，要符合两方面的要求：一是要符合语言规范，二是要符合逻辑。

不符合语法规范而使句子不通顺的情况有以下几种：句子成分缺失；词语搭配不

当；词序不合理。

有些句子虽然符合语言规范，但逻辑上却于常理不合，也不能正确地表达思想。如违背科学常识和生活常识，主观想象等都是错误的。

（三）标点符号要正确

标点符号的遗漏或错用，也会影响意思的表达，有时甚至会使政策发生偏差。一定要认真对待，正确使用标点符号。

（四）行款格式要符合规范

行款格式符合规范，可以使文章眉目清楚，便于阅读。

文章的标题，要居中排列（可从稿纸第二行或第三行开始）。如有副标题，副标题前用破折号；副标题比较长须回行时，要讲究排列美观。

一般情况下，标题不用标点。有时为了强调语气、情感，用了问号、感叹号或省略号等，应视为例外。

标题之后应写作者姓名（中间亦可空一行），写法仍应居中排列。

这之后，最好再空一至二行，开始写正文。

每段开头，均空两格。

二、简练

所谓简练，就是以尽可能少的文字表达出尽可能多的内容，使文章言简意赅，“文约而事丰”（刘知己《史通·叙事》）。

要做到文字简练，首先要训练自己思想精密。语言不简练，主要是由于思想认识模糊不清，抓不住事物的要害，因而写起文章来，东一句、西一句，啰啰唆唆写个没完。所以要简练，最根本的是“炼句”。学会紧扣文章的中心，抓住事物的本质，抓住问题的要害来组织文章内容，这样写出来的文章，一定是简练的。

其次，要节省用字，删繁就简，努力压缩，提炼最精简的词语。有一篇稿件里的一句话原来是这样的：“自去年 12 月 6 日安装完毕，再次点火试车以来，基本上做到了安全、稳妥、持续生产，为国家提供了许多化工产品，还实现了基本建设收入。”后来压缩为：“试车以来，为国家提供了许多化工产品，还实现了基本建设收入。”文字少了，却丝毫不损原意。

最后，不说或少说理论性的话。理论性的话一般都是众所周知的，用不着多讲，非说不可时，也要以简为主。

有些人写文章爱穿靴戴帽，说一大堆空话废话。像下面一段话就完全多余，可以删去，毫不可惜：“我行收贷工作，由于各级党委和上级行的正确领导，群众的积极支持，以及工作人员思想觉悟的不断提高，基本上有了良好的工作条件。通过一系列有效措施，并在逐步推进中克服了一些偏向，现在一般说已经获得一定成绩，但由于经验不足，还存在着缺点。”

需要指出的是，简练也有个界限，不能为简而简。一味求简会使语意不明，意思表达不完整的。古人说：“凫胫虽短，续之则忧；鹤胫虽长，断之则悲。”应在思想表达清楚、准确、完整的前提下力求简练，还应根据思想内容、读者对象来安排语言的繁简长短。更不能贪图方便，该说的不说，当用的不用，走向另一极端，这就不是简练而是苟简了。

三、生动

语言生动，就是要讲究文采，形象生动，绘声绘色，有感染力，让人愿意看。“如果一篇文章，颠来倒去，总是那几个名词，一套‘学生腔’，没有一点生动活泼的语言，这岂不是语言无味，面目可憎，像个瘪三么?”（毛泽东《反对党八股》）。应用文也同样如此，也应该适当地讲一讲语言的生动性。特别是调查报告、总结之类，能写得生动些，加强文章的感染力，效果也会更好。

请看下面的例子：

学会“弹钢琴”。弹钢琴要十个指头都动作，不能有的动，有的不动。但是，十个指头同时都按下去，那也不成调子。要产生好的音乐，十个指头的动作要有节奏，要互相配合。党委要抓紧中心工作，又要围绕中心而同时开展其他方面的工作……党委的同志必须学好“弹钢琴”。

（选自《毛泽东选集》）

当然，应用文不能像文学作品那样，运用夸张、含蓄等修辞手法使语言生动，但可以通过典型事例，运用比喻、比拟、借代、排比等手法使语言生动。

四、数字的应用

经济工作离不开数字，因此应用文常常用数字来说明问题。我们讲用词要确切，也包含运用数字要准确。

数字有基数、序数、分数、倍数、确数、概数等，使用时要加以注意。

说明数字的变化要准确。例如在说明数量的增加或减少时，要把原数、增加数、合计数区别清楚；要把原数、减少数、差数表达准确。

复习要求

1. 重点掌握材料的真实性、观点的鲜明性、结构的显性化、语言的朴实性。
2. 掌握材料选择的四原则，重点是材料的真实性。
3. 掌握观点的提炼、观点的要求，重点是观点鲜明。
4. 掌握结构的三大基本内容，重点是安排层次的方式，开头与结尾的方法，常用序号的标示。
5. 掌握语言朴实性特征及准确、简洁的要求。

第二章 文体知识

第一节 文体知识概述

写作是现代人交流思想、传播知识、沟通信息的重要手段之一，同时也是我们当代大学生必备素养之一。对于当代大学生来说，学会写作，熟练掌握写作基础知识是一项必不可少的基本技能。随着社会主义现代化建设事业的飞速发展，各行各业都需要写作，各行各业也都离不开写作。掌握了写作这一基本技能，不仅能为我们做好本职工作打下良好的基础，而且能够帮助我们学好各种专业知识，为在各自的专业领域继续钻研深造、腾飞冲天插上有力的翅膀。

写作是一项综合性、实践性很强的活动。要学会写作，并成为写作的能手，除了应当具有深刻的思想认识、深厚的知识功底以外，还应当熟练掌握各种写作基础知识和写作技巧。在学习写作的过程中要注意：一方面，我们应经常结合各自的生活和工作实际勤奋思考，多加练习；另一方面，我们还需要准确把握各种文体的不同特点。只有勤思多练，才能使我们真正掌握写作这门技能；只有准确把握各种文体的不同特点，才能让我们在各种场合下都能够写出思想深刻、中心突出、观点鲜明、文理通顺、结构严谨、语言流畅、感情充沛、文采飞扬、能充分体现各种文体特点的文章来。

学习写作，必须熟练掌握各种文体的基础知识，这是十分重要的。文章有各种文体。要写好各种文章，就必须了解各种文体的基本特点。只有熟练掌握了各种文体的基本特点，我们才能写出各种类型的合格文章。

在日常工作和生活中，文章的种类十分繁多，并且，其分类方法也多种多样。有古代文体，也有现代文体；有文学创作类文体，也有日常工作、生活类文体。古人曾把文体分为有韵文和无韵文，也有人把文体分为诗、词、曲、赋、悼、铭、赞、序、跋、疏、史传、杂记、小说、散文等，这其中每一类文体，又可以做若干种类型的细致划分。如诗歌，可以分为古体诗、近体诗，也可以分为叙事诗和抒情诗，长诗和短诗，格律诗和非格律诗，还可以分为四言诗、五言诗、七言诗和杂言诗等。从诗歌的内容方面，我们也可以划分，如爱情诗、山水诗、田园诗、抒怀诗、怀古诗、言志诗、讽喻诗等。总之，从不同的角度来划分就会有不同的种类，按不同的标准来划分也会分出各种不同的类别。当代社会同样如此，文章的分类法多种多样。按不同的标准，我们可以从很多层面，分出各种不同类型的文体来。

在通常情况下，我们把文章分为文学创作类文体和日常工作生活类文体。其中，文学创作类文体包括：小说、诗歌、散文、戏曲、电影和电视剧剧本、童话等种类；

日常工作生活类文体则包括：记叙文、议论文、应用文、说明文等文体。

记叙文是应用十分广泛的一种文体。我们要记叙某地发生了某件事，通常就采用记叙文的方式来写作。

议论文也是一种应用十分广泛的文体。我们要表达某种观点，要阐述自己对某个问题的看法，一般就写议论文。

应用文更是广泛地运用于我们的工作和生活中，计划、报告、合同、规章、制度等，都是应用文，几乎我们每做一项工作，都和某一种应用文有关系。

说明文也广泛运用于各个领域。工厂生产出了产品，需要有说明书，如电视机使用说明书、计算机使用说明书、挖掘机使用说明书等的；药厂生产出的药品，需要有说明书；化肥厂生产出了化肥，同样需要印制化肥使用说明书。另外，博物馆也大量使用说明书。我们参观博物馆，可以看到大量有关展品的说明。旅游产业也是运用说明文较多的行业。旅游景点介绍、宾馆简介、观光注意事项等，都是说明文。总之，说明文是为说明某一种事物的性质、形状、特点，某一种产品的使用方法，某一种商品的功能和用途，某一处古代遗址的历史价值等而写作的，应用十分广泛。

文章的体裁不同，文章的特点就完全不同，写作方式、写作要求、语言表达、文章格式也会有很大的差别。例如，记叙文的写作方法就与应用文和议论文的写作方法完全不同，议论文的写作方法又和应用文的写作方法完全不同。在同一类文体中，各种不同细分的文体，也会有很大的差异。学术论文和时事论文都是议论文，但写作要求就有很大的差异。规章和合同，都是应用文，写作要求也有明显的不同。可以这样说，几乎每一种具体的文体，都有其自身的特点，都和其他文章体裁有明显的区分。所谓“文章千式”说的就是这种现象。

文章各有各的特点，因此，学习写作各种不同的文体就有不同的方法。有的需要着重掌握它规范的格式，有的需要着重注意语言表达习惯，还有的需要着重学习写作技巧。本教材主要针对各种应用文体，分门别类地介绍其各自的特点，同时辅以写作训练，以帮助同学们掌握各种文体的基本知识，提高写作各种文体的技能。

文章体裁虽然繁多，但对于学生来说，并不是每一种文章体裁都必须掌握，只需要着重学习一些在日常工作和生活中最常用的文章的写作，就基本上能够胜任将来的工作需要。

在日常工作和生活中，记叙文是一种最基本的文体，因此，需要简单讲述这种文体的基本特点和写作方法，同时也应当明确其写作要求。议论文是进行各种应用写作的基础，不学习有关议论文的各种基础知识，不熟练掌握议论文的写作技巧，写不好议论文，也就很难写好各种应用文。

第二节　记叙文

记叙文是一种对社会生活中的人、事、景物的状态及其变化发展进行叙述和描写的文章。记叙文以记人、叙事、写景、状物为基本手段，以叙述、描写和抒情为主要表达方式，通过对人物活动、事件经过、环境变化、景物状态的具体叙述和形象描绘来反映事物的本质，表达作者的观点。

记叙文是以写人记事为主要内容的。那么，怎样才能记叙好一件事呢？要写好一件事，首先应当清楚地交代事情发生的时间、地点、人物这些基本要素。任何一件事，总有它发生的时间和空间，总有其特定的原因和结果，并且往往离不开人的活动。时间、地点、人物、事件、原因、结果这六个方面的内容，就被称为记叙文的“六要素”。我们在写作记叙文时，只有把这六个方面的内容写清楚了，才能使别人明白你写了一件什么事，才能让读者对文章所记叙的人物和事件有一个完整和清醒的认识。如《萨迦的魅力》这篇文章，开篇用优美的文笔描写了萨迦迷人的晨景后，接着作者就写了如下一段文字。

例文 2－1

萨迦的魅力

吴传玖

……

那是一个冬日的下午，我们从地区所在地日喀则市出发，驱车前往位于日喀则南侧 135 公里外的这座雪域深处的萨迦古镇。……第二天上午 10 时我们在县人武部领导的陪同下，一路步行前往心仪已久的萨迦寺。我们穿行在古镇古朴的也很有规矩的街巷里，穿行在那条青石板铺砌而成的长街上，身心感到一阵阵少有的兴奋和愉悦。于是对这座古镇自然也就有了我在文章开篇时的那样一段如同欣赏一幅自然古朴山水水墨画一般的文字描述和心灵感受。一座方圆不足一平方公里，仅只有 2 000 余人的小镇，此刻已把我们的思绪带进了历史与现实的寻踪和思考中……

（选自中国作家网 http：//www. chinawriter. com. cn/）

上面这段文字，清楚地交代了时间、地点、人物这些基本要素，这样，读者阅读这篇文章，就能够清晰地了解事情发展的基本情况，这有助于帮助读者理解作品。

在各种文章的写作中，记叙文是一种最基本的文体。人们只要对一件事情有了基本的了解，掌握了最基本的写作技能，就能写出一篇记叙文。记叙文虽然比较好写，但要写出一篇非常优秀的记叙文却不太容易。要写好记叙文，首先必须掌握如下一些写作的基础知识。

一、记叙文的主题

主题是一篇文章的灵魂，记叙文必须有一个集中鲜明的主题。没有主题，作者将无法把各种材料统一组织起来，读者也将不能够理解作者所要表达的思想内容。

记叙文的主题也叫中心思想。在记叙文的写作中，作者必须遵循这样一个原则，即必须明确表达一个中心思想。作者在写人记事时，不是为写人而写人，为记事而记事，作者要写作一篇文章，总有一个明确的目的，总要表达一种明确的情绪。赞成、否定，欣赏、蔑视，同情、憎恨，不论你想表达一种什么观点，不论你想表达一种什么情绪，这个观点和这种情绪合起来就是这篇文章的主题。

《萨迦的魅力》这篇文章就有一个明确的主题。它的基本内容是描写位于日喀则南侧135千米外的雪域深处的萨迦古镇悠久的历史和壮美的自然景色，其主题就是展示萨迦古镇是西藏历史的权威见证，表现藏族人民今天美好的生活。

记叙文的主题必须鲜明。一篇文章主题模糊不清，思想含糊混乱，是难以打动读者的。朱自清先生的《背影》一文，正是鲜明地表达了父亲的爱子之情和儿子对父亲的怀念之情这样一个中心思想，才打动了所有的读者。

确立一个有积极意义的主题是构思一篇文章的基础。我们在写作一篇记叙文时，首先应当确立一个鲜明的主题，然后再用这个主题把所有的材料组织起来，加以构思，理清文章的线索，确定先写什么，再写什么，又写什么，最后怎样结尾，搭好文章的架构，安排好文章的层次，这样动起笔来才不会陷于混乱。有些初学写作的同学常常在没有确立一个鲜明的主题的情况下就开始下笔写作。开始可能写出了一个自以为不错的开头，写着写着，就变得糊涂了。再接着，连自己也弄不明白自己到底要写什么了。

提炼文章的主题是一项重要的工作。要写好一篇记叙文，首先应当从自己所掌握的材料中提炼出一个鲜明的主题，其关键是把材料放在一定的背景中去考察。背景就是时代环境，即政治动态、经济发展、人文精神和社会变迁等。一件小事，孤零零地看，毫不起眼，但如果把它和事情发生的背景联系起来，那就不寻常了。有很多深刻的思想都是从一些毫不起眼的小事中提炼出来的。有些同学看见别的同学写出一篇好文章，便惊叹："这些内容，我也熟悉，怎么我就没把它们写出来呢！"这说明你缺乏从小事中见出深意的能力。生活中，惊天动地的事情是少见的，大多是平凡的、细小的事情。但平凡的、细小的事情中往往蕴涵着深刻的思想。《红楼梦》写的是封建社会大官僚仕宦家族中极其平常的生活琐事，但它反映的思想意义却是极其深刻的。

二、记叙文的材料

记叙文的材料是写作记叙文的基础。没有材料，就像没有米要煮饭，没有砖要盖房一样，要写作记叙文是根本不可能的。

一篇记叙文的材料从哪里来？只能从生活中来，从工作中来，从社会实践中来。那么，怎样才能选择到新颖、独特的材料呢？这就需要从自己的生活中去找。我们每个人生活的环境不同，兴趣爱好不同，人生的经历也必然不同。从自己的生活中选择独有的、新鲜生动的经历，便是记叙文极好的材料。一些同学常说，我的生活很贫乏，没有什么新鲜、独特的事情值得记叙。这就需要同学们做生活的有心人，换个角度思考问题，让常见的生活内容放出异彩。选择材料还应该打开思路，扩大视野。不要只是封闭在自己生活的狭小圈子中，而应当把自己的生活和家庭与社会、与宏观经济、与国家、与民族、与人类社会的共同命运联系起来，从中找出生活的真谛。只有这样，我们写作记叙文的材料才会丰富多彩起来。

例文2-2

静静的塔公草原

陈世旭

从康定去塔公草原，中间要翻过折多山。位于大雪山中段的折多山是重要的地理分界线。折多山以东是山区，而折多山以西则是青藏高原的东部，真正的藏区。

出康定城不远，就远远地看见折多山了，闪闪发光的积雪的山峰，高踞在连绵的群山中间，像一个沉思的学者的头颅。

山口海拔四千多米的折多山受岷江、大渡河等水系的强烈切割，地形高差大，沟壑密布，山岭纵横，曾经是川藏公路上的天险，路极窄，常塌方，尤其在雨雪不断的季节，其艰险可想而知。而今翻越折多山的道路已是平整宽敞的坦途。一路林木茂密，藏民的帐篷掩在草里，油黑的牦牛立在坡上，七彩的经幡飘在蓝天下。啃青之后，牧民们将会转场，牧鞭划开风雪，还有老乌鸦和畜群一起迁徙。从马背到马背可以看到雪峰起伏的节奏，马昂起头，四蹄踏出新的牧道，以雪山一样的姿势重复着骁勇民族的传统。牛羊只钟情于肥美的水草，而天生自由的牧人，放牧牛羊也放牧自己。这是西部高原特有的田园风光。

而我们现在能见到的是折多山顶的终年积雪，和垭口上的佛塔、经幡、马尼堆，以及山下不远的地方，原始和雄浑的藏族民居：粗粝褐色的石块，白色的房檐和门窗，赤红的窗棂。

然后就是塔公草原了。“塔公”的藏语意思是菩萨喜欢的地方。菩萨确实会喜欢这样一片美丽的草原，小河静静地在辽阔的草原怀抱蜿蜒，蓝得透明的天空上巨大的云朵格外洁白。绿草覆盖的漫山遍野，竞相绽放的野花绚丽多彩。炊烟袅袅地在帐篷上升起，空气中可以闻到隐隐的奶香和茶香。牛群散漫地走向草原的深处，牧歌婉转而悠扬。身体随着车子轻轻颠簸，心则像自由自在的风在无边的阳光里飞翔。

我想，这就是为什么，这里会有塔公寺的吧。

塔公寺是康巴藏区的小大昭寺，同样建于松赞干布时期，是萨迦派花教寺庙。寺庙以塔殿中“志托塔”命名，称之为“志托桑珠林”，意为“一见如意解脱寺”。寺左空地上的百余座佛塔形成一片塔林，气势宏大，庄严肃穆，蔚为壮观。寺后依次排列着三座丘草山，便是被称为藏传佛教密宗事部三怙主的三座神山。由嘛尼经幡组成的旗阵，遍山招展，让人倍觉神秘。围墙外照例是一长串金色的转经筒。

此前我几乎走过藏传佛教所有最著名的寺庙。见识过拉萨大昭寺和西宁塔尔寺的人潮如涌，访问过近在闹市边缘的日喀则扎什伦布寺和夏河拉卜楞寺。对塔公寺的安静不免纳闷。偌大的寺院和寺院外长长的街道悄然没有声息，我们来时搅起的动静很快就被吞没，即便正午的阳光，也是如此寂寞。山边上有两个年轻的藏人正一步一步磕着长头，向塔公寺朝拜而来。他们不知这样走了多久，也不知来自哪里。在地老天荒的漫长日子里，也不知有多少信徒们一个接一个地带着纯洁的信念匍匐在朝觐的路上。寂静无声的寺院，像是一桌不散的流水宴席，一些人走了，一些人又来。转经筒的穗子旋转，红色的藏袍发黑，山路小心翼翼地伏在他们盘桓的脚下，悲怆如初。到了夜晚，窗前灯影渐明，窗外漫起低沉悠远的诵经声，天边的雪山正风雪迷离，经幡猎猎作响，拂过寺院厚厚的高墙。有兀鹰在风的上空、河或海子的边缘，凭吊早已斑驳的断碣。然后，月隐退，黎明倏然而至。

两个老迈的喇嘛，坐在寺院外草坪的石头牙子上，像两只倒扣着的土红色的碗。他们在说着什么，你在几步外却什么也听不见，他们的声音仿佛是被遮住他们脸的方形的斗笠折断了。我走近他们，他们忽然抬起头。我看见两张难忘的脸：一张像褐色的岩石，布满了岁月的刀痕；一张空洞而茫然，眼睛已经失明。我当时的感觉不是别的，就是震撼！这样的沉静与安详，令我觉得我看见的是远古生命的化石。一切恍若隔世。一帧泛黄的照片，一个古老的典故，一颗平静如莲的心，清澈而满足。

同来的藏族作家扎西达娃正在附近拍照，我请他来帮个忙。我走到两位老喇嘛中间，轻轻坐下。“褐色的岩石”立刻同时伸出两只手掌，一把握住了我。

这么宽厚的手掌，这么粗大的骨节，这么虬曲暴跳的血脉，坚硬却又温暖地，紧紧握住了我：

“从哪里来?”

“江南。”

我没有说得太具体，我想，对他来说，那无所谓。

“江南?”

他抓紧我的手用力一抖：

“青青的山?”

“是的。”

“绿绿的水?”

“是的。”

“很多很多大房子?”

“是的。”

“很多很多树和花?”

“是的。”

“香巴拉。”

那位一直低着头没有作声的失明喇嘛忽然咕哝了一声。

“我们没有去过。”

“褐色的岩石”微微仰脸，眯起眼睛看着远处：

“我们听说过。”

他的语气并没有遗憾，只是为我高兴，还有一点点得意。

“我很高兴你们说我的家乡是香巴拉。”

我大笑，扎西达娃的相机及时抓住了这个瞬间。但我心里知道，一个物质的“香巴拉”一切都是有限的，根本不可与他们信仰中的香巴拉同日而语。他们为了后者奉献出一生，他们静静地像倒扣的碗一样席地坐在川藏高原澄澈的阳光下，背后是寺院赤红的高墙、闪闪发光的金顶和满山彩色的经幡，他们应该早已解脱出尘世的苦恼，心灵面对的早已是他们的香巴拉。

那个香巴拉，不是我这样的俗人能够进入的啊。

（文学报，2007-04-05）

上面这篇记叙散文，初看起来，材料很散很乱，记叙了作者自己从康定翻越折多山去塔公草原沿途见到的美丽景色，介绍了塔公寺，记述了自己和两位塔公老喇嘛的对话，这些材料看似毫不相关，但作者用歌颂祖国美丽的大好河山和展现藏族喇嘛淳朴宁静的心灵这一主题串联起来，你就觉得这些材料既生动新鲜，又焕发出迷人的光彩。

记叙文的材料是和主题密切相关的，材料应该依据文章主题的需要进行选择。在写作记叙文时，要学会选择——要尽量选择那些和主题密切相关的材料，通过丰富生动的材料来体现文章的主题。在写作记叙文时，还要学会舍弃——不论你在生活中积累了多么丰富、生动的素材，只要它和主题无关，都应当舍弃。《静静的塔公草原》这篇文章的作者，就舍弃了许多与主题没有关联的材料。如作者与老喇嘛对完话之后又做了什么，怎么从塔公草原回来的材料，作者就一句也没有写。

选择材料还应该提高我们自己的思想水平，训练出一副见微知著的好眼力。一个人能否从平凡的生活中选择出独特的、有思想深意的材料，是同他的知识累积、思想水平密切相关的。照相机只能照出事物的原貌，而摄影师则能拍出具有丰富历史内涵和人文精神的艺术作品来。人不仅仅是在用双眼观察事物，同时也在用大脑思考事物。人和照相机本质的不同，就是人具有感情和思想。只有有感情和思想的人，才可能看到事情的本质，发现其中蕴含的深意。

三、记叙文的结构

记叙文的结构是指一篇记叙文的整体安排和整体架构。一篇记叙文，有了主题，有了材料，还需要考虑安排一个整体架构把文章组织起来。结构是一篇文章重要的组成部分。没有结构，就像一个人没有骨架，他是站不起来的。

一篇记叙文怎样安排结构才能使文章条理清晰呢？根据历代作家累积的经验，主要有以下几种结构方法。

第一，顺叙法。

顺叙，就是按照事情发生、发展的先后次序进行写作。这样写，可以将事情发生、发展的过程，有头有尾地叙述出来，把事情的来龙去脉交代得十分清楚。运用顺叙法写成的文章，它的层次、段落和事物发生、发展的过程是基本一致的。顺叙有以时间为顺序，有以事物发展规律为顺序，也有以空间变换为顺序。在叙事性的文章中，大多是以时间为顺序和以事物发展规律为顺序的。按照时间顺序进行叙述时，必须严格地安排好顺序，写清楚叙述的时间。现实生活中任何事情都不会突然发生，它总有一个发生、发展的过程。因此，作者常常根据事情发生、发展、高潮、结局这一规律进行叙述，文章的层次就显得十分清楚、明了。

第二，倒叙法。

倒叙，就是把事件的结局或某个最突出的片断提到最前面来写，然后再按事件发生、发展的过程进行叙述。倒叙法的运用可以有效地激起读者的兴趣，起到引人入胜的作用。需要指出的是，运用倒叙写法，必须注意清楚地交代倒叙的起讫点，顺叙和倒叙的转换点等，同时有必要的过渡文字。这样能够避免文章脉络不清、头绪不明等毛病，提高文章的表达效果。

第三，插叙法。

插叙是指在叙述中心事件的过程中，由于某种需要暂时中断叙述而插入另一件事情的叙述。插叙法的运用能够使作者灵活调度各种材料，对一些必须交代的背景、事件以及人物进行交代，使文章的结构富有变化，增强文章的表达效果。

例文 2－3

难忘的天云山

王蒙

用浩然喜欢说的话，作家们都是些个人精人核儿（北京话读“胡儿”）。人们的印象是，这类人多半是些口出狂言、任意臧否、喜激动、爱放炮的性情人物。加上“文革”遗风，更有些满嘴脏话，以野蛮为本真，以最最起码的文明规范为虚伪的廉价愤青儿们。

身为货真价实的作家，不是以写作之名混名混利的混混，而能谦恭谨慎、与人为善、心平气和而又正派执著、始终如一者，并不是到处可见。

（陆）文夫是一个，只是喝多了，谈深了，他会流露一点孩子气的自我满足。他的自鸣得意，小有吹擂，相当可爱，至少比满嘴恶毒、认定所有中外人等各欠着你两万美元的可爱——和后一类同行在一起，我也会惴惴不安起来：乃至怀疑自己是不是借了他或她的钱没有及时销账。

彦周则是无瑕的兄长，他想得更多的是他人的长处、好处。2005 年我去合肥参加他的文集的发行式，他激动得几乎落了泪，他说的是感谢的话，他心里装着的是感恩的情。

2003 年他组织“迎驾笔会”，我要说的是应约到了的有影响的作家比一个有关单位组织的正式会议还要全。彦周则能使这些人精人核儿们个个满意。他与老伴，直爽诚恳的张嘉，照顾旁人十分周到。同行们风流自炫者有机会风流自炫，言谈微中者有机会“闲”谈微中，忧思邈邈者自然仍是忧思邈邈，东张西望者则尽可以东张西望。个性不受钳制，却又有一个基本健康的调子，亲近祖国大地，赞美安徽名山，同行相亲相敬，追求文明进步。

看看“文革”后所谓复出后彦周的家喻户晓的名作《天云山传奇》吧，你已经知道了他的真情、他的取向。他从来都不接受那些装腔作势、藉以吓人的棍棒，他从来都站在祖国的发展、进步、文明、开放的主潮中间。我曾经实话实说，安徽最知名的山有两座，一个是黄山，一个是天云山——这座只存在在彦周的艺术虚构里的充满苦难和正气的山岭。

不论是他早年写的《归来》还是《找红军》，不论是他写的《阴阳关·阴阳界》，不论是他写《廖仲恺》还是最后一部七八十万字的长篇小说《梨花似雪》，也不论他是写话剧剧本、电影剧本，长、中、短篇小说，不论他是写前清写民国写解放写“文革”，他从未改变过他对于文明、民主、社会进步与祖国繁荣的追求。他还有一种诚挚与稳健，创作上大胆出新却并不一味求怪异，保持严肃仁爱与理想主义却不膨胀自恋，从来都注意阅读与接受效果、尊重受众但绝不媚俗，追求真理但从不大言欺世……

他大我六岁，已经先走了。他的音容笑貌，他的风格，他的好意仍然令人快乐着。想到世上毕竟有过鲁彦周这样的好兄长式的作家，诚恳而又和气的作家，勤奋而又常带笑容、多情却又沉得住气的写作人，而并非都是恶少、救世主、巫毒、候补肉弹与文化骗子，你觉得咱们这里的文学这一行可亲了许多。

（解放日报，2007-04-07）

著名作家王蒙先生的这篇散文，是一篇叙议结合的散文。在这篇散文中，王蒙感叹《天云山传奇》的作者鲁彦周先他而去，既是议，也是叙，并且是顺叙，而中间一段回忆2003年彦周组织“迎驾笔会”的文字，则是插叙。

顺叙法、倒叙法和插叙法的使用，在记叙文写作中是灵活多变的，作者完全可以根据文章主题表达的需要灵活加以运用。

在记叙文写作中我们还有一些方法可以运用，例如文题照应法、前后照应法和首尾呼应法。文题照应法就是在文章的适当地方照应标题，这样可以增强文章的表达效果；前后照应法就是在一篇文章中，前面的内容和后面的内容要互相照应，以增加文章的紧凑感，加深读者的印象；首尾呼应法就是文章的开头和结尾遥相呼应，这样可以使文章结构更加紧凑。

在记叙文写作中我们还应该注意详略搭配。一般而言，一些必要的交代，如时间、地点、人物，以及事件起因等要略写，而事情发生、发展的过程要详写。因为事情发生、发展的过程，往往是整个事情或者整篇文章的主体部分，它往往具体体现文章的中心思想，因此要详写。对略写的部分，我们常常只作简单交代；对详写的部分，我们常常需要浓墨重彩地加以烘托、描绘、渲染，以增强表达效果，激起读者强烈的兴趣。

第三节 议论文

人们在社会生活、工作和学习中，总要思考各种问题，总会发表自己对某一事情的看法，这样把自己对某一问题的看法用语言文字表达出来，就是议论文。议论文又叫论说文，它是一种以议论说理为主要表达方式，通过摆事实，讲道理，评论是非，议决优劣，揭示事理，从而建立正确观点的文章。议论文的种类繁多，各种分类方法和分类标准很难统一，人们通常把以议论说理为主的文章统统称作议论文。

例文2-4

真实如常是散文大境界

秦晋

文畅散文集选择“国宝灵光”为书名是有道理的。在《国宝灵光》这一篇里，有这样一段描写：在观音左侧的衬石上，磨出了一个黄色纹络的图形，大家仔细一看，果然像个“真”字。僧人解释说，佛教崇尚“真”字，强调真实，追求真谛，修成真身，怀有真心，反对虚妄、虚假、虚伪。佛经上有“真如”，就是真实如常的意思。真实如常，不仅是佛性的核心，也是尘世间一般人做人行事的要旨；不仅是人的秉性作风，也是一种文学的风格和品格。

文畅散文，其实就可以用“真实如常”这四个字概括。这既是他为人也是他为文的特点。在他滴洒在母亲留下的青衫上的泪水里，在辽南家乡观山、海城桑树看水的欣喜中，在端城买砚的瞬间感味里和在日本海钓鱼的细微体验中，无不落在一个“真”字上。真实，真诚，真心，真情，“真”是文畅散文的内在品质和文化精神。

要做到真实如常，不是一件容易的事情。文如其人，只有人活得真实，活得如常，才会有真实如常的文学。文学的真实，是文学永恒的话题。它是作家思想、情感和表达方式的综合体现。文畅散文，首先是对正在变革中的现实的清醒认识和深刻理解；其次是对生活的感觉和体验出自真心、发自真情；然后是用他自己的非常朴素的方式表现了他这种真实的见解和情感。他给我们展示了一种淳朴如常的真实，这是他的散文的最重要的意义和价值。

真实和真诚对散文来说尤其重要。新散文与“文革”前的作品相比，最大的进步就是更真实更真诚了，更具有现代意识和现实意识。这与整个社会的现代真实感是相关联的，或者说是时代变革和审美观念变化的客观要求。虚妄已经成为历史，人们需要的是实在而真诚的生活，因而也期望一种实在而真诚的文学。所以真实如常不仅仅是一种风格，它体现的是一种创作精神和境界，一种新的文学思维和理念。从这个角度看，把文畅的理论思考和创作实践放在散文演变过程中考察，我们就更能认识和理解它的意义和价值了。

文畅既是作家又是领导干部。为官也应该讲一个“真”字，特别是在当前的世风下，真实已然成了人们渴望的东西，但政界语言和官场思维有一定的传统和模式，要真实如常谈何容易。一个人为人、为政、为文都能真实如常，可谓弥足珍贵。从这一点上讲，文畅和他的散文有它特殊的意义和价值。

2001 年 6 月 13 日

（选自中国作家网 http：//www. chinawriter. com. cn/）

上面这篇文章，就是一篇典型的议论文。作者从文畅散文集这个书名出发，引出了对“真实如常”这四个字的议论，并且指出，真实和真诚对散文来说尤其重要，进而提出了“真实如常是散文大境界”这一观点。

人们写作议论文的根本目的在于以理服人。叶圣陶先生曾经说过这样的话，说明文以说明白了为成功，议论文则以说服他人为成功。作者写作议论文，不管是从正面论述自己的主张，还是通过反驳他人的观点阐明自己的意见，都是为了从理论上说明道理，讲清问题，令读者折服。

议论文与记叙文具有明显的区别。议论文不像记叙文那样，是通过记叙具体的人和具体的事件去感染人，影响人，而是通过运用科学的认识方法，对客观事物进行抽象，从中概括出事理，以理服人。作者写作议论文，必须客观揭示事物的本质，客观反映事物的规律，阐明事物的科学道理。

议论文与记叙文的区别主要表现在以下两个方面：①思维形式。记叙文主要运用形象思维形式，发挥作者的形象思维能力，客观真实地记录和描绘人物、事件，以作者在其中倾注的情感去感染人，主要围绕什么人、什么地点、什么时候、什么事件、有什么结果、过程和影响怎样等写作；议论文则主要运用抽象思维形式，发挥作者的抽象思维能力，揭示事物的客观本质，反映事物的客观规律，用科学的理论去说服人，启发人的智慧，主要围绕提出问题、分析问题（性质是什么、原因是什么、有什么规律、会导致什么结果）、怎样解决问题等方面进行论述。②表达方式。记叙文主要运用记录、叙述、描绘、写景、状物、渲染、想象、抒发感情等表达方式；议论文则主要运用概括、判断、分析、推理、论说、证明、辨析、驳斥以及阐述等表达方式。

议论文具有很强的论辩性，论辩性是议论文的一大特点。论是论证、论说和证明；辩是辩驳、辨析和驳斥。一篇议论文，论说、证明、辨析和驳斥是其基本手段。议论文的表达离不开"论证"和"辩驳"，只有通过"论证"和"辩驳"，才能辨明正误，阐发事理，得出科学的结论。

议论文具有很强的逻辑性，它是依靠材料与论点之间、论点与论题之间的逻辑力量来说服读者接受自己的观点，而不是像记叙文那样用形象和情感的感染力去影响读者。议论文的逻辑性体现在：材料与论点之间的逻辑联系；论点与论题之间的逻辑联系；分论点和中心论点之间的逻辑联系。

议论文有三要素：论点、论据和论证。

一、议论文的论点

议论文的论点是作者在文章中要阐明的思想观点，是作者对所论述的事物或所要阐明的问题的观点和见解，是整篇文章论证的中心。一篇议论文，无论是立论文、驳论文，或者是立论驳论相结合的文章，都有论点。论点是议论文的灵魂。阅读议论文必须把握文章的论点，只有准确地把握议论文的论点，才能理解作者在文中提出的见解、主张和所要解决的问题。

一篇议论文通常只有一个论点，这个论点也被叫做中心论点或基本论点。论点应该符合三个要求：①正确性。论点要符合实际情况，要正确，要符合客观规律。②理论性。论点要言之有理，必须是作者从文章材料中得出的道理，要有较强的理论性。③鲜明性。论点应集中、鲜明，表述论点的语句应当简明准确。

议论文除了有中心论点外，通常还有分论点及小论点。分论点是从属于中心论点的论点，是为了具体而深入地阐释和证明中心论点设立的。中心论点和分论点之间的关系是总分关系。小论点是从属于分论点的论点，是为了具体而深入地阐释和证明分论点设立的。分论点和小论点之间的关系也是总分关系。作者在议论文中设不设立分论点或小论点，主要依据论述的需要。如《真实如常是散文大境界》这篇文章，其题目就是文章的中心论点。作者为了论证自己的中心论点，分别从正面提出了三个分论点来加以阐明。第一个分论点：要做到真实如常，不是一件容易的事情。文如其人，只有人活得真实，活得如常，才会有真实如常的文学。第二个分论点：真实和真诚对散文来说尤其重要。第三个分论点：一个人为人、为政、为文都能真实如常，可谓弥足珍贵。这三个分论点与中心论点之间就是从属关系，它们是为证明中心论点服务的。

议论文的论点和论题是有区别的。议论文的中心论点是作者在文章中要阐明的思想观点，是对所论述的问题的观点和见解，是整篇文章论证的中心。论题是作者在文章中提出来要进行论证的问题或讨论的范围，属于论证对象。论题并不表明作者对问题的认识，只是提出问题。换言之，作者提出来的问题就叫论题。

提炼议论文的中心论点，必须对材料进行客观细致的分析。材料是提炼论点的客观依据，特定的材料只能提炼出特定的论点。作者提炼论点，必须实事求是，不能随心所欲，牵强附会。同时，作者还必须综合概括出事实材料的本质内容，准确揭示其实质，把材料中最深刻的思想挖掘出来，并用恰当精练的语言表达出来，使之能准确地表达作者的思想。

二、议论文的论据

议论文的论据是作者在文章中用来证明自己的论点的事实材料和理论根据。

论据通常可以分为事实论据和理论论据。事实论据是真实而客观存在的事实，包括典型事实材料、概括性事实材料和科学实验数据以及各种统计数据等。如《谈骨气》中文天祥宁死不投降、齐人饿者不食嗟来之食、闻一多面对国民党特务的手枪拍案而起，就是三个事实论据。理论论据是已经被科学实验和社会实践证明了的科学观点和科学理论，包括社会科学、自然科学的基本原理、定义，科学法则、科学规律、一般公理、常识等。

议论文的论据应当真实、准确。论据是用来证明作者的观点的，如果论据不真实，不准确，那么，作者的论点就很容易被驳倒。议论文的论据还应当典型。所谓典型，第一是指这些论据能够反映出事实的本质，第二是指它具有一定的代表性，能够以一当十地支撑论点。真实、准确、典型的论据可以增强议论文的说服力。

我们在选择论据时，应当紧紧围绕论点进行选择，务求论点和论据的高度统一。如果论点和论据之间缺乏紧密的逻辑联系，那么，论据的证明作用将大打折扣。

例文 2-5

访好书如访美人

韩石山

好书是要访的。那过程那感受，和访美人无甚差别。寻寻觅觅，曲径通幽，轻叩门儿慢卷帘儿，执子之手，与子偕老，全都一模一样。

有人或许不以为然，说图书馆里有的是好书，借来看看就行了，犯得着费那个工夫？我不作如是之想。借书看，再好的书，也让人有身在青楼的感觉，纵是情意缱绻，终有一别。自己访来的书，可就不同了。朝夕相处，随时取用，可把酒成欢，可相拥而眠，是一种情意，更是一种缘分。在我看来，好书非访不可，得之不易也就格外爱怜。

记得改革开放之初，中华书局的点校本“二十四史”陆续出版，对我这个“文革”前就上了历史系的人来说，不啻是天降甘霖。当时想纵然不看它，也要全买它。那时我还在晋西一个小县城教书，那儿的书店不进这类书，只能趁外出之便多方搜求。最难办的是，初版还没找全，第二版就出来了。我有个毛病，要买一定要买初版的。还有一个原因，初版的封面淡些，新版同样的图案颜色却深了许多。前四史是在太原买的，《明史》是在老家买的。《宋史》怎么也找不见，只好买了新版，插在书柜里，怎么看怎么不舒服。有一年去黑龙江游玩，竟在一个县城的书店里见了初版本，回来后将新版放在书店里卖掉了。搬过几次家，不管什么时候，“二十四史”都在我身边的书柜里，整整齐齐，一片绿茵。闲暇时看看，真如一个清秀女子侍立身侧，其乐何如！

仍是那次在黑龙江，我跟朋友说，要是能买到黄仁宇的《万历十五年》就好了。内地早已脱销，边远地方的书店说不定会有留存。真也巧了，到了黑河县城，我们去了书店，获得允许去书库里寻找，竟在一个书架的底层发现了10本。我和朋友一人买了5本。回来自己留下一本，其余4本全送了人。后来我的一本让朋友借走没有归还。至今还记得，那黄绿色的封面上，廖沫沙先生写的书名。后来，这本书再版一版比一版阔气，我见了不再买。见过清纯处子的人，艳妇哪能勾起他的兴致！

新书要访，旧书更要访。上世纪90年代，我的兴趣转向现代文学人物传记的写作。写《李健吾传》《徐志摩传》时，为了得到两人的原版著作，在石家庄的《旧书交流信息报》上登了广告，表示愿意高价购藏：一本《咀华集》不过20元，一本《爱眉小札》不过30元。因为喜爱徐志摩，连带的也喜欢上了胡适，总以手上没有胡适的原著为憾事。一次到上海，认识了一位旧书商，去了他家。他告诉我，陈子善先生刚刚挑过，我一听就泄了气，子善挑过，如同悍匪劫过，哪里还会有遗漏之珍。然而，没料到的是，竟找到一本胡适手批的《神会和尚遗集》，封面上有胡适亲笔写的“胡适校本”四字。当时我的兴奋，直如曹孟德赤壁大败后逃到华容道上一样，不能不大笑诸葛亮的千密一疏！

从买书读书上，能感到改革开放的步子是阔大的，同时也能感到在某些方面，又是迟缓的，迂回的。比如大陆之外中国学人的著作，身在欧美的，很快就引进过来，而同类著作，台湾学人的，就不那么快捷了。比如何炳棣的《读史阅世六十年》，2004年在海外出版，2005年广西师范大学出版社就出了大陆版。而台湾的一大批著名学者的同类著作，则很少见印行的。当然，近年也有所松动。前不久我去厦门，谢泳先生领我去厦大附近的书店闲逛，就看到一套台湾传记文学社编的自传丛书，黄山书社引进出版了。这套书大多是20世纪70年代出版，大陆印行迟了30多年。这套书共6册，在厦门只买到4册，缺的两册中，有一册是《王映霞自传》，虽说我早就买了大陆版的，但美女之书，岂能漏过。前几天去本地一家书店，踅来踅去，一眼就看见了郁达夫笔下这个“王姬”，二话不说，携之以归。还有一册，相信以我的执著，总会购得，以成全璧。

西方的心理学上，有情感转移之说。回想几十年来，我在情场上了无建树，朋友多讥为痴愚，自己也引为憾事。而在书场上却多有斩获，访好书如访美人，也算是一种感情转移吧。既如此，何憾之有？

2008年4月20日于潺湲室

（山西文学，2008，6）

上面这篇文章，韩石山先生提出了一个颇具新意的论点：访好书如访美人。要证明这个论点，作者必须用论据来加以证明。文中，作者回忆了自己的四件购书奇事来作为论据。第一件是买初版的“二十四史”；第二件是买黄仁宇的《万历十五年》；第三件是买胡适手批的《神会和尚遗集》；第四件是买《王映霞自传》。从这四件往事中，作者都体会到了百般访求终收囊中的那种快感，就像访美人一样。这四个论据，不仅证明了自己颇具新意的论点，而且让读者也充分体会到了访书过程中的那一份奇巧的缘分和深深的情意。

三、议论文的论证

论证是运用严密的逻辑推理，把论点与论据有机地组织在一起。它是议论文中论点被证明的过程和方法，解决怎样用论据来证明论点的问题。

（一）论证的内容

论证包含了两个内容：论证过程和论证方法。

论证过程：是证明论点的全部过程。在这个过程中，必须深入剖析论点与论据之间内在、必然的联系，揭示出论点赖以成立的深刻缘由。要达到这个目的，还应恰当运用具体的论证方法。

论证方法：指证明论点的具体方法，或者说，指议论文的作者用怎样的方式来证明论点。

论证过程和论证方法既有联系又有区别。论证过程是指论证说理的所有环节，即运用恰当的论证方法使论据和论点之间紧密结合而使论点得以证明的全过程。论证方法则是指作者在论证过程中用来联系论点和论据从而使之紧密结合的具体的逻辑推理形式。论证过程包含着论证方法，论证方法则体现在论证过程中。

通常而言，论证方法包括归纳论证、演绎论证、类比论证三种。

归纳论证是从个别到一般的论证方法。它通过许多个别事件，归纳出事物的共同特征，得出一个一般的结论。论据与论点之间的逻辑关系是由个别到一般。事实就是根据，由事实归纳出论点，论点则是对事实本质和内在联系的概括和抽象。

演绎论证是一种从一般到个别的论证方法。即用已知的一般道理作为论据，来证明一个个别性的论点。在逻辑推理上它的公式为：因为公理正确，所以论点正确。

类比论证是一种寻找个别与个别之间的共性的论证方法，它利用个别与个别之间的某种共性，来证明两者之间有某种相似之处，说明本体与喻体有某种相同的性质。在逻辑推理上它的公式为：因为甲和乙有某种相似之处，因此它们之间存在某种相同的性质。

在议论文写作中，归纳论证、演绎论证、类比论证这三种论证方法通常并不是相互分离的，而是交叉使用。

（二）论证的方式

论证从方式上分可以分为两种：立论和驳论。

正面提出并阐明论点的论证方式叫立论。用这种方式写作的议论文被称为“立论文”。《继续保持艰苦奋斗的作风》就是一篇立论文，《访好书如访美人》这篇文章也是一篇立论文。

通过反驳对方的论点来阐明自己的论点的议论方式叫驳论。这类议论文常称为

"驳论文"。

驳论要鲜明地提出文章反驳的观点，如《中国人失掉自信力了吗?》一文针对当时有些人散布中国人对抗日前途失去信心的悲观论调进行批驳。反驳有三种方法：驳论点、驳论据、驳论证。驳论点：对对方的论点进行批驳，指出它是荒谬的、虚伪的，这是驳论中最常用的方法。驳论据：揭示对方论据错误，以达到驳倒对方论点的目的。论点是由论据来支撑的，驳倒了论据，论点也就站不住脚。驳论证：揭露对方在议论过程中的逻辑错误，如大前提、小前提与结论的矛盾，对方各论点之间的矛盾，论点与论据之间的矛盾等。驳论据和驳论证是较常用的方法。议论文是由论点、论据、论证三部分有机构成的，驳倒了论据或论证，也就否定了论点，这与直接反驳论点具有同样的效果。驳论可以直接批驳，这种方法有的是引用确凿的不可辩驳的事实，有的是从理论上进行透彻的解剖和分析。驳论也可以间接批驳，间接批驳又分为两种方法：一种是对对方的论点进行合乎逻辑的引申，使敌论点露出马脚，驳倒对方，即归谬法；另一种是证明与对方相对立的论点是正确的，这也就证实了对方的论点是错误的，即反证法。

在议论文写作中，虽然有立论、驳论两种论证方式，但并不能分割开来。"驳"的目的是为了"立"，为了从正面树立正确的观点；"立"的同时也离不开"驳"，只有驳倒了错误的论点，正确的观点才能树立起来。在议论文写作中，立论和驳论常常是相互交织，交替使用的。

第四节 应用文

应用文是国家机关、企事业单位、社会团体、人民群众在管理国家、从事经济文化建设的实践活动中，处理生产、工作、学习或日常生活中各种实际问题时所写的具有一定体式的书面文章。

应用文与人们的工作、生活、学习有着密切的联系，它的使用频率很高，应用范围也很广。各种日常生活文书、公务文书、财经文书、司法文书、机关事务文书等均属于应用文，各行各业也都离不开应用文。应用文写作已成为现代人必须掌握的基本工作技能之一。

应用文与其他文体相比有自己鲜明的特点。首先是实用性。实用性是应用文最重要的特点。应用文是针对处理日常生活中各种事务，解决生产、管理、工作、学习中出现的各种具体问题而写作的。应用文往往有特定的受文对象，受文对象通常也会对来文内容做出回应。双方文件你来我往，充分体现应用文在实际生产和工作中解决具体问题，达到实际效果的独特作用。其次是体式惯用性。体式惯用性是指大多数应用文都有自己独特的惯用文章体式。这种文章体式是长期以来约定俗成、相习沿用或由国家对某些应用文的文体格式做了严格规范而形成的。这些文章体式通常比较固定，有自己独特的行文规则和行文规范，人们相习沿用，共同遵守。最后是语言程式化。语言程式化是指各种不同的应用文常有自己特定的用语习惯和用语规范。大多数应用文常有自己特定的习惯用语。这些习惯用语也是长期以来约定俗成、相习沿用而不能随意改变的，独特的程式化语言。

应用文在日常生产、管理、工作、学习和生活中主要有以下几种重要作用。其一是发布政策法规，指导各部门工作。国家机关、企事业单位、社会团体发布政策法规，指导各部门工作都是通过运用应用文来实现的。其二是联系公务、沟通各方面信息。国家机关、企事业单位、社会团体在日常工作中主要是运用应用文来联系公务、沟通信息的。其三是作为凭证记载史实资料。应用文常常记载了国家机关、企事业单位、社会团体在不同时间、不同地点、不同事件中处理各种问题的具体情况和具体意见。这些文件正是我们在日常生产、管理、工作、学习和生活中的重要资料和凭证，同时它也会成为日后重要的文献资料和历史档案。

应用文种类繁多，按不同的标准可以分成不同的类别。通常人们按文章内容和使用范围划分，可以将应用文分为六个类别：①行政公文；②通用文书；③财经文书；④司法文书；⑤新闻传播文书；⑥日常应用文。

一、应用文的材料

和其他文章一样，应用文也有主题和材料。应用文的材料是指构成文章的材料，包括事实材料和理论材料。事实材料通常包括综合材料、典型材料和各种统计数据。理论材料通常包括政策法规、各种理由、要求、意见和建议。不同的应用文有不同的材料。在写作中，我们应当根据各种应用文不同的特点来选择材料。

应用文的材料常常是在日常生产、管理、工作、学习和生活中累积起来的。也有一些应用文在写作前需要通过进行有目的的调查来收集和获取材料，比如经济活动分析报告、经济预测报告、财务分析报告、调查报告、工作研究等。和写其他文章相同，我们在写作各种应用文之前，也需要预先收集整理自己需要的材料。应用文的材料有以下几个要求：①真实。真实是对应用文材料的最基本要求。应用文是在日常生产、管理、工作、学习和生活中处理各种事务和问题的，文章所用的材料当然必须做到真实，不能有丝毫失实。②准确。应用文的材料如果不准确，会在日常生产、管理、工作、学习和生活中造成许多不必要的麻烦和损失，并引起对方的误会。③典型。应用文的材料应当典型，有代表性和广泛性，能够说服对方。

二、应用文的体式

应用文的体式是指各种应用文的惯用文章体式。如前所述，大多数应用文都有自己独特的惯用文章体式。这种文章体式是长期以来约定俗成、相习沿用或国家对某些应用文的文体格式做了严格规范而形成的。这些文章体式通常比较固定，有自己独特的行文规则和行文规范，人们相习沿用，共同遵守。

各种应用文都有自己惯用的文章体式，这是应用文非常独特的一种性质。例如，行政公文有十分严格规范的格式，司法文书也有自己规范的格式，财务报告同样要按自己规范的体式来写作，几乎每一种应用文都有自己惯用的文章体式。在应用文学习中，掌握不同类型的应用文的体式是十分重要的，同时也是在学习中十分容易忽视的。

许多同学总认为这太简单，一看就懂，完全不重要，这大错特错。学习应用文写作，最需要掌握和最需要规范的恰恰就是各种文章的惯用体式。

三、应用文的语言

应用文是实用性文体，在语言上具有鲜明的风格。各种不同的应用文常有自己特定的用语习惯和用语规范。大多数应用文的习惯用语是长期以来约定俗成、相习沿用而不能随意改变的，是其独特的程式化语言。

应用文在词语的选择上具有三个特点。

（一）常用介词，少用修饰性词语

应用文中常高频率使用介词，比如公文的标题，大多数都要使用介词“关于”。正文中介词的使用也非常频繁，常用“根据”“对于”“从”“按照”“为了”等介词。修饰性词语在应用文中很少使用。描写性、夸张性词语也用得很少，象征性词语基本不用。

（二）常用规范的专用词语，少用语气词

应用文使用范围广，常常涉及许多专门领域，因此，其中经常使用专业术语。同时又因为表达的需要，常常使用规范的专用词语，这些专用词语，在其他文体中极少使用，如公文中的特定用语“收悉”“当否”“请予审核批复”“专此呈报”等。应用文很少使用语气词，一般不用“啊”“呀”“吗”“呢”“哇”等极具感情色彩的词语。

（三）常用文言词语，少用口语

与其他文体不同，应用文写作中常常较多地使用文言词语，以增强文章的凝练典雅，庄重严谨，达到言简意赅的效果。在很多应用文写作中都有一些因长期使用已趋定型的专用语，如“业经”“兹有”“谨悉”“此复”“查照”等均属此类。另外由于口语欠庄重、不严谨、不准确，有损严肃性、权威性、准确性，因此应用文写作基本不用口语词汇。如“好得不得了”“帮帮忙”“好不好”“干脆点”“收到了”“懂了”等。

应用文在语言上还有准确、得体，表意恰如其分，不悖事理，简洁、精要，行文干净利落，质朴、通俗，明白晓畅，典雅庄重等要求。

复习要求

1. 准确把握各种文体的不同特点。

2. 理解记叙文的主题、材料和结构，掌握顺叙法、倒叙法、插叙法三种结构方法。

3. 理解议论文的三要素：论点、论据、论证，理解议论文与记叙文的主要区别，把握立论和驳论各自的特点，掌握归纳论证、演绎论证、类比论证三种论证方法。

4. 理解应用文体式和语言上的特点。

第三章　行政公文

第一节　行政公文概述

一、行政公文的概念和特点

行政公文，简称公文，是党政机关、社会团体和事业单位在管理国家、处理公务时，按照规范的体式，经过一定程序制成的书面文字材料。它是发布政策法令、传达工作意图、处理公务、记载工作情况的特殊文体。

行政公文主要有以下四个特点：

（一）鲜明的政治性

行政公文是一定的社会政治集团及其组织机构表达意志的工具。在我国现阶段，它承担着传达党和国家的路线、方针、政策，实施党的领导和国家的行政措施，指导和体现党和国家各级行政机关、各类单位行政活动的职能。公文的内容，总是直接反映出党和国家明确的政治意向、政治立场和坚定的政策原则，直接反映出人民的根本利益。因此，它必然地带有鲜明的政治色彩，从广义上讲，它本身就是政治的一种表现。

（二）法定的权威性

行政公文的法定权威性体现在三个方面：①制定者的法定权威性。公文是党政机关、社会团体、企事业单位为办理特定公务，根据法定的权限和职责制作和发布的。②内容的法定权威性。它表达的是这些法定的制作者对特定问题的权威意见、看法和要求，体现着发文机关行使法定权力的权威性。③对受文者制约的法定权威性。公文一经发出，受文单位及有关人员就要根据公文的要求作出相应的反应。下级机关对上级机关下达的公文，应按要求贯彻执行，予以办理；上级机关对于下级机关呈报的公文，也应及时给予处理或做出答复。不管什么单位，如果无视公文的权威，对应予处理的公文置之不理，那就意味着失职或渎职。情节严重的，还会受到应有的查处，这就是公文权威性的具体体现。

（三）特定的规范性

特定的规范性，是行政公文区别于其他文章的一个重要标志。这种规范性体现在公文形成和处理的整个过程中，其严密程度也是其他任何文体都无法比拟的。

行政公文的特定规范性体现在三个方面：①格式的规范性。从公文的撰拟、印装上讲，公文有特定的文种名称，有规定的写作格式，有严格的书面格式和印装规范，有特定的用语规范；②行文规则的规范性。从行文上讲，公文有特定的行文关系和行文规则；③处理程序的规范性。从公文处理上来讲，公文有特定的处理程序和原则。公文这些严格的规范，是维护公文的严肃性和准确性，提高公文处理效率的重要保证。任何单位撰写、印发和处理公文，都必须按照这一规范进行。

（四）限定的时效性

所谓时效性，是指行政公文特别讲究时间性和实际效用。任何公文都要求在一定时间内完成撰写，及时传达，及时处理，并在一定范围内发挥作用。公文是针对实际工作中公务活动特定的问题而写的，具有指导工作、反映实际情况、解决实际问题的作用。一个通知，一个指示，往往是规范人们行为、指导下级开展工作的重要依据；一个报告，一个请示，常常成为上级制定方针政策、处理问题的重要参考。任何一份公文，如果没有解决实际问题的功效，就失去了存在的意义。

二、行政公文的作用

行政公文是传达和贯彻执行党和国家的各项方针政策、管理国家政务及保持各机关单位之间联系与处理工作的一种工具。具体分析起来，行政公文主要有以下四个方面的作用：

（一）法规作用

（1）各种法规是以文件的形式制定和发布的。管理国家和社会事务需要各种法律和行政法规，如《中华人民共和国宪法》和依据宪法制定的《中华人民共和国刑法》《中华人民共和国刑事诉讼法》《中华人民共和国婚姻法》《中华人民共和国民法通则》等，还有各种条例，如逮捕拘留条例、发明奖励条例、学位条例以及各种工作的通则、规定、办法。这些法律、条例、通则、办法等统称为法规文件，它们都需要用行政公文的形式颁布。

（2）法规文件具有法律依据作用，一经制定和发布生效，必须坚决执行，国家以强制力保证它的权威。法规文件用以维护社会生活的正常秩序，作为各项工作和各种活动的规范和准绳，它在没有修改和宣布作废之前，始终有效，法规文件在其有效的范围内，人人均须遵守，不得违反。

（二）领导与指导作用

行政公文是上级机关对下级进行领导和指导的一种工具。上级机关的职责，主要是进行决策，统揽全局，规划部署，了解基层的实际情况，组织与调配人力、物力等，领导各所属机关、单位完成工作任务。一个领导机关在工作中，需要经常通过制发文件来部署工作任务，传达自己的意见和决策，对下级机关的工作予以具体领导和指导。例如，党中央和国务院经常通过联合制定和发布批示性、决定性的重要文件，阐明国家的重大方针政策、重大措施、战略部署和工作步骤，领导全国各条战线、各个地区的工作。又如，政府部门的上级领导机关和业务主管机关，也经常通过制发指示、决定、通知、批复等文件，对下级机关和下级业务部门的工作进行具体领导和指导。

（三）公务往来、联系的作用

行政公文是各机关单位之间往来联系工作和协商事宜的主要工具。我国各类机关在日常工作和业务活动中，经常利用行政公文与上下左右的机关进行联系。例如，通知有关事项，报送工作计划、总结和报表，一般的业务问答、经验介绍，商洽具体工作等。行政公文在同一系统和不同系统的机关之间，起着沟通情况、处理问题、商洽工作的作用。

（四）凭据和记载作用

行政公文是机关公务活动的文字记录。政府机构下发的通知、批复，不仅是领导或指导下属机关按通知和批复要求开展工作，同时也是上下级之间公务活动的文字记录。双方均可以作为监督、检查的凭据，证实双方曾经相互许诺承担的责任和义务以及享有的权利。会议纪要、会议通知等，明显是一种记载凭证，具有记事备查的作用。

另一方面，行政公文在现实社会生活中是具有现行效用的文件，无论其时效长短、执行范围大小和作用方面有何不同，都是与一定的现行机关的工作密切相关的，具有实际作用。当现行文件失去时效而成为历史文件时，它就是历史发展的真实记录，成为历史档案。

第二节　行政公文的分类

国务院办公厅2000年8月24日发布的《国家行政机关公文处理办法》规定，公文有十三种：命令（令）、决定、公告、通告、通知、通报、议案、报告、请示、批复、意见、函、会议纪要。

根据不同的标准，公文有不同的分类方法。

1. 按行文方向分

按行文方向分，我国行政公文可分为上行文、下行文、平行文三类。

（1）上行文，即下级机关呈报给上级机关的公文，如请示、报告。

（2）下行文，即上级机关发给下级机关的公文，如命令、决定、批复等。

（3）平行文，即平行机关或不相隶属机关之间来往的公文，如函。

2. 按保密级别分

按保密级别分我国行政公文分为公开、内部、秘密、机密、绝密五类。后三类要求在文面上注明密级。

（1）公开公文，即可以向社会公开发布的公文。

（2）内部公文，即只在本机关、本组织内部传阅的公文。

（3）秘密公文，即内容关系到国家一般秘密的公文。

（4）机密公文，即内容关系到国家机密的公文。

（5）绝密公文，即内容关系到国家绝密的公文。

3. 按缓急程度分

按缓急程度分，我国行政公文分为平件、急件、特急件三类。

4. 按内容性质分

按内容性质分，我国行政公文分为指导性公文、呈请性公文、告知性公文、商洽性公文、纪要性公文五类。

第三节　行政公文的格式

一、行政公文的格式的概念

行政公文的格式是指行政公文的文面格式、用纸规范和印制规范的总和。

2001 年 1 月 1 日施行的《国家行政机关公文处理办法》第三章第十条对行政公文的格式做出了规范性的规定："公文一般由秘密等级和保密期限、紧急程度、发文机关标识、发文字号、签发人、标题、主送机关、正文、附件说明、成文日期、印章、附注、附件、主题词、抄送机关、印发机关和印发日期等部分组成。"同时还指出："公文中各组成部分的标识规则，参照《国家行政机关公文格式》国家标准执行。"依据这两个法规性文件，通常情况下，现行的行政公文（除命令（令）、公告、通告、会议纪要等以外）的格式一般由文面格式、用纸格式和印装格式三部分组成。

二、行政公文的格式

（一）文面格式（书面格式）

行政公文的文面格式，是指行政公文全部文面组成要素的排列顺序和标识规则。《国家行政机关公文格式》由中国标准研究中心和国务院办公厅秘书局共同起草，国家质监局发，自 2001 年 1 月 1 日起正式实施。作为国家标准，《国家行政机关公文格式》将公文的文面格式划分为眉首、主体、版记三部分。置于公文首页的红色反线（又称"间隔横线"）以上的各要素统称眉首；置于红色反线（不含红色反线）以下的各要素统称主体；置于主题词（包含主题词）以下的各要素统称版记。

1. 文头（眉首）

文头（眉首）是发文机关的标志。它位于首页上方，套红印刷，占首页的三分之一或五分之二，包括公文份数序号、秘密等级、保密期限、紧急程度、发文机关标识、发文字号、签发人、红色反线等内容。

份数序号：份数序号是同一文稿印制若干份时每份公文的顺序编号。用六位阿拉伯数码顶格标识在版心左上角第一行。份数序号主要用于机密、绝密公文。

秘密等级和保密期限：秘密公文应当分别标明"绝密""机密""秘密"和保密期限。秘密等级和保密期限的标识，用 3 号黑体字，顶格标识在版心右上角第一行，秘密等级和保密期限之间用"★"号隔开。

紧急程度：紧急公文应注明紧急程度。紧急文件应当分别标明“特急”“急件”。其书写位置、字体、字号与密级相同。如果一份公文须同时注明紧急程度和秘密等级，一般将紧急程度写在秘密等级的下面。

发文机关标识：由发文机关全称或规范化简称后加“文件”组成。如：“国务院文件”“中共中央办公厅文件”等。几个发文机关联合行文的，要将所有发文机关都写上，其中主办机关排列在前。发文机关标识是文头的核心部分，位于文头正中，一般都套红，俗称“红头”。

发文字号：公文的发文字号由发文机关的代字、发文年份和序号组成。位置在发文机关标识下空 2 行，用 3 号仿宋体字，居中排布。年份、序号用阿拉伯数码标识。年份应标全称，用六角括号“〔 〕”括入。序号不编虚位（即 1 不编为 001），不加“第”字。如“国发〔2000〕23 号”，代表国务院 2000 年第 23 号发文。

签发人：签发人是指签发机关的领导人。下行文和平行文不注明签发人，上行文应注明签发人和会签人姓名。其书写方法和位置是：平行排列于发文字号右侧。发文字号居左空 1 字，签发人居右空 1 字；签发人用 3 号仿宋体字，签发人后标全角冒号，冒号后用 3 号楷体字标识签发人姓名，如“签发人：×××”。

红色反线：红色反线又称间隔横线，位于发文字号下一行，以隔开文头与主体部分。

2. 正文（主体）

正文是行政公文的核心部分，用来表达具体的思想内容。正文应根据文种和写作意图选择恰当的表达方式和结构，在公文格式规范、行文关系正确的前提下，一篇公文的水平与效果关键取决于正文的拟定。

正文写在主送机关名称下一行，每自然段第一行开头空两字，回行顶格，数字和年份不能回行。

正文的写作要求是：

（1）符合国家法律、法规，符合党和政府的方针、政策以及上级机关的有关规定。

（2）要有针对性，即以事实为根据，分析问题，做到有的放矢。

（3）一般应一文一事，事由要集中、明确、重点突出。

（4）行文逻辑缜密，层次清晰，条理清楚。

（5）具体措施或意见要符合实际，明确具体，可操作性强。

（6）语言要准确、简洁、规范。

除成文日期、部分结构层次数和在词、词组、成语、惯用语、缩略语、具有修辞色彩语句中作为词素的数字必须使用汉字外，其他数字应当使用阿拉伯数字。

行政公文的正文（主体）包括标题、主送机关、正文、附件、成文日期、印章、附注等部分。

标题：标题是公文的具体标题。完整的公文标题由发文机关、事由和文种三部分组成，称为公文标题的三要素。在事由前面一般要加上介词“关于”。例如《建设部关于加强基本建设管理的通知》，发文机关是“建设部”，“加强基本建设管理”是文件的事由，“通知”是文种。公文的标题可以用省略式，有时标题只标出事由和文种，或只标出发文机关和文种，甚至只标出文种。《国家行政机关公文处理办法》中规定："公文标题应当准确简要地概括公文的主要内容并标明公文种类，一般应当标明发文机关。公文标题中除法规、规章名称加书名号外，一般不用标点符号。"

主送机关：主送机关是指公文的主要受理机关，应当使用全称或规范化简称、统称，位于公文标题下左侧，顶格用3号仿宋体字标识，末尾标全角冒号。

正文：正文是文件的具体内容，表达发文机关的意图。正文的内容应当做到符合政策、观点鲜明、逻辑严密、层次清晰、具体措施或意见符合实际、语言准确、简洁、规范。

附件：附件是附属于正文的材料，一般可以作为对正文的补充说明或参考资料。如附带的图表、统计数字以及其他需要说明正文中提及的数字、事件等文字的材料。带有附件的文件，应在正文下空1行、左空2字用3号仿宋体字标识"附件"，后标全角冒号和名称。附件如有序号使用阿拉伯数码，附件名称后不加标点符号（如"附件：1. ××××"）；附件应与公文正文一起装订，并在附件左上角第一行顶格标识"附件"，有序号时标识序号。

成文日期：成文日期一般以领导人签发的时间为准。单一机关制发的公文在落款处不署发文机关名称，只标识成文日期。成文日期右空4个字，一律按照公元纪年，用汉字将年、月、日标全，"零"写为"○"。

印章：印章是公文生效的标志，也是代表机关职权的标志。加盖印章应上距正文1行之内，端正、居中下压成文日期。当印章下弧无文字时，采用下套方式，即仅以下弧压在成文日期上；当印章下弧有文字时，采用中套方式，即印章中心线压在成文日期上。联合上报的公文，由主办机关加盖印章；联合下发的公文，发文机关都应当加盖印章。如果联合行文需加盖两个印章时，应将成文日期拉开，左右各空7字，主办机关印章在前，两个印章均压成文时期，互不相交或相切，相距不超过3毫米。

附注：附注是指文体末页最后的文尾部分，需要附带说明的有关内容。公文如有附注，用3号仿宋体字，居左空2字加圆括号标识在成文日期下一行。

3. 文尾（版记）

文尾（版记）由主题词、抄送机关、印发机关、印发日期和印发份数等部分组成。

主题词：主题词是由公文撰写者根据公文内容查阅主题词表加以概括，便于日后计算机按文件的主题检索。主题词用3号黑体字，居左顶格标识，后标全角冒号；词目用3号小标宋体字；词目之间空1字。主题词一般不超过5个，最后一个词是文种。

抄送机关：抄送机关指除主送机关外需执行或知晓公文的其他机关，应当使用全称或规范化简称、统称。其书写位置应在主题词下一行，用3号仿宋体字标识，后标全角冒号。抄送机关间用逗号隔开，回行时与冒号后的抄送机关对齐，在最后一个抄送机关后标句号。

印发机关和印发日期：印发机关是指负责印发文件的机关，一般用各级行政机关的办公厅（室）的名称。印发日期与成文日期不同，是指文件印制完毕的时间，用阿拉伯数字标识。印发机关和印发日期应位于抄送机关之下（无抄送机关在主题词之下）占一行位置，用3号仿宋体字。印发机关左空1字，印发日期右空1字。

印发份数：印发份数是一份文件的总印数。印发份数位于印发机关及日期横隔线下一行右部，不顶格，加一小括号。如（共印2 000份）。

另外，国家标准GB/T9704—1999《国家行政机关公文格式》（以下简称“标准”）对公文的页码标识作了如下规定：“用4号半角白体阿拉伯数码标识，置于版心下边缘之下一行，数码左右各放一条4号一字线，一字线距离版心下边缘7毫米。单页码居右空1字，双页码居左空1字。空白页和空白页以后的页不标识页码。”

（二）用纸格式

公文的用纸格式，主要包括公文用纸的主要技术指标和公文用纸的幅面及版面尺寸两个基本方面。“标准”规定：“公文用纸一般使用纸张定量为60～80克/平方米的胶版印刷纸或复印纸。纸张白度为85%～90%，横向耐折度≥15次，不透明度≥85%，PH值为7.5～9.5。”

国家机关公文用纸的幅面尺寸，“标准”规定：“公文用纸采用GB/T148中规定的A4型纸，其成品幅面尺寸为：210毫米×297毫米。”

公文用纸的页边和版心尺寸，“标准”规定：“公文用纸天头（上白边）为：37毫米±1毫米”，“公文用纸订口（左白边）为：28毫米±1毫米”，“版心尺寸为：156毫米×225毫米（不含页码）”。

（三）印装格式

公文一律采用从左至右横写、横排的格式。在民族区域自治的地方，可以并用汉字和通用的少数民族文字，少数民族文字版的公文应按其习惯方式书写和排版。

公文的排版规格，“标准”规定：“正文用3号仿宋字，一般每面排22行，每行排28个字。”

公文的装订要求，“标准”规定：“公文应左侧装订，不掉页。包本公文的封面与书芯不脱落，后背平整、不空。两页页码之间误差不超过4毫米。骑马订或平订的订位为两钉钉锯外订眼距书芯上下各1/4处，允许误差±4毫米。平订钉锯与书脊间的距离为3～5毫米；无坏钉、漏钉、重钉，钉脚平伏牢固；后背不可散页明订。裁切成品尺寸误差±1毫米，四角成90°，无毛茬或缺损。”

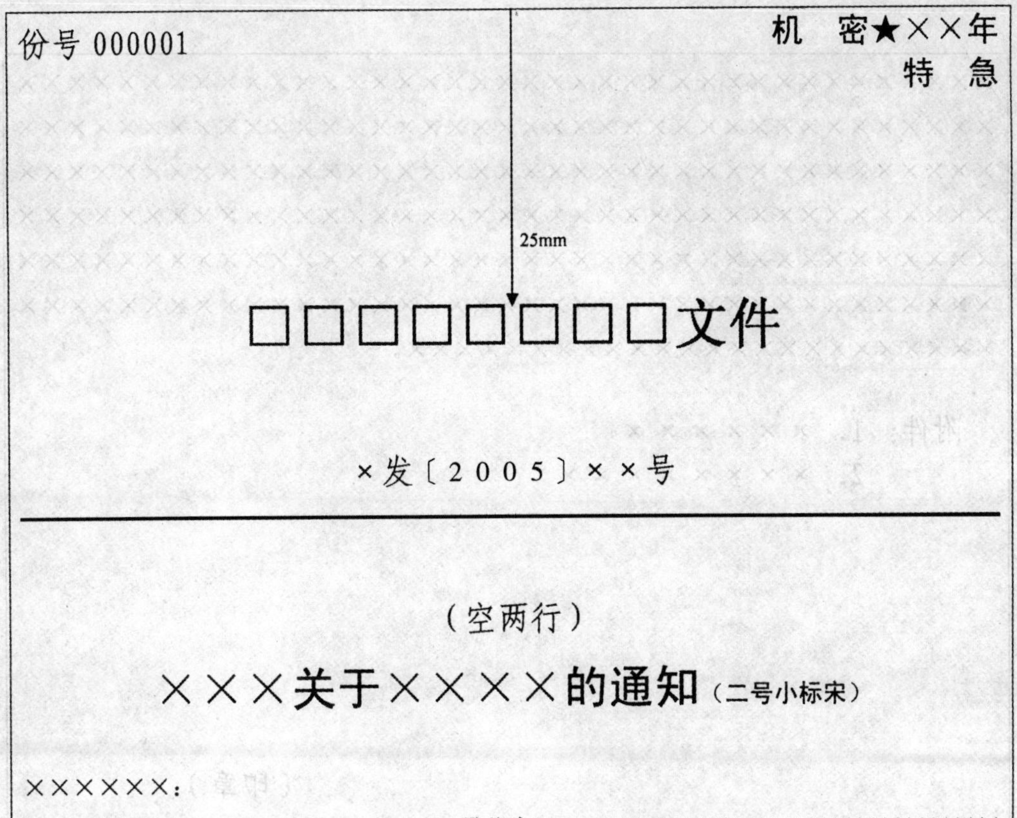

份号 000001

机　密★××年
特　急

25mm

□□□□□□□□□文件

×发〔2005〕××号

（空两行）

×××关于××××的通知（二号小标宋）

××××××：

××××××××××××××××（3 号仿宋）×××××××××××××××××××××
×××××××××××××××（每页 22 行，每行 28 字）×××××××××××××××××
××
×××××××××××××××××××××××。

××××××××××××××××××××××××××××××××××××××
××
××
×××××××××××。

××××××××××××××××××××××××××××××××××××××
××
××
××
××

图 3-1　下行文、平行文格式

×××××××××××××××××××××××××××××××××××××××
×××××××××××××××××××××××××××××××××××××××
×××××××××××××××××××××××××××××××××××××××
×××××××××××××××××××××××××××××××××××××××
×××××××××××××××××××××××××××××××××××××××
×××××××××××××××××××××××××××××××××××××××
××××××××××××××××××××××××。

附件：1. ××××××
　　　2. ××××××××

（印章）

二〇〇五年三月七日

附注：1. ×××××××××。
　　　2. ××××××××××。

主题词（3号黑体）：××　××　××　通知（3号小标宋）

抄送：××××××××，××××××××，×××××，××××××××，×××××，×××××，×××××××。（3号仿宋）

××××印制（3号仿宋）　　2005年×月××日印发

（共印×××份）

份号 000001

机　密★××年

特　急

80mm

□□□□□□□□□□文件

签发人：×××

××〔2000〕1号（3号仿宋）　　　　×××

（空两行）

×××关于××××工作的请示（二号小标宋）

××××××：

　　×××××××××××××××（3 号仿宋）×××××××××××××××××××××××××××××××××（每页 22 行，每行 28 字）××。

　　××

图 3－2　上行文格式

××。

××。

附件：1．××××××
　　　2．××××××××

（印章）
二〇〇〇年四月五日

附注：1．×××××××××。
　　　2．××××××××××。

主题词（3号黑体）：××　××　××　请示（3号小标宋）

抄送：××××××××，××××××××，×××××，××××××××，×××××，×××××，×××××××。（3号仿宋）

××××印制（3号仿宋）　　2000年×月××日印发

（共印×××份）

注：版心实线框仅为示意，在印刷公文时并不印出。

××××××××局

××函〔2000〕××号

关于×××××××的函

×××××××××：

××××××××××××××××（3 号仿宋）×××××××××××××××
×××××××××××××××（每页 22 行，每行 28 字）××××××××××××
××
××
××
××
××
××
××××××××××××××××××××××××××。

附件：1.×××××××××××××××

　　　2.×××××××××××××××

（加盖印章）

二〇〇〇年一月一日

(附注：×××××)

主题词（3 号黑体）：××　××　××　函（3 号小标宋）

抄送：×××××××××，×××××××××，×××××。（3 号仿宋）

×××××××印制　　　　　　2000 年×月××日印发

图 3－3　信函公文格式

第四节　行政公文的行文规则和办理程序

一、行文规则的概念

行文是指公文在机关之间和机关内部的传递运转。行文规则是指公文在运行过程中所应遵循的各种规定。《国家行政机关公文处理办法》第四章规定："各级行政机关的行文关系，应当根据各自的隶属关系和职权范围确定。"

《中华人民共和国宪法》明确规定了国家行政机关的隶属关系和职权范围。目前，我国机关间的隶属关系主要有四种类型，它们分别适宜用不同方式来行文。

领导关系：同一系统中的上下级机关之间领导与被领导的隶属关系，适宜用上行文、下行文来联系工作。

指导关系：上级业务主管部门与下级业务主管部门之间业务指导与被指导的关系，适宜用抄送或函来联系工作。

平行关系：同一系统中的同级机关之间的关系，适宜用平行文或函来联系工作。

不相隶属关系：不同系统的机关之间均属不相隶属关系，适宜用平行文或函来联系工作。

二、行文规则的主要内容

（一）基本行文规则

不同的机关、行业、系统行文有不同的规则和要求，但通用规范性公文应遵守如下共同的基本行文规则：

（1）根据机关隶属关系和职责范围行文的原则。

（2）授权行文的原则。上一级政府部门根据授权可直接向下一级政府行文，无授权不能正式行文。

（3）行文由办公部门、秘书部门统一处理的原则。

（4）公文不直接报领导者个人的原则。

（5）非特殊情况不越级行文原则。

（6）同级机关可以联合行文的原则。

（7）部门会签未经协调一致不得各自单独行文的原则。

（8）请示性公文一事一文和不向下级抄送的原则。

（二）行文规则的主要内容

1. 注重实效，坚持少而精

行文应当本着"确有必要，注重实效"和"少而精"的精神制发公文，可发可不发的公文不发，可长可短的公文要短。

2. 明确行文关系，不越权越级行文

行政公文的行文关系是：处于领导、指导地位的上级机关可以向与其有直接隶属关系的下级机关发送下行文；下级机关则应向上级领导、指导机关报送上行文；平行机关和不相隶属关系的机关之间应相互传送平行文。

各级行政机关在一般情况下，不得越级行文，尤其不得越级向上级机关请示或报告问题。上级机关解决不了的问题可由该机关向再上一级机关请示或报告。

3. 政府部门之间遵守的行文规则

（1）政府各部门依据部门职权可以相互行文；

（2）政府各部门依据部门职权可以向下一级政府的相关业务部门行文；

（3）政府各部门一般不得向下一级政府正式行文；

（4）政府各部门和下一级政府之间只能用函的形式商洽工作、询问和答复问题、求批和审批事项；

（5）须经政府审批的事项，经政府同意也可由部门行文，文中应注明“经政府同意”；

（6）属于部门职权范围内的事务，应当由部门自行行文或联合行文，联合行文应当明确主办部门；

（7）部门之间对有关问题未经协商一致，不得各自向下行文，如擅自行文，上级机关应当责令纠正或撤销。

4. 部门内设机构除办公厅（室）外不得对外正式行文

办公厅（室）是部门中负责处理公文的专设机构，其他内设机构没有行文权，但可以用函对外行文。

5. 可以联合行文的规则

（1）同级政府、同级政府各部门、上级政府部门与下一级政府可以联合行文；

（2）政府与同级党委和军队机关可以联合行文；

（3）政府部门与相应的党组织和军队机关可以联合行文；

（4）政府部门与同级人民团体和具有行政职能的事业单位也可以联合行文。

6. 报送和抄送公文需要遵守的规则

报送公文应注意以下规则：

（1）属于主管部门职权范围内的具体问题，应当直接报送主管部门处理；

（2）除上级机关负责人直接交办的事项外，一般不得以机关名义向上级机关负责人报送“请示”“意见”和“报告”。

除了主送机关外，需要了解公文内容或协助办理的机关可作为抄送机关。抄送时应注意以下规则：

（1）公文内容涉及有关机关的职权范围需其予以配合时，可向该机关抄送；

（2）面向下级机关或本系统的重要行文，应当同时抄送直接上级机关；

（3）请示一般只写一个主送机关，需要同时送其他机关的，应当用抄送形式；

（4）受双重领导的机关向上级机关行文，应当写明主送机关和抄送机关。上级机关向受双重领导的下级机关行文，必要时应当抄送其另一上级机关。

以下两种情况不宜用抄送：

（1）请示不得在报送主送上级机关的同时向其下级机关抄送；

（2）凡与办理公文无关的机关一律不予抄送。

7. 请示的规则

请示应一事一请示，不要一文多事。如确有几件事需要请示上级，可分别写成几份请示上呈。

8. 报告不得夹带请示事项的规则

在上行文中，请示属于需要办理的“办件”，报告则属于“阅件”。如果报告中夹带请示事项，会被当作阅件处理，申请的事情就会被耽搁。

三、行政公文的办理程序

（一）公文办理程序的概念

公文的办理程序指的是在一个机关内部，按照制发、办理与管理文件的规律，对文书工作的一系列环节所安排的工作顺序。包括对本机关发文、内部文件的撰制，对机关收文的处理，以及对各类文件的日常管理等一系列工作环节，通常来讲可分为收文和发文两方面的办理程序。

（二）发文办理程序

发文办理程序是指以本机关名义制发公文的全过程，包括草拟、审核、签发、复核、缮印、用印、登记、分发等程序。

行政公文办理程序中起草、审核和修改工作一般应遵循的过程：

（1）由事项主办人员或文秘人员负责起草行政公文的初稿；

（2）由文秘部门或事项部门的负责人负责审核和修改初稿；

（3）由分管领导人或主管领导人审阅和修改初稿，并予以定稿；

（4）经审阅定稿后的文稿还要分送有关领导和部门征求意见；

（5）对文稿中的问题进行不断地修改、充实和完善，最后把定稿送分管或主管领导人签发；

（6）上述程序只是在顺利的情况下对整个行政公文写作过程的一次循环。有时候，一份行政公文可能要经历几个这样的循环；

（7）办公室（厅）主任负责最后的审核工作，秘书人员负责给文件编号。

（三）收文办理程序

收文办理程序一般包括文件的签收、登记、审核、拟办、批办、承办、催办等程序（需要批复的文件和需要向外转发的文件，从拟稿起进入发文处理程序）。

1. 签收

公文的签收，是公文发送方与公文接收方的交接手续。公文发送件一般为信件套封形式送达。送出文件时，应当在公文送达簿上，填写记录所送公文内容的以下项目：发文单位、送达日期（月、日，急件需标明上、下午或具体时间）、收件单位（人）、收文号、件数、密级。接收公文单位的收件人应在公文送达簿上签收。

2. 登记

收文登记是为了记录收到公文的主要项目及运转过程，便于查找、统计，这是公文进入处理程序的第一道环节。

3. 审核

公文登记后，就应进行由文秘部门进行审核。审核是决定公文是否被受文机关接办受理的关键环节，是起把关作用的必要程序，应严格而慎重地进行。

4. 拟办

公文登记、审核之后，文秘人员应根据来文内容，提出拟办意见，并将意见写在文件办理批办单“拟办意见”一栏内。拟办意见一般有两方面的内容：一是来文要点；二是处理意见。

5. 批办

批办就是将公文批交承办部门办理。

6. 承办

承办部门接收来文后，即进入承办程序。

7. 催办

催办是文秘部门的职责。公文催办就是对公文的办理情况进行督促检查，防止延误或漏办。

公文办理工作的基本要求：

根据《国家行政机关公文处理办法》第一章总则第五至第八条规定的精神，公文办理工作的基本要求主要有以下几点：

（1）及时、迅速，反对拖拉、积压；

（2）准确、周密，反对紊乱和粗枝大叶；

（3）精简文件，深入实际，反对官僚主义和文牍主义；

（4）保守党和国家的秘密。

四、行政公文起草的基本要求

（一）明确目的

行政公文在形式上，无论上行文、平行文或下行文，起草者都同样需要根据行文的目的和行文对象的特点和需要，选准适合的文种，用特定的规范格式和合适的语体、语气和措辞，写成符合规范格式的公文。上行文要具有明确的针对性；平行文要具有明确的商榷性；下行文要具有明确的指导性。制发这一公文的原因、要达成的目的、为了达成这一目的需要写些什么、怎么写……行政公文的起草者应该具有非常明确的自觉意识。

（二）符合政策

行政公文是一种贯彻执行方针政策的重要工具，也是一种把治理国家和其他事务的方针政策用“白纸黑字”的书面形式加以具体化的主要形式，所以行政公文具有特殊的严肃性，它的起草者必须熟悉有关的政策。其中要特别注意：①政策的时间性；②政策的空间性；③政策的连续性。

（三）注重实效

行文应注重实效，要不要行文，怎样达成行文的目的，怎样安排措施才能解决实际问题，这些都应统一考虑。

第五节　行政公文的专门用语

每一个专业都有一些约定俗成的专用词语，行政公文也是如此。某些词的出现频率高，以后就慢慢固定下来，成为专门用语。使用公文专门用语，一方面便于人们理解与表达，另一方面有利于提高制发和处理公文的质量和效率。

公文的专门用语主要可以分为以下几种：

一、称谓用语

称谓用语是对单位、个人不同的称呼用语，在使用时无级别色彩，上下级机关均可根据情况使用。

第一人称："我"（我们）；"本"（本局，本公司）。

第二人称："你"（你们，您）；"贵"，是"您"的尊称。注意，"贵"不能随便使用，如果与对方关系密切，或是直接上下级，用"贵"就显得见外。

第三人称："他"（他们）；"该"（该局，该所）；"陛下""殿下""阁下""先生""女士""夫人"等称谓一般在公文中只用于称呼外籍人士或祖国内地以外的有关人士。

二、引叙用语

引叙用语是引叙来文时的用语。常用的引叙用语有"前接""近接""已悉""敬悉""欣悉""惊悉""收悉""电悉"、"谨悉"等，如"你局×年×月×日×字请示已悉"。

三、领叙用语

领叙用语是引导文件直接叙述事实依据的词语。常见的领叙词有"根据""遵照""依照""按照""本着"等，如"本着××会议精神""根据《民法》×条规定"。

四、补叙用语

当公文写作中需要补充说明时，用补叙词作开端，如"另""再"等。它表示后面的内容是补充叙述的，以提醒阅读者注意。

五、经办用语

经办用语是表明工作处理情况的用语。常用的经办用语有“经”“业经”“兹经”“现经”等，如“业经大会讨论决定”。

六、承转用语

承转用语是承接上文转入下文的关联词语，它在文中起着承上启下的作用，大都用于行文从对事实的介绍转为对所持主张的阐发或概括。常用的承转用语有“为此”“据此”“故此”“总而言之”“由此可见”“综上所述”等。

七、期请用语

期请用语是表示期望、请求的用语，它将作者的要求和愿望以礼貌的方式表达出来。常用的期请用语有“请”“敬请”“恳请”“务请”“拟请”“切望”“务盼”“希”“敬希”等，如“恳请予以答复”“希遵照执行”。

八、征询用语

征询用语是表示征求、询问对有关事项的态度、意见的用语。常用的征询用语有“当否”“妥否”“是否可行”“意见如何”等，如“妥否，请批复”。这些用语在上行文和平行文中用得较多。

九、表态用语

表态用语是表明制发机关意见和态度的用语。需要根据表态程度的不同选择不同的词语。常用的表态词语有“照办”“可行”“不可行”“同意”“不同意”“拟同意”“原则同意”“应”“拟应”“理应”“均应”“毋庸再议”“参照办理”“遵照执行”等，以上词语上级对下级均可使用，下级对上级一般不使用“可行”“不可行”等词语。

十、批转用语

批转用语是上级对下级来文批示或向下转发的用语。常用的批转用语有“批示”“阅批”“核阅”“批转”“转发”“下发”“颁发”等，如“此文已核阅”“此文批转×处办理”等。

十一、时态用语

时态用语是表明时间状态的词语。常用的时态用语有“不日”“即日”“不时”“届时”“届此”“届满”等，如“此决定从即日起执行”。

十二、判定词

公文中判定词一般用“是”，但有些公文如公告、通报等，为维护公文的权威性，常常用一些特定的词语，如“系”“确系”“果系”“以……论”等。

十三、结尾用语

结尾用语是放在文件正文之后表示全文结束的用语。公文的结尾用语往往根据文种的不同而有所区别：命令的结尾用语是“此令”“毋违”；通报的结尾用语是“特此通报”“自……日起执行”；请示的结尾用语是“当否”“请批复”，“请审核批示”；报告的结尾用语是“以上意见如无不当，请批转××执行”，或“以上报告，请审查”；函的结尾用语是“特此函告”“特此函复”“请即见复为盼”。

第六节　常用行政公文写作

一、命令（令）

（一）命令（令）的概念

命令（或“令”）是一种适用于依照宪法和有关法律的规定颁布重要法律和行政法规，宣布施行强制性行政措施，任免、奖惩有关人员，撤销下级机关不适当决定的公文。

命令（令）的使用权受到严格的限制。《中华人民共和国宪法》规定：全国人大常委会委员长、国家主席、国务院总理、各部部长、各委员会主任和县以上地方人民政府，可以发布命令（令），其他任何单位及个人都无权发布。使用命令的主体必须是国家各级立法、行政、司法和军事机关，并且必须经法定代表人签署。党的机关、企事业单位和人民团体不使用命令（令）这一文种。

（二）命令（令）的特点

第一个特点是权威性。命令（令）带有法规性和行政的约束力，但它不同于法律和法规。它是以法律和法规为依据，并且是为执行法律和法规而发布的；第二个特点是强制性。下级单位接到命令只能执行，不得违抗，违令就是违法。违抗命令（令）或延误执行，都将受到严惩；第三个特点是严肃性。命令（令）应文句简洁准确，语气坚定严肃，表达严谨庄重。

（三）命令（令）的种类

从用途分，命令（令）可以分为发布令、行政令、任免令、嘉奖令、惩戒令等。

发布令：主要用于发布法律和行政法规，赋予所发布的法律和行政法规以立即生效并予以施行的法定效力。

行政令：主要用于采取强制性行政措施，实施行政领导与指挥。如《国务院关于发行第五套人民币的命令》。

任免令：主要用于任免事项，是任用或免除政府官员所颁发的一种命令。

嘉奖令：主要用于嘉奖有功人员而颁布的命令。

惩戒令：主要用于惩戒有关人员与撤销下级机关不适当的决定和命令（令）。

（四）命令（令）的写法

命令（令）一般由三部分组成：标题、正文、署名和日期。

标题的写法有两种：一种是由发布机关名称、事由、文种三部分组成，如《中央军委授予总装备部航天员大队“英雄航天员大队”荣誉称号的命令》；一种是由发布机关名称（或首长职务）与文种两部分组成，如《中华人民共和国主席令》。

正文分带附件和不带附件两种。不带附件的命令（令）一般由缘由和指令两部分组成，缘由部分简单扼要地写明发布本命令的根据和理由，指令部分写明要求下级机关或有关人员必须遵照执行的事项。带附件的命令（令）一般更简短、明确，只写命令（令）的根据或缘由，附件随令文公布。

署名和日期：发布日期标注于落款处发布机关名称（或首长职务与姓名）的下方，也可标注于标题的下方。命令（令）末尾要签署发令机关或发令人姓名（冠以职务）。

例文 3－1

中华人民共和国主席令

第三十四号

《反分裂国家法》已由中华人民共和国第十届全国人民代表大会第三次会议于2005年3月14日通过，现予公布，自公布之日起施行。

附件：《反分裂国家法》（略）

中华人民共和国主席胡锦涛

二〇〇五年三月十四日

例文 3－2

四川省人民政府令

川府令176号

《四川省危险废物污染环境防治办法》已经2003年10月16日四川省人民政府第19次常务会议通过，现予发布，自2004年1月1日起施行。

附件：《四川省危险废物污染环境防治办法》（略）

省长　张中伟

二〇〇三年十一月七日

二、公告

（一）公告的概念

《国家行政机关公文处理办法》中规定：公告适用于向国内外宣布重要事项或者法定事项。这一定义包括三个含义：

（1）公告的告知对象包含国内外，所以通常以报刊、广播、电视等形式公开发表；

（2）公告的内容一般涉及国家的重要事项或者法定事项；

（3）公告的制发单位主要是国家高层权力机关。

近几年来，不少报刊不论事情大小，刊登了许多不用公告这一文种发布的公告，诸如举办有奖储蓄、招聘、招工、招生等，这是一种滥用公告的现象。

（二）公告的特点

1. 权威性

公告的发布单位一般具有很高的权威，只有高层行政机关及职能部门才有权力发布公告。如国家最高权力机关（人大及常委会）；国家最高行政机关国务院及其所属部门；各省市、自治区、直辖市人民政府；某些法定机关，如海关、税务局、铁路局、人民银行、检察院、法院等。其他地方机关、企事业单位、社会团体，不能发布公告。

2. 重大性

公告的内容，一般应是重大事项和法定事项，其他事项不能用公告发布。

3. 新闻性

这是指公告一般由新闻机构发布，而不是用红头文件发布。

（三）公告的种类

按使用范围，公告大致可分为以下两种。

1. 重大要闻公告

这类公告由中央最高权力机关发布，内容涉及国家政治、经济、军事等方面的大事。如公布国家领导机构和领导人的选举结果，国家元首的互访，发布重要人物的病情，公布重大科技成果，颁布各项法律法规等。

2. 法定事项公告

这类公告是由政府有关职能部门依据法规、文件规定，按法律程序发布，或者由经济管理部门根据工作需要发布。根据有关法律规定，人民法院送交诉讼文书、公开审理案件也以公告形式发布。

（四）公告的写法

公告一般由标题、正文和落款三部分组成。

标题有三种形式：①发文机关＋事由＋文种，如《中共中央、全国人民代表大会、国务院关于宋庆龄副委员长病情的公告》。②发文机关＋文种，如《中华人民共和国全国人民代表大会常务委员会公告》《国务院公告》。国家在宣布重要任免事项时的公告常用这种标题。③只有文种，如人民法院公开审理案件前发布的公告一般用这种标题。

正文由开头、主体与结语三部分组成。开头为引据部分，说明发布公告的主要依据；主体为事项部分，是发布公告的主要内容；结语一般使用“特此公告”“现予公告”等规范化用语。

落款，写明发布公告的机关名称和发布日期。

公告一般不以印发文件的形式发布，一般不用编发文字号，也不需写主送机关。连续发布几个相关公告时可用括号说明顺序号，标注于标题的正下方。

例文 3－3

中华人民共和国财政部公告

〔1998〕第 7 号

经第八届全国人民代表大会常务委员会第 30 次会议审议通过，并经国务院批准，现就发行 1998 年特别国债的有关事宜公告如下：

一、1998 年特别国债（以下简称“本期国债”），计划发行总额 2 700 亿元，于 1998 年 8 月 18 日发行。

二、本期国债为记账式附息国债，期限 30 年，年利率百分之七点二。从发行之日起开始计息，利息按年支付。

三、本期国债面向中国工商银行，中国农业银行，中国银行和中国建设银行定向发行，不向社会销售，所筹资金专项用于拨补上述银行资本金。

四、本期国债由中央国债登记结算有限责任公司托管注册，上市交易的具体办法由财政部商中国人民银行另行制定。

特此公告。

财政部

一九九八年八月十七日

例文 3－4

中国人民银行公告

〔2003〕第 20 号

根据《中国人民银行关于为香港银行办理个人人民币业务提供清算安排的公告》（〔2003〕第 16 号）确定的选择香港银行个人人民币业务清算行的原则和标准，经过对申办清算行业务的香港银行进行全面评审，并商香港金融管理局，中国人民银行决定授权中国银行（香港）有限公司作为香港银行个人人民币业务清算行。

中国人民银行

二〇〇三年十二月二十四日

三、通告

（一）通告的概念

《国家行政机关公文处理办法》中规定：“通告”适用于在一定范围内公布应当遵守或者周知的事项。

（二）通告的特点

（1）内容的一般性。通告的内容通常为一般事项，如电信公司关于某区域电话线路改造，某市电力局关于某片区停电等。

（2）告知的有限性。通告一般只是向某个区域、某个范围的公众通告某类事项，它只适宜于一定的地区。

（3）发文机关多为中下级机关，通告一般由中下级机关发布。

（三）通告和公告的区别

通告与公告都是属于公开发布的知照性极强的公文。但两者又有严格的区别：

（1）发文机关不同。公告由国家高层权力机关或法定职能机关发布，通告比较灵活，任何党派、人民团体、机关、企事业单位都可以发布。

（2）内容不同。公告发布的事项涉及国内外关注的重大事项，通告多用于宣布一般性事项。

（3）告知范围不同。公告面向国内外，范围较广；通告限于“一定范围内”，范围较窄。

（4）发布形式不同。公告一般通过广播、电视、报刊公开发布，通告可张贴公布，也可见诸报刊。

（四）通告的分类

按其用途与目的，通告可分为下列两种：

（1）规定性（法令性）通告。用于公布某些政策、法规和应当遵守的事项。这类通告大多由某一级主管部门发布，带有一定的强制性和约束力，如《××市公安局关于严禁赌博的通告》。

（2）告知性（周知性）通告。用于国家机关、企事业单位和人民团体宣布各种周知性事项，如《中国人民银行关于发行新版人民币50元券和5角券的通告》。还有，如日常因停水、停电、招标、迁址、更改公共汽车路线等也都以这种通告的形式发布。

（五）通告的写法

通告的基本格式如同公告，由标题、正文、落款三部分组成。

标题有三种形式：①发文机关、事由和文种，如例文3－5。②只写发文机关和文种，如《××市公安局通告》。③只写文种，省略发文机关与事由。如果事情紧急，必须立即执行的，“通告”之前可加上“紧急”二字。

正文包括通告缘由、通告事项、通告要求三部分。通告缘由即通告的开头部分，阐明发布通告的原因、目的或依据。接着用“特作如下通告”或“现通告如下”作过渡语引出下文。事项部分可采用条款式，要写得明确、具体，以便于群众了解和掌握，易于施行。一般用“特此通告”作结语，也可在事项部分的结尾提出施行本通告的希望与要求。

如果标题中有发文机关的，落款只需注明发布日期。

例文 3-5

北京市人民政府关于查处违法建设的通告

京政发〔2006〕14 号

为实现“新北京、新奥运”战略构想，消除城市公共安全隐患，努力建设宜居北京，进一步改善和提高广大市民工作、生活的环境质量，市政府决定，自 2006 年 4 月起在全市开展查处违法建设工作。现就有关事项通告如下：

一、为提高城市建设和管理水平，本市对行政区域内有关城市容貌、环境卫生的工作，实行城市化管理。

二、依据国家及本市有关法律法规，任何单位和个人未经本市城市规划行政主管部门批准，在本市行政区域内擅自建设的建筑物、构筑物或设施及逾期未拆除的临时建设工程，均属违法建设。

三、违法建设应在有关部门通告的限期内自行拆除，其中影响城市景观、城市环境和存在安全隐患的违法建设必须立即拆除。逾期未拆除的，由所在区县政府组织相关执法部门依法强制拆除。

正在建设中的违法建设必须立即停止施工并自行拆除；不自行拆除的，由所在区县政府组织相关执法部门依法强制拆除。

四、对参与新建违法建设的工程设计单位和施工单位，依法给予处罚，并分别纳入“北京市企业信用信息系统”“北京市建设行业信用系统”予以警示，同时自违法行为被查处之日起 6 个月内不得在本市承揽业务。

五、凡使用违法建设从事生产、经营活动的，不予办理工商、消防、文化、卫生等行政许可；已批准许可的，予以纠正。

六、对新建违法建设，供水、供电、供气、供热等企业不予提供服务。

七、公民、法人和其他组织应积极配合查处违法建设工作，阻碍国家机关工作人员依法执行职务的，由公安机关依照《中华人民共和国治安管理处罚法》予以处罚；构成犯罪的，依法追究刑事责任。

八、本通告自发布之日起施行。

二〇〇六年四月十九日

四、通知

（一）通知的概念

通知是用于发布行政法规和规章，转发上级机关、同级机关和不相隶属机关的公文，批转下级机关的公文，传达要求下级机关办理和有关单位需要周知或共同执行的事项，任免和聘用干部的一种公文。通知在公文中使用最为广泛，使用频率最高，上至方针政策，下至具体事务都可发通知。

（二）通知的种类

通知一般可分为四种：

1. 批转性（批示性）通知

批转性（批示性）通知又称转发性通知。领导机关批转下级机关文件或转发上级机关、同级机关和不相隶属机关文件，以及发布某些行政法规和规章时，可用这种通知。

2. 指示性通知

上级机关对下级机关的某项工作有所指示和安排，但又不宜用“命令”或“决定”时可采用这种通知形式。这种通知带有强制性、指导性和决策性。

3. 周知性（事项性）通知

周知性（事项性）通知又称告知性通知，也叫一般性通知。上级机关需要下级机关知道或办理某项事宜，上级机关将任免的人员告知下级机关单位时可用这种通知形式。任免通知也可归属于事项性通知。

4. 会议通知

会议通知即告知有关单位或个人参加会议的通知。

（三）通知的写法

通知的主体由标题、主送机关、正文、落款四部分组成。另外，批转性通知、指示性通知还包括附件部分。

通知的标题有三种结构方式：①由发文机关的名称、事由和文种组成；②由事由和文种组成；③由文种“通知”作标题。通知的标题应居中写，字体大于正文。

通知的主送机关在标题之下、正文之上顶格写出被通知对象（即收受公文的机关单位）的名称，名称后加冒号。无论哪种通知，都应明确主送机关。

通知正文主要包括因由、事项和要求三部分内容。因由部分要求简要写出发文的原因或目的，然后用“特通知如下”“现通知如下”“特作如下通知”等承启惯用语转入事项部分。事项部分主要写通知的具体事项，要求具体、清晰、条理、畅达，可分条列款行文。

通知的结尾，不论长短，应另起一行单独成段，写惯用结尾语，如“本通知自下发之日起实施”“以上通知请认真贯彻执行”，或只写“特此通知”。

通知写作中还要注意以下几个问题：第一是内容应单一。无论哪一种通知，都必须注意内容单一，即一份通知只写一项事情。这样才能更好地写明通知的内容，使之既具体，又明确，充分发挥出通知的效能。第二是应简练明确。通知中的目的、事项、要求是什么，执行什么任务，采取什么措施等，都应表达得简练、清楚、明确。第三是应据实而下。任何一种通知都要实事求是，根据实际下发，针对性要强。这对批示性通知和指示性通知尤为重要，否则这种通知就不能起到应有的作用，甚至成为“一纸空文”。

例文 3－6

中国人民银行关于进一步做好国库经收工作的通知

银发〔2007〕216 号

中国人民银行上海总部，各分行、营业管理部、省会（首府）城市中心支行，副省级城市中心支行；各政策性银行、国有商业银行、股份制商业银行、中国邮政储蓄银行：

国库经收工作是国库工作的重要组成部分，是国家组织收纳预算收入的重要环节。为进一步规范国库经收业务行为，加强对国库经收处的监督管理，促进国家各项预算收入及时、准确、安全入库，现就有关要求通知如下：

一、严格执行规章制度，切实履行国库经收职责

经收预算收入的政策性银行、商业银行、信用社、中国邮政储蓄银行和外资银行分支机构（以下简称银行和信用社）均为国库经收处。国库经收处应当按照《中华人民共和国中国人民银行法》《中华人民共和国商业银行法》《中华人民共和国国家金库条例》《中华人民共和国国家金库条例实施细则》《商业银行、信用社代理国库业务管理办法》（中国人民银行令〔2001〕第 1 号）等有关规定，认真履行国库经收职责，规范经收业务行为，及时、完整、准确地将所收款项划转到指定国库，并自觉接受上级国库的监督管理与检查指导。但受金融环境变化和利益驱动等因素的影响，个别银行和信用社对国库经收业务重视不够，自觉学习制度和规范办理业务的意识淡化，屡屡发生延压国库资金、违规设立过渡账户、拒收现金税款及会计科目使用不规范等问题，损害了国库资金的安全与完整。为此，就国库经收业务的基本要求，人民银行强调：一是国库经收处在收纳预算收入时，应对缴款书内容进行认真审核，对不符合要求的缴款书，应拒绝受理；二是国库经收处在受理缴款书后，应及时办理转账，不得无故压票；三是国库经收处应一律使用“待结算财政款项”科目下的“待报解预算收入”专户核算经收的各项预算收入款项，不得转入其他科目或账户；四是国库经收处收纳的预算收入应在收纳当日、最迟下一个工作日内办理报解手续，不得延解、占压和挪用；五是国库经收处不得办理预算收入退付，在上划预算收入之前，如发现错误，应将缴款书退征收机关或纳税人更正后，重新办理缴纳手续；六是国库经收处不得违规为征收机关开立预算收入过渡户；七是国库经收处不得拒收纳税人缴纳的税款，特别是小额现金税款，也不得拒收征收机关负责征收的预算收入；八是国库经收处收纳预算收入时，除国家另有规定外，不得向缴款人收取任何费用。

二、加强监督管理和检查指导，规范国库经收业务行为

人民银行各级行要建立健全对相关银行和信用社办理国库经收业务的监督管理机制，加强对国库经收处的监督、管理、检查和指导，全面掌握辖区内国库经收业务情况。人民银行各级行要有计划地对辖区内国库经收处进行制度和业务培训，安排国库人员深入国库经收处进行现场业务指导，了解掌握经收业务中的新情况和新问题，帮助协调解决国库经收处开展工作的实际困难；要通过现场检查和非现场检查等方式，督促相关银行和信用社严格按照规定办理国库经收业务，并依法对国库经收业务中的违法、违规问题进行查处。

人民银行上海总部，各分行、营业管理部、省会（首府）城市中心支行，副省级城

市中心支行收到本通知后，要组织辖区内相关银行和信用社认真对照《商业银行、信用社代理国库业务管理办法》等有关规定开展一次全面的国库经收业务自查工作，并将自查的基本情况、发现的问题、整改措施和建议等汇总形成工作报告，于2007年11月底前报至人民银行总行国库局。在组织国库经收处自查工作中，人民银行分支机构也可视情况开展抽查，以检验国库经收处自查情况，准确把握辖内国库经收处的真实运行状态。

各政策性银行、国有商业银行、股份制商业银行、中国邮政储蓄银行总行收到本通知后，要督促指导各分支机构按照人民银行当地分支机构的有关要求，认真开展自查工作。同时要对本行制定的涉及国库经收工作的管理制度、业务处理手续、对外签署的合同协议以及计算机系统设置等情况进行自查，根据自查情况、发现的问题和有关改进措施等形成自查报告，于2007年11月底前以正式文件形式报至人民银行总行（联系人：国库局于敏，电话：010—66194409）。

中国人民银行

二〇〇七年七月二日

例文3－7

成都市人民政府贯彻国务院关于完善中央与地方出口退税负担机制通知的通知

蓉府发〔2005〕××号

各区（市）县政府，市政府有关部门：

2005年8月1日，国务院印发了《关于完善中央与地方出口退税负担机制的通知》（国发〔2005〕25号），在坚持中央与地方共同负担出口退税的前提下，对超基数分担比例、退库方式等现行办法进行了调整。完善中央与地方出口退税负担机制，是国务院根据出口退税新机制运行情况而采取的一项重要措施，各区（市）县政府和政府有关部门要认真学习，深刻领会文件精神，切实做好外贸出口和出口退税工作，确保我市外贸出口和经济持续健康发展。根据省政府《贯彻国务院〈关于完善中央与地方出口退税负担机制的通知〉的通知》（川府发〔2005〕23号）精神，并结合我市实际，现提出以下贯彻意见：

一、出口退税地方负担部分，按现行财政管理体制，分级负担。国务院决定从2005年1月1日起，原核定的出口退税基数不变，超基数部分中央和地方按92.5∶7.5的比例共同负担。对地方负担的7.5%部分，省与市按35%和65%的比例分别负担；市与各区（市）县负担比例，按现行市与区（市）县财政体制确定的增值税分享比例承担。

二、规范地方出口退税分担办法。对我市负担的出口退税部分，只能由市本级和区（市）县分级负担，不得将出口退税负担分解到乡镇和企业。不得采取限制收购外地产品出口、限制企业出口退税规模等干预外贸正常发展的措施。对违反规定的行为，要追究相关地区和部门的责任。

三、改变出口退税退库方式。出口退税改为中央统一退库后，各区（市）县超基数负担部分，在每年年终与市财政结算时专项上解。

附件：《四川省人民政府贯彻〈国务院关于完善中央与地方出口退税负担机制的通知〉的通知》（川府发〔2005〕23号）（略）

二〇〇五年十一月二十三日

五、通报

（一）通报的概念

通报是党政机关、社会团体、企事业单位表彰先进，批评错误，传达重要精神或者情况时所使用的一种公文。通报一般是上级单位向下级单位发布，但有时也用来向同级单位或不相隶属单位，甚至是上级单位（用抄报的形式）传达某一重要事项或信息。

通报与通知相比，它没有通知那样的约束力或强制性，通报只是对下级机关单位起引导、启发、告诫、规范和沟通信息的作用。其主要目的：一是教育工作人员以先进为榜样；二是引导工作人员以错误为借鉴，改进工作；三是传达精神，反映情况，互通信息。

（二）通报的种类

按内容的性质可将通报分为表彰性通报、批评性通报和情况通报三种。

（三）通报的写法及注意事项

1. 通报的写法

通报的一般由三部分组成：标题、正文、署名和日期。

标题大致有四种形式：①只写“通报”字样；②由通报的事由和文种构成；③由发文机关名称和文种构成；④由发文机关名称、通报事由和文种构成。

正文是通报的主体部分，下面按三种通报逐一介绍其写法。

（1）表彰性通报写作

表彰性通报是用于表扬先进人物和先进事迹，总结成功经验，宣传先进典型，树立榜样，推动工作的通报。这种通报在内容上应包括：①事情的经过。要写清时间、地点、人物、事件及其经过、情节和结果，并要详略得当，重点突出。②点明主题。要对先进事迹进行评价，指出其重要意义，这也是通报的目的所在。另外，语言要简练，要具有画龙点睛的作用。③决定。要写出领导机关对先进事迹作出表彰的决定，并发出学习号召，它是表彰性通报的核心部分。

（2）批评性通报写作

批评性通报是用于批评错误，通报事故或反面典型，总结经验教训，教育他人引以为戒的通报。批评性通报在机关工作中运用较多，它具有法规性质，通常会要求有关单位和个人遵照执行。发文机关应具体写明通报的事件或人物、应总结的经验教训、作出的处分决定以及提出的具体措施与要求等。语言应简练明确。

(3) 情况通报写作

情况通报的主要作用是通报情况。领导机关发出情况通报，目的是使下级机关和干部群众了解情况，统一认识，推动工作的开展。写作情况通报时应首先写明具体情况，注意陈述应有条理，层次要清楚；然后应写出对所述情况的认识、分析与评价；最后提出具体意见要求。

最后在正文末尾右下方签发文机关名称和日期，并加盖公章。

2. 注意事项

写作通报时应注意以下三点：第一，准确。通报是教育意义很强的一种公文，写通报必须注意事实真实准确，有关的时间、地点、情节、过程等，都要经过认真核实，不容半点虚假。第二，典型。通报的事项要典型，要足以引起人们的重视，具有普遍的指导意义和教育意义。第三，及时。通报的时间性很强，一定要写得及时，发得及时。

例文 3－8

北京市教育委员会办公室关于两起火灾事故的通报

京教勤办〔2005〕9 号

各区县教委，各高等学校，中等专业学校，独立设置的中外合作办学机构，北京教育学院，北京教育科学研究院，北京教育考试院，北京教育音像报刊总社，市教委直属单位：

12 月 24 日 9：30，首都师范大学学生公寓 6 号楼 219 房间发生火情，经及时扑救，未造成人员伤亡和重大财产损失。经调查，起火原因是该校教育技术系学生吴某在宿舍内吸烟时，烟头点燃褥子所致。

12 月 24 日晚，159 中学四名高二学生聚在同学家过平安夜，次日凌晨发生火灾（当晚家长不在家），造成两人死亡、一人轻伤的严重后果。起火原因正在调查中。

这两起火事故，反映了在学生公寓安全管理和学生安全教育方面存在的问题。为从中汲取教训，防止类似事故再次发生，市教委提出如下要求：

（一）各高校要立即对学生公寓安全管理工作进行一次彻底地检查，重点是有关消防安全管理制度和措施的落实情况，杜绝在宿舍内使用“热得快”等违章电器的现象，清理私接乱拉电线，保证灭火器等消防设施和应急指示标志、应急照明灯齐全有效，保证疏散通道畅通无阻拦；封闭管理的学生公寓楼，要做到紧急时刻楼门能够及时打开。各校要以首师大发生的事故对全体学生进行宣传教育，教育学生遵守纪律，不在室内吸烟。

（二）各中小学校要对学生进行防火安全教育，增强学生安全意识，了解掌握火灾发生后逃生自救的基本方法，提醒学生在聚会时要注意安全。各校在期末家长会或致家长的信中要提示家长承担起监护人的职责，保证学生在家庭生活和活动的安全，特别要教育子女不在外留宿。

（三）各级各类学校要及时清理校园内的堆积物、可燃物，特别要做好消防通道、楼梯过道、房前屋后、露天平台和绿地中堆积物、可燃物的清理。有家属区的学校，要注意清理楼梯过道和露天阳台的堆积物、可燃物。

（四）坚持报告制度。发生各类安全事故后，学校要按照“先口头、后书面”的规定，迅速上报有关信息，并根据事态发展随时续报。

二〇〇五年十二月二十七日

六、报告

（一）报告的概念

报告是下级机关向上级机关汇报工作、反映情况、提出意见或者建议、答复上级机关询问与要求、向上级机关报送资料使用的一种陈述性公文。

报告是典型的上行文，目的是向上级机关汇报情况、提供咨询，对受文者没有约束力。报告的发文者多是中下级机关和企事业单位，受文者多是其上级主管单位。有的报告经上级机关批转后，成为上级机关批转文件的一部分，这时，就具备了相应的权威和约束力、强制性。

报告按内容可分为工作报告、情况报告、呈转报告和答复报告等。

（二）报告的内容

报告主要由标题、主送机关、正文和落款四部分组成。递送报告还包括附件部分。

报告的标题通常是由发文机关、事由和文种构成，如“成都市国税局关于加强税收管理工作的报告”。

报告主送机关即报告上报的领导机关，要在标题下另起一行，顶格写清受文单位的全称。

正文是报告的主体，一般包含报告的缘由和内容两个部分。两部分之间常以“现将……报告如下”等文字过渡。报告的内容一般由情况、经验或教训、存在的问题、意见建议四部分组成。其写法应根据报告的具体类别和内容确定。

工作报告具有总结性质，在写作中应以叙为主，叙议结合，侧重汇报工作情况和经验教训。同时，可以再提一些存在的问题及意见建议。写作应重点突出，叙述清晰，以便上级机关清楚地了解工作情况，作出决策。

情况报告主要报告本单位出现的重要情况或发生的重大问题。开头应写清楚发生事故或事件的时间、地点、单位和相关人员，接着应写明事故或事件的详细经过、已造成的后果，最后再分析原因，写明处理情况和有关意见建议。

呈转报告是下级机关就某项工作中存在的问题向上级机关提出意见和建议，期望得到上级机关认可和采纳，并转有关单位或部门执行的报告。职能部门由于受到职权范围或隶属关系的限制，一般不能直接给有关单位或部门行文，因此提出建议，由上级机关转批有关部门执行。呈转报告除反映情况外，其侧重点在今后工作的建议上，应写明对某一工作的具体意见、要求、实施方法以及需要采取的措施等。

答复报告主要是报告本单位贯彻执行政策、法令、指示的情况以及完成上级交办事项的情况，另外也用于根据法律程序和有关规定，向上级机关报送文件或材料。一般应详细阐述何时何地用什么方式，在什么范围内对有关政策、法令进行了传达或办理，并写明办理执行的办法及措施、执行的效果、目前存在的问题等，同时应将报送的事项或材料、物品的依据、名称和数量等写清楚。

另外，在报告正文中，还要注意结尾语的不同。如工作报告和情况报告多用“特此报告”；呈转报告多用“以上意见如无不当，请批转各有关单位执行”；答复报告多用“现将有关材料呈上”等。

报告正文末尾右下方应签署发文机关名称和标注日期，同时加盖公章。

（三）报告写作注意事项

1. 真实

报告是让上级机关了解情况以便决策，因此必须真实可靠，用事实说话，不能凭空臆造、弄虚作假、借题发挥，更不能推卸责任、虚报瞒报。切忌使用“据说”“可能”之类的模糊词语以免影响上级机关正确决策，给工作造成损失。

2. 及时

将有关事项及时反馈给上级机关，有利于上级机关迅速掌握情况，及时指导工作和处理问题，提高工作效率。

3. 突出重点

报告应抓住重点，突出中心，通过典型材料和恰当中肯的分析来说明问题，提出建议或要求。力戒长篇大论，虚华空洞。

4. 语气要谦恭

报告是上行文，语气应谦恭，用语要得体，文字应简练、准确。

例文 3－9

关于解决油库长期遗留的山地及树木归属问题的报告

川油发〔2004〕××号

省石油公司：

我站于200×年5月为扩建油库，新建了两个油罐，占用了××村部分山坡地及该地树木。当时已交占地费×万元，并达成口头协议，几年来库界未定。为此，××村曾多次提出，被占山坡地及树木再行补偿。我站为避免发生纠纷，最近与××村本着对国家财产和群众利益负责的精神进行谈判，最终达成协议，并经法律部门予以公证。

经协商，双方再次划定界线，以新建围墙为界，界内土地、树木永久归我站所有，由我站再行一次付给××村补偿费×万元。对该项费用我站拟在“保管费”中列支。现随文上报所订协议及库区界图，请核备。

附件：1.《××山地及树木归属协议》

2.《××石油站界区图示》

××石油公司××供应站

二〇〇四年六月二十八日

七、请示

(一) 请示的概念

请示是下级机关请求上级机关对某项工作作出指示、给予答复、审核批准时所用的一种公文。请示是我国目前使用范围较广、使用频率较高的公文文种之一，只适用于有直接隶属关系的上下级之间。

同报告一样，请示也是典型的上行文。一般来说，请示对受文者没有约束力，但受文者应及时对请示的事项作出肯定或否定的答复，提出自己的意见和要求。

(二) 请示的特点与使用范围

请示有以下特点：

(1) 事前行文。请示必须事前行文，所请示的事项要等上级机关明确给以指示后才能按指示行事。

(2) 内容单一，一事一文。请示的内容应单一，通常一篇请示只能写一件事。不要一文数事。

(3) 期复性。请示主要是为解决某一方面问题而请求上级机关作出指示或审核批准，期复性较强。

请示通常适用于下列情形或范围：

(1) 急需办某件需上级批准后才可办的事，要写请示。

(2) 工作中发生比较重大的问题，本机关无权解决，期望请求上级批示的，要写请示。

(3) 对上级颁发的法律、法令、方针、政策、规定和指示精神有疑问或不能理解的问题，需要上级机关进一步解释和明确时，要写请示。

(4) 上级虽有统一规定，但由于本单位情况特殊难以执行，需要灵活掌握或变通处理，要写请示。

(三) 请示的内容

请示主要包括标题、主送机关、正文和落款四部分。

请示的标题通常是由发文机关、事由、文种构成，如“××进出口公司关于在×国举办××洽谈会的请示”。

请示的主送机关是指对请示事项负责并必须给予答复的上级机关。每份请示只能写一个主送机关，不能多头请示。主送机关的名称要顶格写。

请示的正文一般由请示缘由、请示事项和结尾语三部分组成。请示缘由是正文的开头部分，是上级机关批复的根据，应讲得客观、具体、明确。请示事项是正文的主体部分，要写明请求上级机关给予批示或批准的具体事项。正文可分条列项写，应写得具体、明确、简要、条理清晰。请示的结尾语应另起一段。结尾惯用语通常有：“妥否，请批复”“当否，请批示”“以上请示，请予审核批复”等。

请示的落款是在正文右下方写出发文机关名称和日期，并加盖公章。

（四）请示与报告的异同

1. 相同

（1）行文方向一致：请示与报告都是上行文，在写法上也有相似之处。

（2）写作要求相同：内容上都要求反映情况必须真实，提出要求必须实事求是，陈述理由必须正确充分。

（3）内容构成相同：正文大都包括三部分，第一部分介绍基本情况或说明行文的目的缘由，第二部分反映情况，总结经验教训或阐述理由，第三部分提出意见、建议或请求，并写上结尾语。

2. 相异

（1）行文目的不同。报告的目的主要是为了向上级机关反映工作的基本情况，以便作为上级进行决策的参考；请示主要是为解决某一方面的问题而请求上级机关作出指示或审核批准。报告属一般陈述性公文，上级机关不需要回复；请示属于请求性公文，一定要有回文，需要上级机关给予明确的批复。

（2）行文时间不同。报告在事前、事情进行中及事后均可行文；请示必须在事前行文。

（3）内容含量不同。报告可以“一文一事”，也可以“一文数事”，内容含量较多；请示必须“一文一事”，内容比较单一。

（4）写法和结束语不同。请示只有一个主送机关，不能多头主送；报告可以同时报送几个上级机关。正文写作，报告只需陈述情况，反映工作，不能写上请示事项，不能请求上级批复；请示则必须提出请示的事项，讲明缘由，提请上级批复。报告结尾常用“特此报告”或“以上报告，如无不妥，请批转×××”等习惯用语作结；请示结尾常用“以上请示当否，请批复”等习惯用语作结。

例文3-10

××市国家税务局重点税源第××管理局
关于××银行××市第×支行××年度呆账在企业所得税税前扣除的请示

×国税重××〔××〕××号

××市国家税务局：

××银行××市第×支行以《关于××行××市第×支行××年呆账核销税前扣除的请示》（×××支〔××〕××号）上报我局，申请税前扣除呆账××元。其需核销呆账的××家企业金额均在××万元以下。报告收悉后，我局进行了初步审核，呆账形成原因如下：借款单位停止经营，法定代表人下落不明，法院对其终结执行，形成呆账。经我局研究认为，上述呆账符合《金融企业呆账损失税前扣除管理办法》（国家税务总局令第×号）第×条第×款规定，现将××笔金额共为×××元呆账资料上报。

以上请示妥否，请批示。

附件：

1.《××银行××市第××支行呆账核销税前扣除的请示》（××支〔××〕××号）

2.《呆账贷款税前扣除申报（审批）表》

3. 批准呆账核销有关文件

4. 呆账贷款的借款合同

5. 呆账贷款的保证合同

6. 呆账贷款的法院判决书及终结执行书

7.《××会计师事务所审核报告及明细单》

（请示联系人：×××）

（请示联系电话：×××）

××××年××月××日

八、批复

（一）批复的概念

批复是上级机关答复下级机关的请示事项时使用的公文。它具有篇幅精短、内容单一、针对性极强的特点。

批复是典型的下行文，专用性极强，只用来答复下级机关的请示事项，一般是一请示一批复，不涉及请示以外的其他事项。也可以说，没有请示就没有批复。批复的内容是下级机关处理问题、进行工作的依据，带有指示或规定、批准的性质，对受文者有较强的约束力和强制性，所以受文者应认真执行。但批复不同于决定、通知等公文，后者是上级机关主动下达的公文，批复则是上级机关根据下级机关的请示相应制发的公文。提出请示的下级机关就是批复的主送机关，是批复的行文对象。批复有时也抄送少数有关单位。

（二）批复的类别

按照内容分，批复大体上可以分为肯定性批复、否定性批复、解答性批复三类。

1. 肯定性批复

肯定性批复是对下级机关的请示事项表示同意的批复。这类批复对下级机关的请示作出肯定答复，通常只简要地提示一下批复的事由，并表示同意。因此，篇幅特别简短精练，几乎没有说理和言论的文字。

2. 否定性批复

否定性批复是对下级机关的请示事项表示否定的批复。这类批复，除了要对下级机关的请示事项表明发文机关的态度外，通常还应说明否定的理由。

3. 解答性批复

解答性批复是以政策和法律为依据解答下级在请示中的疑问，以此作为下级单位今后工作的依据。

（三）批复的内容

批复主要包括标题、主送机关、正文、落款四部分。

批复正文一般可分为三部分：

（1）开头写明批复的缘由，说明是应什么请示而批复的。这往往只用一句话来表达，通常引据来文，引述来文字号、事由和文种，再加上“悉”“收悉”等惯用语。

（2）主体部分根据方针、政策、法令、规章或实际情况，针对原请示的问题，作出恰当、明确的答复，态度必须明确，观点必须鲜明。

（3）结尾常用“此复”“特此批复”等语作结。

批复的文字应精练、准确，在写法上应开门见山、直陈直叙，切忌“复”非所“求”。除了不批准或不同意下级机关的请求和意见时，要简要地说明理由外，一般不加议论。

例文 3－11

北京市发展和改革委员会关于机场北线车辆通行费的批复

京发改〔2006〕1771 号

北京市××公司：

你公司关于《机场北线高速公路车辆通行费的请示》（京首公管〔2006〕87 号）收悉。经市政府批准，现将机场北线通行费标准有关问题批复如下：

一、通行费标准。新开通的机场北线通行费标准为：按一、二类车起价 5 元，三、四、五类车起价 10 元，一类车每公里 0.50 元、二类车每公里 1.00 元、三类车每公里 1.50 元、四类车每公里 1.80 元、五类车每公里 2.00 元的标准计程收费，通行费尾数以 5 元为单位，实行“二舍八入，三、七作五”归整计收。

二、车型划分标准。车型划分标准按统一车型划分标准执行（车型划分标准见附件）。

三、军队车辆、武警部队车辆，公安机关在辖区内收费公路上处理交通事故、执行正常巡逻任务和处置突发事件的统一标志的制式警车，以及经国务院交通主管部门或者省、自治区、直辖市人民政府批准执行抢险救灾任务的车辆，免交车辆通行费。

四、按照国务院《收费公路管理条例》规定，道路收费年限自道路通车之日起连续计算最高不超过 25 年，具体以政府批准年限为准。

五、在已开通的收费公路行驶的车辆，如不能提供通行卡或通行卡遗失、毁损、无法识别时，按照能够到达本出口站最远端驶入站至本出口站的里程计收单程通行费。

六、你公司须按照《中华人民共和国价格法》和国家发展和改革委员会《关于商品和服务实行明码标价的规定》，以及治理公路“三乱”工作“八公开、五统一”的要求，做好明码标价及收费公示，接受社会监督，同时接受各级价格主管部门的监督检查。

本批复自通车之日起执行。

二〇〇六年××月××日

九、意见

（一）意见的概念

意见是适用于对重要问题提出见解和处理办法的公文。它既可以作上行文，也可以作下行文。作上行文，它是下级机关向上级机关提出的工作构想；作下行文，它是上级机关对下级机关作出的工作指示。

（二）意见的特点

（1）灵活性。意见既可以作上行文，也可以作下行文，其行文方向比较灵活。

（2）既务虚又务实。意见一般针对涉及全局性的新问题，它不仅要提出见解，还要提出处理办法。这也就是说，它既要务虚又要务实——要在对工作中遇到的新问题作全局性的理性思索的同时，拿出具体可行的处理意见和解决办法。

（三）意见的种类

根据意见的行文方向和用途，可以把意见分为三类。

（1）建设性意见。这一般是下级向上级报送的上行文，它用于待上级批准后执行。

（2）指导性意见。这是下行文，它用于上级机关对重大工作提出指导性的意见，以指导下级开展工作。

（3）实施性意见。这一般也是下行文，它主要用于机关内部，对本单位的某项重要工作提出实施性的构想，以指导具体职能部门进行工作。

（四）意见的内容

意见一般由标题、发文字号、主送机关、正文、落款、成文时间等构成。

意见的标题一般由“发文机关+发文事由+文种”构成，如《北京市人民政府关于进一步加强地质工作的意见》。

意见的正文一般分为两层。第一层，写明提出本意见的原因或根据；第二层，对有关问题提出明确的见解和处理办法，这是意见的核心内容。

意见的内容一般要写得明确具体，具有可操作性。

例文3－12

北京市人民政府关于进一步加强地质工作的意见

京政发〔2006〕20号

各区、县人民政府，市政府各委、办、局，各市属机构：

为贯彻落实《国务院关于加强地质工作的决定》（国发〔2006〕4号，以下简称《决定》）精神，不断提高对地质工作重要性的认识，促进地质工作更好地满足首都经济社会发展需要，现就进一步加强本市地质工作提出如下意见：

一、坚持以科学发展观指导地质工作

（一）充分认识贯彻《决定》的重要性。《决定》是在我国经济和社会发展新的历史条件下做出的，是贯彻党的十六届五中全会精神，落实科学发展观的重要举措。多年来，本市地质勘查和研究工作取得了显著成绩，为北京城市建设和经济发展做出了重要贡献。但是，相对于快速发展的经济和城市建设，当前还存在基础工作相对薄弱、研究程度和精度偏低、工作滞后等问题。因此，破解首都城市发展中面临的资源、地质环境、地质灾害、基础地质等问题，促进首都现代化建设进程，亟待加强地质工作。

（二）认真落实《决定》的基本要求。要依据《北京城市总体规划（2004—2020年）》《北京市国民经济和社会发展第十一个五年规划纲要》，并结合正在修编的《北京市土地利用总体规划（2005—2020年）》，在工程地质、环境地质、基础地质、地质灾害、地下水资源和清洁能源等方面开展工作。同时，应确定地质工作近期及中、长期主要工作目标，以城市地质工作为中心，突出城市安全和生态建设的主题，切实加强基础性工作，完善工作体制和机制，为首都经济发展和城市建设提供有效的服务。

二、明确地质工作的主要任务和工作重点

（三）以服务城市规划建设为重点，开展城市地质勘查评价。以城市中心区、奥运场馆、规划新城等重要工程和基础设施为重点，开展影响城市安全的地面沉降、地裂缝、隐伏活动构造等地质灾害调查和安全性评价；提高地质灾害的监测和预警预报能力；加强人口密集区地质灾害专项调查，做出综合评价和地质灾害区划；加强村镇基础地质工作，服务社会主义新农村建设。

（四）实施城市地质环境安全保障工程。开展影响城市生态环境的城市生活垃圾、地下水环境、农业地质和矿山环境等地质环境的调查、监测、评价和研究工作；加强地质环境的专项调查、长期监测、科学评价和预警预报；继续完善并加强地下水和水文地质环境的监测、分析和预报；开展矿山生态环境治理调查、评价，解决本市长期开采矿产资源遗留的矿山环境地质问题，做好矿山关闭、复垦和生态恢复阶段的地质工作。

（五）服务城市功能，做好地下水、地热和浅层地温资源的勘查评价。开展以岩溶地下水为主的城市应急后备水源的水文地质勘查和试验研究；进行西郊地下水库建设前期地质勘查和相关地质工作；研究南水北调水源进京前保证城市供水、适度超采地下水的地质环境安全问题，以及进京后地下水开采量减少、水位上升对城市建设和地质环境的影响问题；开展以地热资源调查评价、浅层地温能资源合理开发利用为主要内容的地质勘查和能源技术研究；进行新城地热地质专项勘查；建立浅层地温监测网，加强资源综合利用工作。

（六）加强基础地质调查和研究。基础地质调查是地质工作的基础，也是提高国土调查程度的基本手段。在平原区开展与隐伏活动性断层有关的区域地壳稳定性、新生界地层、基岩构造格架、蓄水岩层与构造格架关系等方面的地质调查和研究工作；开展利用再生水回灌地下水，补充地下水源，修复地质环境的试验研究及建立示范工程工作。

（七）加强地质资料汇交管理和开发利用。继续宣传贯彻《地质资料管理条例》（国务院令第349号），按照《国土资源部关于印发〈加强地质资料社会化服务的若干规定〉的通知》（国土资发〔2005〕215号）要求，强化地质资料管理，加快地质资料数字化、信息化和网络化进程，开展基础地质数据管理与信息服务系统建设，搭建城市地质信息平台，充分发挥地质资料为城市建设和社会发展服务功能。

（八）重视开展地学科普工作。本市拥有丰富的地质遗迹和地质现象，为地学科普工作提供了良好的基础条件。要加强相关地学科普知识宣传，进一步丰富市民的科学知识。

三、建立和完善地质工作管理体制机制

（九）加强公益性地质勘查队伍建设。按照《决定》精神和事业单位改革的有关规定，从本市的实际出发，进一步深化国有地质勘查单位改革，积极探索有利于加强地质工作的改革途径，明确职能，理顺关系，实施政事分开、企事分开，并逐步落实。

（十）建立地质勘查投入机制。对以城市地质安全、地质环境、地质灾害、地下水资源、清洁能源为主体的地质勘查、监测、评价和预警预报等公益性地质工作，要切实加大项目经费投入，所需资金由各部门按原经费渠道解决。

四、依靠科技进步创新提高地质工作水平

（十一）推进地质科技创新。加大对地质工作的科技投入，将地质科技工作的相关内容纳入本市科学技术发展规划。提升地质装备水平，提高现有地质装备利用效率，加强野外长期观测网站建设。结合本市基础性地质调查研究等重点任务，开展科技攻关，利用先进地学理论，采用先进技术手段，不断提高地质工作水平。

（十二）加大地质人才开发培养力度。以地质勘查和科技攻关项目为依托，大力培养创新型人才、复合型人才和科技领军人才；改善野外地质工作条件，对野外地质工作人员实行工资倾斜政策，完善津贴补贴政策。逐步建立知识、技术、管理要素参与地质勘查开采项目收益分配的新机制，为加强和稳定地质人才队伍创造良好环境。

五、加强地质勘查规划的实施和监管

（十三）科学编制地质勘查规划。为确保本市地质工作有针对性地开展，真正使地质工作在城市建设和经济发展中发挥先行性、基础性作用，由市国土资源行政主管部门认真组织开展科学编制本市地质勘查规划工作，并将其纳入本市国民经济和社会发展“十一五”规划体系。通过明确地质勘查的发展目标、重点任务和保障措施，统筹安排本市地质工作，以地质勘查规划为依据，确保地质工作顺利开展。

（十四）加强地质勘查规划的实施和监管。加强地质工作，国土资源行政主管部门和地质勘查主管部门负有重要责任。市国土资源行政主管部门要以地质勘查规划为龙头，认真制定《北京市地质勘查规划实施管理办法》，组织实施基础性、公益性地质工作和重要矿产资源的勘查工作。

本市各级政府和有关部门要认真贯彻《决定》及本意见有关精神，加强监督管理和组织落实，解决好实施过程中出现的问题，确保地质工作更好地为首都经济社会发展服务。

二〇〇六年七月十一日

十、函

（一）函的概念和特点

函是不相隶属机关之间相互商洽工作、询问和答复问题，或向有关主管部门请求批准等使用的一种公文。

函的基本特点是行文关系的平行性，即它主要用于同级或不相隶属的机关之间的行文。在适用的内容方面，它主要用于不相隶属机关之间相互商洽工作、询问和答复问题，或向有关主管部门请求批准事项。

函作为公文中唯一的平行文种，其适用范围比较广泛。行文方向有一定灵活性。它不仅可以在平行机关、不相隶属的机关行文，而且还可以向上级机关或者下级机关行文。函在上下级机关之间行文时，往往只用于商洽、询问一般性事项，如上级机关要求下级机关函报报表、材料、统计数字等，不用于传达带有指示性、指导性的事项。

（二）函的种类

函可以从不同角度进行分类。

按性质分，可以分为公函和便函两种。公函用于机关单位较为正式的公务活动往来，便函则用于日常事务性工作的处理。

按发函的不同目的划分，可分为四种：

1. 商洽函

商洽函是向不相隶属机关商量解决或请其协助办理有关事项时使用的一种函，例如干部调动、联系工作、参观学习或请求帮助支援等均用商洽函行文。

2. 问答函

问答函是向不相隶属机关询问或答复有关情况或问题等使用的一种函。有时上级机关向下级机关询问情况，下级机关答复上级机关询问，也可使用这种函。

3. 请批函

请批函是不相隶属机关提请非上下级关系的有关业务主管部门批准某项要求所使用的一种函。

4. 告知函

告知函是向不相隶属机关告知需要对方知道或要求对方办理的事项时所使用的一种函。这种函从内容和作用上看类似于“通知”，只是由于对方不属于下级机关，不宜使用“通知”行文，所以用“函”，如《财政部关于重申各银行所属信托投资公司集中缴纳所得税调节税问题的函》。

（三）函的内容

函与其他行政公文一样，由标题、主送机关、正文、落款四部分组成。

函的标题通常有以下三种格式。第一种是由“关于＋事宜＋文种”构成，如《关于请求批准×××厅成立信息中心的函》；第二种由“发文机关＋关于＋事由＋文种”构成，如《国务院办公厅关于中国科学技术协会设立开发型企业问题的复函》；第三种由“发文机关+关于+事由+行文对象+文种”构成，如《教育部关于成立高等职业技术学院给山东省教育厅的复函》。

函的正文包括三部分，即发文事由、事项、结束语。发文事由应根据函的类别来写作。如果是复函，其发文事由往往表述较为简单，通常引用来函的标题和发文字号并表示收悉及进行了处理即可；如果是主动发函，发文事由表述应详尽，一般不能用一句话加以概括。发文事项指函所要询问、答复、商洽和请求批准的具体内容，这部分应视具体内容写作，该长则长，该短则短。结束语指正文的结尾，不同的函有不同的惯用语，如询问函用“请复”，复函用“此复”或“特此函复”，一般的函，有时可使用“此致敬礼”等。

(四）函的写作要求

函的写作应开宗明义，紧扣主题。不论写哪种类型的函，都应一函一事，不要一函数事，以免辗转传递延误时间，影响工作。

函的用语应得体。商洽函用语要平和，以商量的口气来表达发函单位的愿望与要求；询问函用语要谦和敬重，以增强彼此之间的协作和友好关系；答复函用语要明确，不要模棱两可。

例文3－13

关于解决北京经济技术开发区职业教育园区师生交通问题的函

京教职成〔2005〕7号

北京市公交总公司：

为发展北京市的职业教育，调整北京市中等职业教育学校布局结构，整合资源，提高办学质量，改善办学条件，进一步促进职业教育事业的发展，经有关部门批准，北京市教育委员会决定将北京市二轻工业学校、北京市机械工业学校、北京市汽车工业学校、北京市仪器仪表工业学校、北京市医药器械学校和北京市化工工业学校六所中等职业学校的教育资产进行重组，在北京市经济技术开发区（亦庄）合并组建集高等、中等职业教育于一体的北京市经济技术开发区职业教育园区。

北京市经济技术开发区职业教育园区建设项目已列入北京市政府重点工程，园区位于北京市经济技术开发区西南部，凉水河西南，北面与京东方隔河相望，南部对面是青年公寓，东面紧邻荣昌西街。园区用地面积46公顷，总建筑面积254 600平方米，在校学生规模预计达到15 000人。

现在，职教园区10 000平方米的校舍已建成，四所学校约8 000名学生和800名教师将于2005年9月迁入新校舍上课。目前，通往亦庄的公交车没有一条公交线路经过职教园区，最近的一条公交车线路站点距园区有1公里远，即将迁入的四所学校近9 000师生的交通问题亟待解决。为此，商请贵公司协助我们调整324、723、732、926、927等部分公交车的公交线路或开辟新的线路，争取多条线路的公交车经过或到达职教园区，以解决职教园区近9 000师生的出行问题。

妥否，请函复。

北京市教育委员会

二〇〇五年三月二十一日

（选自北京市教育委员会网站 http：//www. bjedu. gov. cn）

十一、会议纪要

（一）会议纪要的概念

会议纪要是记载和传达会议情况和议定事项的公文。

会议纪要是会议主持单位根据会议宗旨、议程、会议记录、会议文件及其他会议资料，分析、整理而成的文件。对上级机关，它起汇报情况的作用；对与会单位它可起协调约束的作用；而对下属机关，则起指导工作的作用。

（二）会议纪要的特点

1. 纪实性

会议纪要具有很强的纪实性。会议纪要应如实地记载会议基本情况，如实地传达议定事项。写作会议纪要不能随意更改会议基本精神，不能擅自增删会议内容，不能随意变动议定事项，不能对会议达成的共识进行修改。写作会议纪要一般也不对会议或会议的某项内容进行分析、评论。

2. 概括性

会议纪要不同于会议记录。会议纪要不能像记流水账那样把会议内容全部记下来，而应当根据会议的中心议题、指导思想和议定事项，在会议记录所提供的材料的基础上进行概括、整理、提炼后形成公文。与会议记录相比，会议纪要能够更集中地反映会议的精神实质，具有高度的概括性。

3. 指导性

会议纪要有两项功能，一是记载，二是传达。会议纪要是与会者及其组织领导者共同意志的集中体现，是会议成果的结晶。它集中反映了会议的精神实质，是本单位、本地区、本系统开展工作的依据，对工作具有很强的指导性。

（三）会议纪要的内容

会议纪要一般由标题、正文和落款三部分组成。

会议纪要的标题有多种写法。如《全国水利建设现场经验交流会议纪要》《环渤海地区商讨对外开放工作会议纪要》《财政部中专学校校长会议纪要》等。

会议纪要的正文由开头、主体和结尾三部分组成。开头应概括交代会议名称、时间、地点、参加人员、主持人、会期、主要议程、会议形式以及会议的主要成果等，这段文字要求简明扼要。主体部分也称分述部分，应集中写会议的主要精神；包括：会议对某项工作情况的分析，会议研究的问题、讨论的意见，会议做出的决定，提出的任务、要求、措施等。正文的写法可以是分项式，也可以是总分式。文中常用“会议认为”“会议指出”“会议决定”“会议强调”“与会人员认为”等引述用语。结尾部分可有可无。一般是向受文单位提出希望和要求，有的则没有结尾部分，主体内容写完，全文即告结束。

会议纪要的落款包括署名和成文时间两项内容。署名只用于办公会议纪要，写明召开会议的机关名称。一般会议纪要不需要署名。另外，根据《国家行政机关公文处理办法》，会议纪要可以不盖公章。成文时间如果在标题下方已注明，就不写。

（四）会议纪要的写作要求

会议纪要应准确地把握会议主旨，如实反映会议精神，不得随意取舍，不能以偏概全。会议纪要应有较强的纪要性和概括性，应条理清晰、层次分明。会议要求应及时写作，及时送有关领导审核，便于征求与会者的意见，及时修订、发送。

例文 3-14

厦门市对口支援和帮扶工作座谈会会议纪要

2007 年 1 月 22～24 日，厦门市对口支援和帮扶工作座谈会在宁夏回族自治区银川市召开。这次会议的指导思想和目的是：坚持科学发展观、构建和谐社会，贯彻党中央、国务院对口支援和帮扶工作的一系列重要指示精神，贯彻两地党委政府的既定决策，提出我市对口支援和帮扶工作需求，对接工作内容和项目，进一步推进我市对口支援和帮扶工作的深入开展。会议邀请了我市对口支援和帮扶的重庆市万州区、黔江区、武隆县，宁夏回族自治区泾源县、海原县，新疆维吾尔自治区阜康市领导及各区市县所属扶贫办（对口办）、教育局、卫生局、劳动和社会保障局领导参加会议。厦门市参加会议的有市经发局、教育局、卫生局、劳动和社会保障局、思明区、湖里区、海沧区、集美区和同安区的领导及厦门市在对口支援和帮扶地区的挂职干部。宁夏回族自治区副主席赵廷杰到会致辞，厦门市政府副市长叶重耕出席会议并讲话，厦门市经济发展局副局长、厦门市对口支援办公室常务副主任许青松主持会议。

会议回顾厦门市开展对口支援和帮扶工作十多年来走过的历程，经过多年的实践、摸索和总结，厦门市在对口支援和帮扶工作上的认识已经上升到科学发展，构建和谐社会的层面；上升到区域协作，促进经济合作交流的层面；上升到政府主导，鼓励企业社会积极广泛参与的层面；上升到拓宽领域，开展多部门、宽领域、全方位合作的层面。大家认为十多年来厦门市开展这项工作取得成功的关键：一是加强组织领导，厦门市委、市政府高度重视对口支援工作，把这项工作作为重大政治责任，摆上重要议事日程，主要从注重加强领导、注重加强高层共识同作、注重工作部署、注重对口支援和帮扶的结对子工作四个方面积极加以推进；二是建立长效工作机制，出台了《关于进一步加强对口支援、帮扶和山海协作工作的意见》《厦门市对口支援和帮扶挂职干部业务工作管理办法》等一系列规范对口支援和帮扶工作的文件，建立长效工作机制，确保对口支援工作长期、稳定、顺利地开展下去；三是财政资金投入对口支援和帮扶项目建设的力度较大，是对口支援和帮扶工作取得成效的重要保证；四是全市已经形成了多部门、多层次，政府主导，企业社会积极广泛参与对口支援和帮扶工作的局面。

会议认为，通过广大干部群众的顽强拼搏、艰苦奋斗，在国家有关部门和厦门市的支持下，受援地区经济社会各方面发展很快，人民生活水平得到了很大提高，在此形式下，个别单位和部门思想上有所松懈，对口支援和帮扶工作出现弱化的趋势。我们应当看到目前的发展很不平衡，受援地区许多群众的生产、生活条件还比较恶劣，每年因病、因灾返贫的现象还时有发生。

会议共同认识要立足于构建社会主义和谐社会，努力开创对口支援和帮扶工作新局面。第一，继续提高认识。要从落实科学发展观和构建社会主义和谐社会的高度来认识对口支援和帮扶工作的性质，从协调区域发展，加强区域协作，促进经济合作交流的层面推进对口支援和帮扶工作。第二，进一步加大工作力度。各区、各部门要根据各自工作实际，结合此次座谈会对接洽谈中取得的成果，加大工作力度，特别是在支医、支教、劳动力转移和培训等方面着力加以推进。第三，统筹协调，形成合力。市对口办和各部门要加强相互间的沟通与联系，充分发挥各有关职能部门的作用，统筹协调，形成整体优势，坚持经济技术合作与无偿支援并重的方针，充分发挥我市的比较优势和对口支援和帮扶地区的资源优势，把对口支援和帮扶工作和区域经济合作交流有机地结合起来，采取“加强全面合作，逐年有重点推进”的工作方针，加大对对口支援和帮扶地区产业发展和社会公益事业的扶持力度，努力实践时代赋予我们的政治责任和社会义务。

会议还就2007年厦门市对口支援和帮扶工作提出了具体要求：

一、认真学习，精心组织对口支援和帮扶工作，全面贯彻党中央、国务院以及国务院三峡办和国务院扶贫办关于对口支援和东西扶贫协作工作的部署。

二、注重开发，按照集中力量办大事的原则，继续做好三峡库区对口支援和重庆的对口帮扶工作。对重庆市的对口支援和帮扶工作重点要提高贫困地区人口素质，改善基本生产生活条件，开辟增收途径，确实搞好万州区、黔江区和武隆县的对口支援和帮扶项目建设。同时，我市思明区、海沧区、同安区要加强和赴重庆挂职干部的联系，及时了解掌握重庆对口区县的对口帮扶情况，协调解决有关问题。

三、项目带动，认真贯彻落实闽宁互学互助对口扶贫协作第十次联席会议和市委何立峰书记2005年8月在宁夏海原县、泾源县的重要指示，突出“整村推进、劳动力转移培训、产业扶贫”三个重点，加强教育、卫生、文化等领域的交流与合作，把对口帮扶宁夏泾源县、海原县的工作提高到一个新的水平。

四、真抓实干，进一步加强与阜康市教育、卫生界的交流与合作，推动我市的援疆工作向纵深发展。

五、加强培训，积极探索对口支援和帮扶工作的新形式。

六、拓宽思路，发动我市社会各界积极开展对口支援和帮扶工作，扩大对口支援和帮扶工作领域。

七、加强交流，努力提高对口支援和帮扶工作水平。

厦门市人民政府办公厅

二〇〇七年三月十二日

复习要求

1. 准确把握行政公文的概念。

2. 准确理解行政公文法定的权威性、格式的规范性。

3. 理解行政公文的分类，重点掌握基本概念：13 种公文文种；上行文、下行文、平行文；公开、内部、秘密、机密、绝密公文；急件、特急件、平件。

4. 把握行政公文的格式，重点掌握：文头（眉首）：发文机关标识、发文字号、签发人、横隔线；主体：行政公文的标题、标题的三要素、主送机关、正文、附件、成文日期；文尾（版记）：主题词、抄送机关、印发机关、印发日期。

5. 理解行政公文的行文规则，重点掌握：根据 4 种工作关系确定行文关系；请示的使用规则、请示与报告的区别；抄送的规则；联合行文的规则。

6. 掌握各种常用行政公文的写作。

第四章　财经文书

财经文书是指在经济工作中使用的，反映经济活动的应用文。它与具体的经济活动紧密相连，具有专业性强、针对性强的特点。基于社会经济活动的多样性与复杂性，财经文书是所有专业文书中种类最为多样的；财经文书也是变化最快的，新的文种不断产生，旧的文种逐步消亡。由于发展太快，有不少财经文书的结构与写法还处在探索与变动中。

第一节　经济活动分析报告

一、经济活动分析报告的概念和作用

经济活动分析，是利用计划、统计、会计核算等资料以及调查了解的实际情况，对某国家、某地区、某产业及某企业和经济组织的生产、经营情况进行分析研究。根据分析研究的成果写成的文字材料，就是经济活动分析报告。

经济活动分析报告有以下作用：①能有效评价某国家、某地区、某产业及某企业和经济组织的经济活动情况与取得的效益；②能从中发现矛盾，找出问题，查出原因；③能促使相关管理机构进行宏观调控，改善经营管理，挖掘潜力，提高劳动生产率，提高经济效益，促进社会和企业科学发展；④能促使有关企业清晰地认识自身的资金运用与财务状况，不断挖潜革新，降低成本，进一步提高管理水平，提高经济效益。

二、经济活动分析报告的种类

经济活动分析报告可以按多种方法进行分类。按时间分，可分为定期经济活动分析报告和不定期经济活动分析报告。按对象分，可以分为生产活动分析报告、经营成本分析报告、财务状况分析报告等。按研究范围分，可以分为宏观经济活动分析报告、中观经济活动分析报告和微观经济活动分析报告。按研究内容分，可以分为综合经济分析报告和专题经济分析报告。

（一）宏观经济活动分析报告

宏观经济活动分析报告是指以全球经济活动或某个国家的经济活动为研究对象，利用经济统计数据和宏观经济理论进行分析，从宏观层面把握整个经济活动的基本状况而撰写的经济活动分析报告。例如，例文 4－1 就是一篇对我国当前经济活动发展形势的分析报告。

（二）中观经济活动分析报告

中观经济活动分析报告是指以某一地区的经济活动或某个产业的经济活动为研究对象，利用经济统计数据和宏观经济理论进行分析，从中观层面把握本地区或本行业经济活动的基本状况而撰写的经济活动分析报告。例如，例文 4－2 就是一篇对某省预算内工业企业的总体经济活动发展形势的分析报告。

（三）微观经济活动分析报告

微观经济活动分析报告是指以某企业或某经济组织的经济活动为研究对象，利用经济统计数据和宏观经济理论进行分析，从微观层面把握本企业或本经济组织经济活动的基本状况而撰写的经济活动分析报告。

微观经济活动分析报告也有多种形式，如：财务分析报告、经营分析报告、销售分析报告、市场分析报告等。

三、经济活动分析报告的写法

经济活动分析报告的写法较为灵活，结构与表述方式没有固定的模式。以下从结构角度讲一讲写法。

（一）标题

标题一般有四项式与简略式两种写法。四项式标题包含单位名称、期限、内容范围、文种四要素，如《关于××光学仪器厂 2008 年一至五月份成品资金的分析报告》。简略式标题写法灵活，可以揭示文章观点，如《成品资金要迅速整顿》；也可以只做一个简单提示，如《年终决算说明书》等。

此外，报告的文种也可以使用“说明”“情况”“评价”之类的词。

（二）开头

这部分主要介绍基本情况、写作目的或内容提要，作用在于通过简介概况引出报告的主体，交代分析的中心问题。

（三）主体

这一部分是对经济活动作具体分析的部分，主要回答企业经济活动“怎么样”和“为什么这样”的问题。一般应有以下两个方面的内容：

一是对数据进行对比分析，表明指标完成情况在数量上的差异，并从中引出成绩和问题；二是运用因素分析，找出取得成绩和产生问题的原因。进行分析时，要结合实际经营活动，追根寻源，找到问题产生的根源，或总结出经验来。

这一部分在写作时，综合分析报告，要按不同的方面，一个方面、一个方面地写；专题分析报告，主要是对综合指标进行解析。无论哪种报告，都要由大到小地将指标分解，并对影响指标的因素进行层层剖析。

另外，经济活动分析报告中的数据和文字说明的组合方式有两种：

一是数据、文字分列式。这种方式是把数据列成表格，然后再用文字加以分析说明；二是数据、文字结合式。这种方式把数据融入文字说明中，两者紧密结合。

（四）结尾

结尾部分要回答“怎么办”的问题。一般是提出意见、建议或措施。

总的说来，经济活动分析报告要写得有情况、有分析、有办法。另外，虽说经济活动分析报告没有固定的结构形式，但有一定的规律可循。它所遵循的原则是：围绕分析对象，提出问题，分析问题，解决问题。这种原则反映了事物的内在联系，符合人们的认识规律。

四、写作经济活动分析报告的要求

（一）全面分析和重点分析相结合

开展分析时，需要对经济活动的各个方面、各个指标、各种矛盾进行全面的分析和判断，以反映经济活动的全貌。但全面分析不等于平均使用力量，而是通过分析找出主要矛盾，抓住问题的关键，予以解决，以提高经济效益，提高经营管理水平。

（二）数据资料和经营活动资料相结合

数据资料来自计划、会计、统计资料及其他书面材料；经营活动资料来自实地调查了解，是干部职工从事经济活动的实际工作情况。数据资料可以表明经济工作的实绩，可以为我们分析研究提供线索，但只有经营资料才能反映经济活动的实质，才能使我们找到经营管理中的问题与薄弱环节，为提高经济效益提供切实可行的办法。

（三）分析问题和解决问题相结合

分析报告不能为分析而分析，而应该切实地解决问题。要针对企业存在的问题，多找群众和领导商量，提出解决问题的办法和改进工作的措施。办法、措施要有针对性与可操作性，能切实地解决问题。

例文4－1

如何正确判断我国的经济发展形势

马建堂

今年以来，在党中央、国务院的正确领导下，各地区各部门同舟共济，努力克服世界金融危机和国内连续发生特大自然灾害的不利影响，国民经济继续保持了平稳较快发展，总体形势是好的。针对近期世界金融危机影响的进一步加深、蔓延和对我国经济所产生的深刻影响，我们要增强信心，充分认识我国经济发展仍有牢固的基础、强劲的活力和巨大的潜力。只要积极应对，认真贯彻积极的财政政策和适度宽松的货币政策，切实落实好扩大内需和促进经济增长的各项政策措施，就能够促进经济平稳较快发展，实现结构调整与产业升级。

一、经济发展的基本态势没有改变

按照国际标准，通常是用经济增长速度、物价变化幅度、就业人数增减和国际收支平衡状况，来评判一个国家的经济运行情况的，这四大经济指标决定了经济发展的基本面。统计数据表明，今年以来，我国四大经济指标都处于良好的运行状态。

经济仍然保持平稳较快增长。虽然经济增速呈回落态势，但前三季度国内生产总值增速仍达9.9%，这个速度高于改革开放以来9.8%的年均增速，而且与世界经济特别是美国、欧盟、日本等主要经济体的普遍低迷形成鲜明对比。受世界金融危机的影响，美国、欧盟、日本等世界主要经济体已步入衰退或处在衰退的边缘；金砖四国（巴西、俄罗斯、印度、中国）除我国以外的其他三个国家今年以来虽实现了7%左右的增长，但仍明显低于我国9.9%的增长速度。

控制通货膨胀取得明显成效。尽管前10个月居民消费价格同比涨幅为6.7%，但从动态看，居民消费价格涨幅自5月份以来已经连续6个月回落，其中8、9、10三个月同比涨幅分别为4.9%、4.6%、4.0%，呈现明显的逐步回落趋势。与以往比较，1985—1986年，居民消费价格涨幅从8%以上回落到5%以内，用了12个月时间；1987—1990年，从8%以上回落到5%以内，用了29个月；1992—1997年，从8%回落到5%，用了52个月。而今年从2月份8.7%的高峰值回落到5%以下，只用了半年时间，表明控制通货膨胀确实取得了明显成效。

新增就业状况比预期的要好。今年以来，面对经济的减速，党和政府十分重视扩大就业。1~10月，城镇新增就业人员1 020万人，完成全年目标任务的102%；下岗失业人员再就业达450万人，完成全年目标任务的90%；就业困难人员再就业129万人，完成全年目标任务的129%。即便在东南沿海地区由于受国外需求下降的影响，待业、半待业人员有所增多，但当地党委和政府通过督促企业结清欠发工资、发放待岗金、加大转岗培训力度、提供新就业岗位等措施，将负面影响降到了最低。

国际收支平衡状况良好。尽管出口增幅出现了明显回落，但1~10月出口额达到12 023亿美元，增长21.9%，依然保持了较快增长；贸易顺差2 160亿美元，同比增长1.7%。9月末，我国外汇储备已达1.9万亿美元，是世界上支付能力最强的国家。

以上情况充分说明，今年以来我国经济发展的基本态势未发生改变，我国仍处在持续较快发展的战略机遇期，总体形势是好的。特别是这一成绩，是在面临百年不遇的世界金融危机且影响不断加大的形势下取得的，是在遭遇多年少见的特大自然灾害且频繁发生的情况下取得的，确实很不寻常、很不平凡、很不容易。当前，面对困难和挑战，党中央、国务院高瞻远瞩，审时度势，从容应对，采取了一系列行之有效的宏观调控措施。从当前走势看，这些政策有的已经见效，有的即将见效。我们相信，只要万众一心，抓紧落实，突如其来的“严寒”一定会渡过。

二、对国民经济持续平稳较快发展充满信心

在看到今年国民经济总体上继续保持平稳较快发展的同时，也要看到国际金融危机的影响还在蔓延，对我国实体经济的影响还在加深。从国内看，10月份规模以上工业增加值同比增长8.2%；财政收入下降0.3%；发电量下降4.0%，粗钢产量下降17.0%；铁路货物周转量下降0.3%，我国经济减速势头超出预料。从国外看，世界金融危机的影响仍在加剧和蔓延，主要发达国家已步入衰退，新兴经济体普遍减速。最近国际货币基金组织又下调了10月初的预测数据，调整后的今年世界经济增长为3.7%，下调了0.2个百分点；明年增长2.2%，下调了0.8个百分点。面对国内外的严峻形势，社会上对我国经济能否保持平稳较快发展存在担忧也在情理之中。但我们要清醒地认识到，越是在形势严峻的时候，越要看到我们的优势；越是在困难的时候，越要增强我们的信心。这一信心来自于改革开放30年经济快速发展积累的较牢固的物质基础，这一信心来自于改革开放30年体制机制改革带来的较强活力，这一信心来自于国内仍有着较为巨大的需求潜力，这一信心来自于党中央和国务院高瞻远瞩、见微知著的宏观调控能力。

国民经济平稳较快发展有着较为牢固的物质基础。改革开放以来，特别是新世纪以来，经过不间断的大规模投资，我国基础产业和基础设施得到明显加强，物质基础对经济和社会发展的支撑能力大大提高。一是农业特别是粮食生产能力大大增强。30年间，包括去年在内，粮食生产量已经有4年超过5亿吨，可以经受国际粮食市场和价格风云变幻的考验。二是工业供给能力提高明显，制造水平位居世界前列。根据国际标准产业分类，在22个工业大类中，我国已经有7个大类名列世界第一，15个大类名列前三。特别是能源工业生产能力极大提高，对国民经济发展的基础保障作用显著增强。2007年，原煤产量达到25.26亿吨，是1978年的4.1倍；原油产量1.86亿吨，是1978年的1.8倍；天然气产量为692亿立方米，是1978年的5倍。到2007年底，发电装机容量达71 822万千瓦，是1978年的12.6倍。三是铁路、公路、民用航空、水运和管道运输综合网络已经基本形成。铁路营业里程由1978年的5.2万千米增至2007年的7.8万千米，增加了2.6万千米。公路通车里程由1978年的89万千米增至358万千米。沿海主要港口货物吞吐量由1985年的3.1亿吨发展到2007年的38.8亿吨。民用航空、水运和管道运输能力也成倍增长。此外，邮电通信已经成为发展最快的基础产业，信息通信和邮政基础网络发展迅速，信息网络规模和用户数均居全球之首。

国民经济平稳较快发展有着较强的内在动力和活力。30年改革开放奠定了中国经济长期快速发展、永葆生机的体制基础。胡锦涛总书记在党的十七大坚定地指出，要毫不动摇地坚持改革开放的方向；十七届三中全会又对农村改革作了全面部署。正在实施落实的产权制度、行政管理体制、国有企业、社会保障体系等的改革和完善，以及近期即将推出的增值税转型、成品油价格形成机制、医疗卫生等的改革，都将为经济发展注入新的动力。改革开放30年来，我国企业的运行体制已经发生了根本性的变化，企业在危机中的机遇意识，困境中的创新意识非常强。面对国际经济下滑，沿海地区一些出口导向型企业已经开始进行结构调整和产业升级。这主要体现在四个方面。一是调整产业结构。表现在一些传统产业增速在下降，高新技术产业发展加快。二是调整区域内部结构，即在中心区域或黄金地带发展高新技术产业，而将附加值低、不利于环境改善的传统产业调整出去。三是利用经济下行周期，实现优胜劣汰。一些产业层次低、缺乏市场竞争力的企业停产半停产甚至倒闭，是“积极的痛苦”。四是在危机中抓机遇。一些企业利用当前国际人力资本价格下降的机遇，引进企业亟须的人才；有的企业在探询购买销售网络以及收购知名品牌的可能；有的企业在着手收购研发中心，推动企业创新迈上新台阶。成千上万个企业都这样做，就会推动中国经济整体的转型，就会使经济增长有了不竭的动力与活力。

国民经济平稳较快发展存在着较大的需求潜力。30年来，尽管我国基础设施、居民生活水平都有了显著改善，但从人均水平看，仍处于较低水平，投资和消费都蕴藏着巨大的潜力。从投资需求看，我国仍处在工业化、城市化进程中，交通、住房等领域仍需要大量投资。2007年我国城镇化水平为44.9%，世界平均水平2006年为49%，高收入国家为78%，表明我国的城镇化水平和工业化水平仍然有较大差距。与此同时，结构调整、产业升级、产品更新换代等也都需要大量投入。从消费需求看，我国是一个13亿人口的大国，其中一多半是农民，城镇也有一定数量的低收入群众，这表明居民在耐用消费品和服务消费方面仍有较大潜力。2007年我国每千人机动车拥有量为33辆，美国2005年为814辆，日本2004年为586辆；我国每百人因特网用户数16个，美国为73个，日本为74个；我国每百人拥有电话数69部，美国为139部，日本为115部。特别是在我国广大的农村和城镇低收入群众中，耐用消费品拥有量更低。缩小差距的过程就是消费扩大的过程。对于我们这样一个有着13亿人口的大国，一个正经历加速工业化和城镇化的大国，其市场潜力是巨大的。正是这个巨大的且不断扩大的市场，不仅成就了我国过去30年的快速增长，而且正在并将继续拉动未来较长一段时期的持续增长。

三、科学的宏观调控、积极的应对措施将会促进国民经济继续保持平稳较快发展

面对世界金融危机日趋严峻、世界经济增速进一步放缓的变化，针对国民经济增长减缓趋势明显、下行压力进一步加大的形势，党中央、国务院审时度势，果断地实施积极的财政政策和适度宽松的货币政策，及时出台了扩大内需、促进经济平稳较快增长的10项政策措施。这些政策措施将会有效地扩大国内需求，将会积极推动结构调整，将会促进经济平稳较快发展。

一是投资需求对经济增长的拉动力将会进一步增强。中央决定，进一步加大廉租住房建设、游牧民定居、棚户区改造等民生工程建设力度，进一步加快铁路、公路、机场、电网、水利等基础设施建设，进一步加大节能减排、生态保护建设力度，进一步加大灾区重建工作力度。所有这些不仅会极大改善我国的民生水平、增强经济发展的后劲，而且会对冶金、建材、电子、机械、化工等行业产生巨大的直接的投资需求，为国民经济注入新的动力。

二是消费需求对经济增长的拉动作用将会有所提高。中央决定，提高明年粮食最低收购价格，提高农资综合直补、良种补贴、农机具补贴等标准，以增加农民收入；提高低收入群众等社保对象待遇水平，增加城市和农村低保补助，继续提高企业退休人员基本养老金水平和优抚对象生活补助标准，以增加中低收入阶层的收入。同时消除消费瓶颈，拓宽消费领域，稳定车市、房市和股市。所有这些措施，连同投资转化来的消费，不仅会提高中低收入群众的消费能力，提高中高收入阶层的消费意愿，进而能够扩大对轻工、纺织、房地产、汽车等消费品的需求，间接带动投资品行业的需求，为国民经济注入新的活力。

三是经济结构调整将会成为经济增长的新亮点。中央决定，实施增值税转型，鼓励企业技术改造，各地也纷纷出台鼓励企业改造升级的措施。各金融机构也正在加大对经济增长的支持力度，取消对商业银行的信贷规模限制，合理扩大信贷规模，加大

对重点工程、“三农”、中小企业和技术改造、兼并重组的信贷支持。所有这些正在与市场压力下的企业自主调整结合起来，成为推动我国结构调整和产业升级的真正动力，结构调整不仅提升着经济的质量，本身也创造着经济增长的机会和动力。

任务已经明确，政策业已出台。只要增强信心，积极应对，狠抓落实，我们一定能够攻克各种困难和矛盾，实现经济平稳较快的发展，并在发展中推动结构调整、产业升级和发展方式的转变。

（求是，2008，23）

例文 4－2

简析地方预算内工业企业的总体效益

2002 年，我省工业系统广大职工认真贯彻落实党的十四大精神，坚持以提高经济效益为中心，以转换企业经营机制为重点，进一步解放思想、真抓实干，从而使全省工业经济形势得以在上年已有转机的基础上继续朝好的方向转化。工业生产稳步增长，产品销售越旺，企业亏损减少，经济效益呈现出较为明显的回升迹象。但从总体上看，长期以来制约我省经济发展的诸多深层次矛盾的问题尚未从根本上解决，宏观经济还未完全步入良性循环的发展轨道，工业经济形势仍不容乐观。

据计算，2002 年全省地方预算内工业企业（不含×钢）累计完成工业总产值（不变价格）×××亿元，比 2001 年增长 10.33%；实现产品销售收入××亿元，比 2001 年增长 14.05%；实现利税 49.1 亿元，比 2001 年增加 18.8 亿元，增长 62.05%。其中，实现利润 7.7 亿元，比上年增加 13.4 亿元；亏损企业×××户，比上年减少×××户，下降 28.38%，亏损面 33.9%，比上年的 46.9% 缩小 13 个百分点，累计亏损额 10.2 亿元，比上年减少 8.65 亿元，下降 45.82%；产成品、发出商品、应收及预期付货款“三项资金”占用 235.6 亿元，比上年末增加 3.8 亿元，增长 6.51%。

纵观 2002 年全省工业经济运行态势，可以说是“喜忧参半”。纵向看，产销增长，效益回升，亏损下降，形势喜人；但从横向和深层次看，企业各种“包袱”沉重，总体效益水平低下，产销回升质量不高，“三项资金”占用居高不下，产品结构调整进展缓慢，仍令人担忧。若加以具体分析，经济形势好转主要表现在以下四个方面：

（1）多数经济指标出现了全面好转。全省的工业生产、销售、效益不论是与 2002 相比，还是从本年度动态发展走势看，都出现了增长势头。从动态发展趋势看，产销分别从一季度的月均 45.1 亿元和 35.9 亿元增加到四季度的月均 47.1 亿元和 55.8 亿元；实现利润也逐步摆脱了年初以来连续五个月盈亏相抵累计均为负号的局面，全年达 7.7 亿元，亏损企业的亏损额也由上半年的月均 1.01 亿元减少到下半年的月均 0.69 亿元。

（2）经济回升面较广，初步扭转了以往经济仅靠个别行业和企业带动的局面。在全省 12 个行业中，产、销比上一年增长的分别为 11 个和 8 个；12 个行业亏损额均比上年减少（其中石油、电力行业无亏损），盈亏相抵后有 10 个行业实现利润比上年增加，8 个行业盈亏相抵后实现利润为正号；在全省 14 个市中，除××市生产略有下降外，其余各市产销均比上年增长；14个市全部减亏，盈亏相抵后累计实现利润均比上年增加，其中有11个市累计实现利润为正号。

(3) 2002年的效益回升，是在企业消化了大量减收增支因素的前提下实现的。据初步测算，2002年各种减利增亏因素高达25亿元左右，比上年增加近8亿元。

(4) 不少地区和企业开始由过去单纯追求速度和产值转到重视有效益的速度和调整产品结构、开发新产品、加强管理上来。据分析，全省工业企业效益增长中有20%左右是由此实现的。

从总体上看，2002看我省工业经济虽然开始呈现向好的方向发展的势头，但长期以来困扰我省经济发展的诸多深层次矛盾和问题尚未完全得到有效解决，形势仍很严峻。这主要表现在：第一，主要经济指标与全国尤其是南方一些沿海省市相比，差距仍然很大。从全国看，我省主要经济指标仍居于中下游水平，产销增长幅度分别列第×位和第×位，比全国平均速度还低2.3个和4个百分点；企业亏损额仅少于黑龙江、广东和四川，居第四位；盈亏相抵后累计实现利润居第×位，有3个市、4个行业盈亏相抵后累计实现利润仍为负号。第二，经济回升的基础仍显得脆弱。2002年我省的经济回升，一个突出特点是主要靠全国市场，尤其是靠固定资产投资增大，需求增加拉动影响，表现为产品的适应性调整和总量的增长。据分析，全省工业生产增长中约70%左右是靠此实现的，而真正靠调整产品结构、挖掘内部潜力实现的增长则不够明显。第三，"三项资金"占用居高不下，且不断增加，2002年全省"三项资金"占用高达235.6亿元，比上年末增加18.6亿元，增长8.59%。其中产成品资金占用62.5亿元，比上年末增加3.8亿元，增长6.51%。第四，企业"包袱"沉重，大量的潜亏损对目前和今后一个时期内企业经济效益的提高，仍是个潜在的威胁。据统计，目前全省企业的四大"包袱"（明亏挂账、潜亏、福利基金超支、到逾期借款）总额已达×××亿元，相当于2001年全省实现利润总额的×倍。这表明，要全面提高我省工业经济的总体效益，尚须作出很大的努力才能逐步实现。

××省财政厅工财处

2003年1月20日

思考练习

1. 写作经济活动分析报告的目的是什么？
2. 经济活动分析报告的结构特点是什么？
3. 分析《简析地方预算内工业企业的总体效益》一文的数据分析与表述的特点。

第二节 经济预测报告

一、经济预测报告的概念和作用

经济预测报告是指对未来经济前景、发展趋势的展望和推测。通过对经济活动进行调查研究，掌握过去和现在的经济信息，运用科学方法进行分析研究，探索经济活动未来的发展趋势及规律，对经济活动的前景与趋势做出判断，并提出针对性的建议和对策，这就是经济预测的全过程。把经济预测的分析研究过程及成果写成书面材料，就成为经济预测报告。

经济预测是一种对经济活动有根据的预见，是按经济规律办事，提高经济效益的不可缺少的重要工作。它能为政府制定一定时期的经济、财政、金融政策提供科学依据，有利于企业发展生产、改善经营，有利于引导社会公众的消费。在现代化管理中，经济预测越来越具有重要作用。现代化的管理与信息、与预测息息相关：没有信息，就没有预测；没有预测，就没有计划，也就没有决策。一句话，没有经济预测，就没有科学的管理。

二、经济预测报告的种类

经济预测报告的种类很多。

按预测方法划分，有调查分析预测报告和数字分析预测报告；按时间划分，有长期、中期、短期和近期经济预测报告；按范围划分，有宏观经济预测报告和微观经济预测报告；按广度划分，有综合经济预测报告和专项经济预测报告。

（1）综合经济预测报告，即对整个国家或一个地区、一个行业系统的经济现象，进行分析研究所写的预测报告。如《国民经济调整情况和发展的预测》《××省一九八五年社会商品购买力预测》等。

（2）专项预测报告，是研究一个企业、一个乡村或一个产品的经济现象所写的预测报告。常见的有市场预测报告、销售预测报告、技术发展预测等，如《食品罐头产销趋势预测》。产品预测实际上是对某一产品的生产、销售、技术、资源、资金等多方面的综合预测，当然，它是以生产和销售为其重点的。

三、经济预测报告的写法

经济预测作为一种新的信息，为便于传播和咨询，报告的结构形式较为固定，除标题外，正文一般分为概况、预测、建议三部分。

（一）标题

经济预测报告的标题写法比较灵活。常用四项式标题，一般由四部分组成：报告的范围、期限、对象和文种。

例如《四川省2002—2008年酒类需求量的预测》，其中“四川省”是预测的范围，“2002—2008年”是预测的期限，“酒类需求量”是预测的对象，“预测”是文种。

有时，也省略其中的某些项目，如《彩色电视机产销预测》，也有写成论文标题形式的，如《××县金丝草帽能打入国际市场吗?》《今年流行色将向冷色转移》等。

（二）概况

概况是利用资料和数据，对经济活动的历史和现状，作简要的回顾和说明。

经济预测之所以能成为科学，就在于它是以过去和现在的事实、经验为依据的。

当然，经济活动非常广泛，我们不可能也不应该什么都讲，而必须围绕预测的目标和报告的主旨，选择有代表性的资料、数据，来说明经济活动的历史和概况。

此部分由于需要介绍的情况比较多，所以也应组织好内部层次，有条不紊地写出来。

（三）预测

预测是全文的核心部分。这部分主要是分析资料数据，预测经济活动未来的趋势与前景。它重在分析，即对调查研究所取得的资料、数据、进行认真、细致、深入地剖析研究，找出经济活动的规律，并在此基础上经过判断、推理，找到经济活动变化的趋势，归纳推测出未来经济的前景。

（四）建议

提出建议或对策，这是全文的自然结束。它是在预测之后准备采取的行动计划和对策，为领导决策提供有价值的参考。因此，从实际出发，在预测的基础上提出有的放矢、周密细致的建议或对策是十分必要的。另外，这是写预测报告的落脚点，意在剔除经济发展中的不稳定因素，扬长避短，获得最好的经济效益，所以，一定要具体明确，切实可行。

总之，写作预测报告，一般都在“概况”的基础上进行“预测”，根据预测的结果提出“建议”。这三部分之间具有十分严密的逻辑关系，所以，写作时结构方式可以有各种变化，但一定要体现这种逻辑关系，使其成为一个不可分割整体。

例文 4－3

我国小汽车需求量预测报告

由于受到国民经济持续稳定发展和2001年年底中国加入世界贸易组织这两个方面因素的影响，小汽车的消费情况将会出现不同以往的变化。虽然随着汽车价格下调，销量会有一定增加，但轿车市场依然面临很多困难，尤其是各大厂商之间的竞争势必日趋激烈。

一、概况

综观2001年各月销售轨迹，比起2000年没有大的增幅，销量不均，传统的销售旺季不旺，市场变化使人难以捉摸。

具体来看，除了市场因素以外，现有车型结构存在矛盾，车型市场需求发展不平衡，上海通用别克和广州本田雅阁市场看好，一汽大众捷达和二汽神龙富康接近或基本达到调整后的销售目标，原先市场份额较大的上海桑塔纳和天津夏利，由于基数相对大，市场扩容较难。

二、分析预测

早在2001年下半年起国民经济发展出现的一些积极变化，预计在2002年将会持续，经济发展环境总体趋好。扩大内需、增加农民收入、国企改革作为中心环节、继续执行积极的财政政策、积极增加进出口等，成为2002年经济工作的指导思想和总体要求的重要组成部分。

加入世界贸易组织以后，汽车工业的压力越来越大。2002年小汽车市场面临的困难与矛盾比较大：消费需求的扩张受到诸多不利因素的制约，居民收支预期不看好的态势尚未扭转；短缺经济时期把小汽车作为奢侈品而加以限制的某些政策和地方上设置的价外乱收费，至今无多大松动。现行的小汽车消费政策，正成为制约小汽车市场活跃的一个重要“瓶颈”。

根据10年来国产小汽车的销量，对历年数据用3次曲线进行拟合，进而预测2002年小汽车市场需求为62万辆。根据有关信息，主要小汽车生产企业的预期生产目标为：中高级小汽车12.5万辆、中级小汽车24万辆、普通小汽车14.6万辆、微型小汽车18.5万辆，还有一些以轻客名义生产的二厢式小汽车也有上万辆之多。进口小汽车可能较2001年有所增加，加上2001年生产厂家包括厂家经销商的库存，这样市场资源的总供给不会低于80万辆。就我们所预测的需求而言，2002年依然是个供过于求的买方市场年。

三、建议

尽快调整汽车消费政策，取消不合理收费及尽量减轻合理收费，降低小汽车的生产成本，达到规模经济，形成产销的合理衔接和良性循环，促使汽车价格向其实际价格调整，这些已成为推动我国小汽车产业乃至国民经济增长的切实需要。

思考练习

1. 经济预测报告的结构特点是什么？
2. 怎样才能作出比较准确的预测？
3. 选择一个自己感兴趣的经济现象或某个商品，预测它未来三个月的发展趋势。

第三节　商务洽谈纪要

一、商务洽谈纪要的概念

商务洽谈纪要是指以反映商务洽谈情况为主要内容的会议纪要。商务洽谈纪要又称为意向书，它与制订合同有一定的关系，但并非正式的经济合同。它主要记载和传达商务洽谈会议的基本情况及各方商定的重要事项，作为洽谈方进一步合作（商定协议或签订合同）的依据。

二、商务洽谈纪要的特点

商务活动中有多种形式的商贸关系，这些商贸关系往往需要经过多次协商、洽谈才能最终形成。因此有必要将洽谈的内容记载下来，为进一步接触和谈判打下基础，以取得实质性进展。商务洽谈纪要具有以下特点：

（一）纪实性

商务洽谈纪要作为一种纪实性文本，具有纪实性特点。纪要所反映的必须是会议中所发生的情况，是会议中所讨论的问题和洽谈结果的如实记载和辑录。如果洽谈后仍有不同意见，应反映各方立场与意见。

（二）原则性

作为进一步合作的指导性文件，商务洽谈纪要不同于合同。它不要求将条款制订得非常具体、细致，而是着重确定双方合作、建立商贸关系的大方向，在重要事项上作出原则性约定，以指导今后的进一步合作。

（三）预想性

商务洽谈纪要有预测合作前景的功用。它可以在发展规模、生产发展、市场销售、经济效益诸方面进行预测，以评估合作的可行性，使洽谈各方对合作前景心中有数。

（四）信誉约束性

商务洽谈纪要虽不具备法律约束力，但对洽谈各方也有一定约束，这主要表现在商业信誉上。作为一个成熟的企业，必须树立良好的企业形象，创建并维护良好的商业信誉，各方一旦在商务洽谈纪要上签字认可，商务洽谈纪要就对签字各方产生一定的约束力。

三、商务洽谈纪要的写法

（一）标题

商务洽谈纪要的标题通常由洽谈项目内容与文种两部分组成，如《合资组建污水处理厂洽谈纪要》。另外，也可采用公文式标题。

（二）开头

商务洽谈纪要的开头主要反映洽谈要素与洽谈主要内容。通常先写明与会各方的单位名称，进行洽谈的时间、地点、参加洽谈的人员等，然后写明洽谈的项目。也可以在开头处概述洽谈的主要问题与结果等。如例文4－4《关于筹备设立新晶能科技有限责任公司洽谈纪要》一文的开头，介绍了参加的单位有中国东工科技公司与中国科宝实业股份有限公司，说明了举行洽谈的时间与地点，说明了洽谈项目——合作发起设立新晶能科技有限责任公司。此文开头写得简要而清晰。

（三）主体

商务洽谈纪要的主体主要反映会议商谈的主要问题，讨论协商的情况、主要意见等。写作时要取其精要，把共同意见作为重点予以反映。要对会议内容作分析整理，善于综合，做到有条理、有层次地反映。要忠实于洽谈情况，不能任意歪曲原意或添加内容。如《关于筹备设立新晶能科技有限责任公司洽谈纪要》一文的主体，将共同意见概括为“股东问题”“股本和股比问题”“发展目标”等予以重点反映。在有意见分歧的问题上，如“关于控股问题”，作者如实地反映两方的不同意见，做到了忠实记录。

商务洽谈纪要安排层次的基本方法是按照议题安排，有几个议题就安排几个层次。另外，也可以以会议议程先后为序，如《关于筹备设立新晶能科技有限责任公司洽谈纪要》一文就是按照议题安排层次，同时辅以序号，使文章条理清晰。

（四）结尾

商务洽谈纪要的结尾有以下写法。若洽谈双方未能取得一致意见，又需留待下次商谈加以解决的问题，可在结尾处予以反映。有关文本保存方式，下次洽谈或订立合同的时间、地点，各方代表签名等事项也可在结尾处交代。如《中国××公司和美国××公司合作生产飞机叶片洽谈纪要》一文即在结尾处交代了“本纪要未尽事宜，在5月5日举行的第二次洽谈会上予以讨论并加以补充”“本纪要一式两份，用中、英文两种文字书写，双方各执一份”。文末右下方有双方公司总经理签名。

例文 4－4

关于筹备设立新晶能科技有限责任公司洽谈纪要

2000年5月27日，中国东工科技公司（简称“东工公司”）、中国科宝实业股份有限公司（简称“科宝公司”）的代表及国营三〇六厂有关人员（参加会谈人员名单附后），本着“优势互补、共同发展”的原则，就合作发起设立新晶能科技有限责任公司（简称“新晶能公司”）有关筹备工作，在京进行了诚挚友好的会议。

现将会议主要内容纪要如下：

一、关于股东问题

发起人东工公司三〇六厂原TF系列产品生产线全部资产及专有技术出资入股，科宝公司以现金出资入股。

××市工业开发区入股问题，拟定于4月初征求××市政府意见后确定，要求其以现金入股。

二、关于股本和股比问题

经发起人双方反复讨论，未形成一致意见，待双方各自研究权衡。东工公司请示××集团公司后，拟于4月初双方在川再商定。

分歧意见主要是控股问题，并相应影响到股本的确定。

科宝公司认为：总股本定为2 000万元左右为宜，科宝公司持股51%。注册股本定为2 000万元有利实现双方使用的目标，尤其是容易体现新公司的成长性，可为增资控股留有更多的余地。

东工公司认为：总股本定为3 000万元为宜。股本为2 000万元不利于处理三〇六厂TF生产线1 600多万元固定资产和无形资产入股问题。

三、关于新公司发展目标

东工公司同意科宝公司对新公司的未来发展设想。双方认为，新晶能公司的发展宜分段动作。第一阶段，抓紧登记注册公司、投入适量现金恢复三〇六厂原TF生产线，尽快达产达标（×××吨/年），使产品尽快占领市场，扩大市场占有率，为下一步融资扩产奠定基础。第二阶段，科宝公司负责为新晶能公司融资4 000万元，投入新建年产500吨TF系列产品生产线（预测建设期为两年），引入新股东，并在此基础上通过扩股增资3 000万元，使公司运作资金扩大到1亿元左右。第三阶段，将有限责任公司改制为股份有限公司，拟向二级市场上市融资，再扩大生产规模，达到年产1 000吨TF系列产品生产能力，形成产业发展规模经济，在国内、国际市场都具备抗风险能力和自我发展能力。

四、关于注册地点

双方确定注册地暂在××市。

五、关于公司预名

公司名称暂定为“新晶能科技有限责任公司”。

六、关于公司章程和可行性报告

待股东、股本、股比确定之后，由“新晶能公司筹委会”有关人员负责拟订章程、提出可行性报告。

七、关于资产评估

东工公司出资的三〇六厂原TF生产线全部资产及专有技术和非专利技术的评估，经双方协商，同意由中资资产评估有限公司评估作价。

八、关于公司的组织机构

初步确定，新晶能公司按《公司法》规范设立股东会、董事会、监事会和经营班子。组成人员待定。董事长由科宝公司担任。总经理及经营班子由东工公司提出推荐名单，以三〇六厂为主派出；科宝公司推荐二至三人。以上人员均由董事会聘任、解聘。

九、关于成立筹委会

双方确定成立筹委会，负责新公司设立所有筹建工作。

筹委会主任：略。

筹委会成员：略。

筹委会经费，暂由科宝公司垫付××万元，在银行设专户，专款专用，新晶能公司成立后，列入公司开办费。该经费由×××负责管理，使用时由×××审批。

十、关于公司用工

新晶能公司主要聘用三〇六厂有关高层管理人员、核心技术人员和有关熟练操作工。

十一、关于近期主要工作安排

1. 股东、股本、股比的确定，拟于4月初在川商定。

2. 公司章程，定于4月初在川讨论，形成初稿。

3. 三〇六厂TF生产线资产评估应于4月20日之前完成，报财政部审批。

4. 新晶能公司可行性报告定于4月20日之前拟出。

东工公司　　　　　　　　　　　科宝公司
代表（签字）×××　　　　　　　代表（签字）×××
2000 年 5 月 27 日　　　　　　　2000 年 5 月 27 日

思考练习

1. 商务洽谈纪要的特点有哪些?
2. 如果洽谈双方在某些方面未能取得一致意见，应如何处理?

第四节　合同

一、合同的概念

《中华人民共和国合同法》第一章第二条规定：“合同是平等主体的自然人、法人、其他组织之间设立、变更、终止民事权利义务关系的协议。”

二、合同的种类

《中华人民共和国合同法》规定合同共有 15 种，具体为：买卖合同，供用电、水、气、热力合同，赠与合同，借款合同，租赁合同，融资租赁合同，承揽合同，建设工程合同，运输合同，技术合同，保管合同，仓储合同，委托合同，行纪合同，居间合同。

三、合同的形式

合同具有两种形式：一种是预制式，一种是书写式。预制式是预先设计、印刷好了的合同文本。通常企业之间的买卖合同，供用电、水、气、热力合同，运输合同，居间合同等常常是预制式的。书写式是合同双方当事人在共同协商后拟订的书面合同。

五、合同的结构与写法

合同一般由标题、当事人、正文、落款四部分构成。

（一）标题

合同标题通常由合同项目和文种构成，如“建筑工程合同”，也有的简写为“合同”。

（二）当事人

当事人又叫立合同人。应写明签订合同各方的正式名称，为便于行文，一般注明甲方、乙方。

（三）正文

一般先写订立合同的依据与原因，这是合同合法性的重要表述。同时应写明订立合同的当事人双方是在平等互利、自愿协商的情况下达成一致的。

正文的主要内容是双方共同议定的具体条款，也是合同应具备的主要内容。合同的种类很多，不同性质的合同有着不同的内容，难以一一讲明。下面仅以购销合同为例，讲一讲合同的主要内容。

购销合同一般主要包括标的、数量、质量、价款或者报酬、履行期限、履行地点和方式、违约责任、解决争议的方法等。

（1）标的，也称标的物，是指合同当事人双方的权利义务所共同指向的对象，如实物、货币、工程、技术、劳务等。每份合同必须有明确的标的，没有标的，合同就无法成立；标的如果规定得不明确，合同就难以执行。

（2）数量是标的的具体化。数量是用计量单位和数字来衡量标的的尺度，决定权利义务的大小，如产品数量是多少，完成工作量是多少。数量必须按照国家法定计量单位计量。合同中的数量要写得具体、准确，不能有丝毫含糊。凡国家或主管部门有规定的，必须按规定执行；国家或主管部门没有规定的，由供需双方商定。

（3）质量是标的的具体特征，是标的内在素质和外观形态的综合表现，如产品的品种、型号、规格、等级、国家标准、部颁标准、地方标准等。质量要详细写明，不可含糊不清。

（4）价款或酬金是标的的价金，是当事人一方为取得标的向对方支付的货币数量。价款或酬金要明确地写入合同。价款或酬金要依据国家的政策法令合理议定，并对货币币种作出规定。为实现价款和酬金的支付，合同条款中应具备有关银行结算和支付方法的条款。

（5）履行期限、地点与方式。履行的期限是当事人各方依照合同规定全面完成自己合同义务的时间限制，即合同的履行期和合同的有限期。履行地点是当事人完成其所承担义务的地点。履行方式是当事人履约的具体办法、形式，如是一次交付，还是分批交付，是送货、提货，还是代办托运等。

（6）违约责任是指当事人因过错而不能履行或不完全履行合同时所要承担的经济或法律责任。它包括违约金、赔偿金和其他应承担责任的法律形式。违约责任也要写得明确具体。

（7）解决争议的方法是指当事人双方约定的解决争议的具体办法。或协商解决，或仲裁解决，或通过法院解决。

合同的结尾包括合同的正、副本的份数，合同的有效期限等。

（四）落款

落款由合同双方当事人的单位名称，法定代表人姓名，签订合同的时间、地点，公章、电话号码、银行账号等构成。

六、订立合同的原则

(一) 平等互利、自愿公平的原则

合同当事人的地位平等，依法享有自愿订立合同的权利，任何一方不得将自己的意志强加给另一方，任何单位和个人不得非法干预。当事人双方应遵循公平的原则确定双方的权利义务关系，做到平等互利。

(二) 合法性原则

当事人订立、履行合同，应当遵守法律和行政法规，做到依法而立，依法行事；同时应遵守社会公德，不得扰乱社会经济秩序、损害社会公共利益。

(三) 国家主权原则

签订涉外合同，要维护国家的尊严和正当的权利，不做有损国格的事情。涉及合同的当事人可以选择处理合同争议所适用的法律，但在中华人民共和国境内履行的中外合资经营企业合同、中外合作经营企业合同、中外合作勘探开发自然资源合同必须适用我国法律。

(四) 国际法、国际公约优先适用原则

在订立合同时，若中华人民共和国缔结或参加的国际条约同中国的民事法律有不同的规定，优先运用国际条约的规定。我国法律和缔结参加的国际条约均没有规定的，可以适用国际惯例。

七、合同写作的要求

(一) 内容合法

根据《中华人民共和国合同法》的要求，签订合同必须符合以下三条基本原则：遵守国家的法律，符合国家政策和计划的要求；任何单位和个人不得利用合同进行非法活动，扰乱经济秩序，破坏国家计划，牟取非法收入；符合平等互利、协商一致、等价有偿的原则。

(二) 项目条款完整

合同所必备的各个构成部分不能缺少，主要条款不能遗漏。有些合同在结尾必须写明附件名称、件数，以保持合同的完整性。

(三) 表达准确、规范

合同的内容必须明确、具体。表达应简明准确，严谨规范。

例文4-5

购销合同

甲方：××市服装公司

乙方：××棉纺厂

经双方共同协商同意，订立以下条款以资共同遵守。

一、产品名称、货号、品种、规格、质量、数量、交货期。(以下表格略)

上表所列各项，如双方遇到实际困难时，可在各档花色品种、数量的10%范围内予以调剂。如需要大量变更时，必须取得对方同意，否则应承担由此造成的经济损失。

二、产品的规格、质量和技术标准，按部颁标准执行。

检验方法，以乙方自检为主，甲方在流通过程中，如发现规格、质量不符，应由乙方负责处理，甲方应予以协助；如发现数量不符，由双方共同处理。应分析情况明确责任，经济损失由责任方负担。

三、产品出厂价格，按国家统一规定价格执行。

执行过程中，如遇国家统一调整价格时，则按国家统一调整的价格执行。

四、产品的包装标准，按统一规定的针织品包装标准，进行分箱包装，包装物由乙方负责。

五、产品的包装纸和宝塔线，由乙方在签订合同时提出计划，甲方应保证供应，费用由乙方负担，如甲方未按计划供应，乙方不负延期交货的责任。

六、乙方应保证按合同规定的日期，按月分期交货，按季结算。如遇特殊情况，可在5%的范围内欠交或超交。

七、货款结算：甲方应在乙方送货验收后，从货到验收日起3天内付款。如遇假日顺延。

八、乙方未能履行合同，应负下列经济责任：

1. 产品花色、品种、规格、质量不符合合同规定，必须返修或重新加工的，则按质论价；如要大量变更花色品种，则须经双方根据实际情况商定，否则应偿付甲方变更部分货款总值5%的罚金。

2. 产品数量不符合合同规定，少交产品，而甲方仍需要的，应照数补交，并承担延期交货的罚金。如不能交货而需要撤销合同的，则应偿付甲方以不能交货的货款总值20%的罚金。

3. 甲方验收时，发现产品外包装不符合合同规定，必须返修或重新包装，不符合合同规定造成货物损失，应由乙方负责赔偿。

4. 产品交货时间不符合合同规定，每延期一天，应偿付甲方以延期交货部分货款总值5%的罚金。

5. 不符合合同规定的产品，在甲方代管期内，乙方应及时处理。万一发生天灾人祸等意外事故，则由乙方自行负责。

九、甲方未履行合同，应负下列经济责任：

1. 中途变更产品的花色、品种、规格、质量或包装的规格、质量，由双方根据实际情况商定，否则应偿付乙方部分货物总值或包装价值5%的罚金。

2. 中途撤销合同，应偿付乙方以撤销部分货款总值20%的罚金。

3. 未按合同规定日期付款，每延期一天，应偿付乙方以延期付款总数5%的罚金。

4. 按照双方联系的送货日期，无故拒绝接货，应偿付乙方该批货款总值每天5%的罚金。

5. 产品在运输途中发生丢失短缺、残损等责任事故，应负责向承运部门交涉索赔，乙方亦予以协助交涉。

十、上述应该偿付的罚金，其总额不得超过来履行合同部分的货款总值。应偿付的违约罚金，应在明确责任后10日内，按银行结算办法拨付，否则按延期付款处理。任何一方不得自行用扣发货物或扣付货款来抵冲。

十一、由于人力不可抗拒或确非企业本身造成的原因而不能履行合同的，经仲裁机关查实证明，免予承担经济责任。

十二、以上各条经双方由工商行政管理机关付印签证后生效，至合同任务完成时终止。如有未尽事宜，则可由双方商定补充，并报签证机关备案。

十三、本合同一式九份，正本两份，甲、乙双方各执一份；副本七份，分送各有关部门存查。

甲方	乙方
单位：××市服装公司（公章）	单位：××棉纺厂（公章）
代表：　　（签章）	代表：　　（签章）
地址：	地址：
电话：	电话：
开户行：	开户行：
账号：	账号：

签证机关：市工商行政管理局（公章）

签约日期：　年　月　日

思考练习

1. 合同写作的要求是什么，在语言表达方面应注意些什么？

2. 写一份租用他人房屋的租赁合同。

第五节 财务分析报告

一、财务分析报告的概念和分类

（一）财务分析报告的概念

财务分析报告又叫财务情况说明书，是在分析各项财务数据的基础上概括、提炼、总结、编写的具有说明性和结论性的书面材料。财务分析报告是对财务资金运作、企业经营状况的综合概括和高度反映。

（二）财务分析报告的分类

财务分析报告可以从多种角度来分类。从编写时间划分，可分为两种：一是定期分析报告，二是非定期分析报告。定期分析报告通常有财务月报、财务季报、财务半年报、财务年报，具体根据公司管理要求而定。非定期分析报告主要根据企业的需要编制。从编写内容划分，可分为三种：一是综合性分析报告，二是专题分析报告，三是项目分析报告。综合性分析报告是对公司整体运营情况及财务状况的分析评价；专题分析报告是针对公司运营的某一部分，如资金流量、销售收入、应收账款等的分析；项目分析报告是对公司的某一个独立运作项目的分析。

二、财务分析报告的结构

财务分析报告由标题、正文和落款三部分组成。

标题：包括企业名称、时间界限、分析内容等。

正文：一般来说，财务分析报告的正文均应包含以下几个方面的内容：提要段、说明段、分析段、评价段和建议段，即通常说的“五段论”。但在实际编写分析时要根据具体的目的和要求有所取舍，不一定要囊括这五部分内容。

落款：包括报告单位名称和写作日期。

三、财务分析报告的写作

财务分析报告在写作上没有固定的格式，通常要求要能够清晰地说明本企业的财务状况，能够准确地反映要点，分析要透彻，要有理有据，用财务数据说话，要观点鲜明，符合报送对象的要求。写作财务分析报告通常可以用文字与图表两种表达方法。

财务分析报告正文写作是最重要的部分。如上所述，正文部分主要包括下述五个方面的内容。

第一部分是提要段，首先用简洁的文字概述企业的基本情况和财务活动情况，也可以附带概述取得的主要成绩和存在的问题，以及对企业财务状况的基本评价。这一部分主要是概括公司综合情况，让财务报告接受者有一个总括的认识。

第二部分是说明段，这部分内容主要是对企业运营及财务现状的介绍。该部分要求数据引用准确，文字表述恰当。在写作中对经济指标进行说明时可适当运用绝对数、比较数及复合指标数。本部分写作特别要关注企业当前运作的重心，对重要事项要单独反映。企业在不同阶段会有不同的工作重点，因此会需要不同的财务分析报告。如企业正在进行新产品的投产和市场开发，财务分析报告就应加强对新产品的成本、回款、利润数据的分析；如企业正在进行技术改造和产业升级工作，财务分析报告就应加强对投资数额、投资流向、现金流情况、融资情况进行分析。

第三部分是分析段，这部分内容是对企业的经营情况进行分析研究。本部分内容把重点放在对问题的分析上，寻找问题的原因和症结，以达到解决问题的目的。分析时一定要有理有据，要细化分解各项指标，不要只用有些报表中笼统、含糊的数据，要善于运用表格、图示，突出表达分析的内容。分析问题一定要善于抓住当前要点，多反映企业经营焦点和易于忽视的问题。

第四部分是评价段。这部分内容应该对企业的经营情况、财务状况、盈利业绩给予公正、客观的评价和预测。在语言表达上不能运用似是而非，笼统模糊的语言。既要从正面进行评价，也要从负面进行评价。评价既可以单独分段进行，也可以将评价内容穿插在说明部分和分析部分。

第五部分是建议段。这部分内容是财务人员对企业经营运作、投资决策的意见和看法，最好能对企业在财务运作、经营管理等方面存在的问题提出明确的改进建议。财务分析报告中提出的建议不能太抽象，要具体化，要具有较强的可操作性。

财务报告写作应注意勿轻易下结论。财务分析报告中的结论性词语对报告阅读者有很大的影响，如果财务人员在分析中草率地下结论，很可能形成误导。

财务分析报告的行文要尽可能流畅、通顺、简明、精练，避免口语化和冗长化。

四、撰写财务分析报告应做好的几项工作

（一）积累素材，为撰写报告做好准备

（1）建立台账和数据库。财务分析人员平时就应做大量的数据统计工作，对分析的项目按性质、用途、类别、区域、责任人，分月度、季度、年度进行统计，建立台账，以便在编写财务分析报告时有据可查。

（2）关注重要事项。财务分析人员应对企业经营运行、财务状况中的重大变动事项做笔录，记载事项发生的时间、计划、预算、责任人及发生变化的各影响因素，并将各类各部门的文件归类归档。

（3）定期收集报表。财务人员应要求各相关部门（生产、采购、市场等）及时提交可利用的其他报表，及时发现问题、总结问题，养成多思考、多研究的习惯。

（二）了解领导对信息的需求

财务人员平时应多与业务部门领导沟通，关注企业经营运行情况。财务人员应尽可能争取多参加相关会议，了解生产、质量、市场、行政、投资、融资等各类情况，掌握领导关注的信息和真正想了解的信息。

（三）了解国家宏观经济政策和市场变化

财务人员在平时的工作当中，应多了解国家宏观经济政策和市场的变化，尤其应尽可能捕捉、搜集同行业竞争对手资料，这样，才能在分析中立足当前，瞄准未来，使财务分析报告发挥“导航器”作用。

例文 4－6

轻工机械二厂年度财务决算说明书

199×年度，我厂生产经营和财务状况好于上年。由于产品销售收入和利润增长幅度较大，成本费用得到了有效的控制，企业经济效益已呈现由低转向的势头。现对本年财务决算情况和有关内容说明如下：

（一）生产经营和主要财务指标的实现情况

本年，由于我厂在完成技术改造的基础上，生产出新型的橡胶热炼机和金属家具等畅销产品，工业总产值达到 679 万元，比上年（617 万元）增长 10.1%；产品销售收入达 788 万元，比上年（544 万元）增加 44.9%；实现纯利润 41 万元，比上年（11 万元）增加 2.7 倍；可比产品成本比上年降低 0.6%。

（二）利润指标实现情况

本年，我厂利润计划为 30 万元，实际完成 41 万元，超过计划 36.7%，销售收入利润率达到 5.2%。利润增加的主要因素是：

（1）因改型的橡胶塑料机械产品在关内各地打开销路，增利增加，比上年增利××万元。

（2）企业经过技术改造，增加橡胶炼机等 4 种新产品，增利××万元。

（3）在我厂技术改造和产品改型之后，物耗减少，从而使成本降低×万元。

（4）外协加工部件一律改为自行加工，增利×万元。

（5）以上 4 项共比上年增利××万元。扣除因销量增多税率提高形成的税金增加和部分原材料价格调整，煤水电运费提价、各种补贴标准提高等减利因素××万元，实现纯利润 41 万元。

本年实现的利税总额为 136 万元。其中，上缴税利数为 95 万元，企业留利 41 万元。

（三）成本费用情况

本年度全部商品总成本为×××万元，可比产品成本×××万元，按上年平均单位成本计算为×××万元，下降 0.6%。

（四）固定资产与流动资产的增减情况

1. 固定资产

年末，企业固定资产原值 862 万元，净值为 636 万元。百元固定资产（原值）利税率为 4.8%，百元固定资产（原值）利润率为 14.3%，均比上年高出较多。

2. 流动资产

本厂流动资产年末占用额为 570 万元，比年初（525 万元）增加 45 万元。周转天数为264天，比上年（345天）加快81天，比原计划的250天多14天。但从总体上看，资金占用过多、周转期过长的状况仍未很好解决。

（五）其他需要说明的问题

本年企业经济效益虽好于上年，但厂内过去遗留的滞销积压产品过多的问题并未彻底解决。经过清仓压库以后，必将抵消一部分利润。由于这部分亏损尚不能结算解决，故本年决算中不包括这笔数字。

××轻工机械厂

199×年1月30日

例文4-7

华夏股份有限公司财务评价

（一）营运能力分析

2003年，公司的营运状况有较大的改善，这也是促进企业盈利激增的一个重要因素。

本年，公司的存货周转率5.64次，比上年的3.29次提高2.35次；存货周转天数由上年的111天缩为65天。这表明公司在加强存货管理工作之后，存货的流动速度已开始加快。

与此同时，公司的应收账款周转率也有较大的提高。本年应收账款周转率为5.6次，比上年的4.2次提高1.4次；平均收账期间则由上年的87天缩为65天。

（二）偿债能力分析

2003年，因企业盈利升幅很大，公司的偿债能力也日益增强。

截至年末，公司的负债总额为××××万元，比年初的××××万元减少2.7%；负债率为34.1%，比年初的36.6%下降2.5个百分点。

年末，公司的流动比率为1∶1.81，速动比率为1∶0.92，也比年初的1∶1.69和1∶0.84有明显的提高。

这表明，公司的长期偿债能力和短期偿债能力都比较强，其比率按目前公司的生产经营情况也是比较适宜的，资金紧缺的状态已渐趋缓解。

（三）股东权益收益情况分析

2003年，本公司股东权益的收益水平也相当可观。净值报酬率达到14.3%，比上年的5.4%提高8.9个百分点。

截至2003年年末，本公司税后利润已达1 688万元，按总股本413万股计算，每股溢利为4.1元。

另据本公司与××省证券公司签订的协议，已委托该公司承销本企业新增法人股×××万股，每股发行价为××元。

华厦股份有限公司

2004年1月10日

例文 4－8

××市商业局企业年度财务分析报告

省商业厅：

19××年度，我局所属企业在改革开放力度加大，全市经济持续稳步发展的形势下，坚持以提高效益为中心，以搞活经济强化管理为重点，深化企业内部改革，深入挖潜，调整经营结构，扩大经营规模，进一步完善了企业内部经营机制，努力开拓，奋力竞争。销售收入实现××××万元，比去年增加30%以上，并在取得较好经济效益的同时，取得了较好的社会效益。

（一）主要经济指标完成情况

本年度商品销售收入为××××万元，比上年增加×××万元。其中，商品流通企业销售实现××××万元，比上年增加5.5%，商办工业产品销售××××万元，比上年减少10%，其他企业营业收入实现××××万元，比上年增加43%。全年毛利率达到14.82%，比上年提高0.52%。费用水平本年实际为7.7%，比上年升高0.63%。全年实现利润×××万元，比上年增长4.68%。其中，商业企业利润×××万元，比上年增长12.5%，商办工业利润×××万元，比上年下降28.87%。销售利润率本年为4.83%，比上年下降0.05%。其中，商业企业为4.81%，上升0.3%。全部流动资金周转天数为128天，比上年的110天慢了18天。其中，商业企业周转天数为60天，比上年的53天慢了7天。

（二）主要财务情况分析

1. 销售收入情况

通过强化竞争意识，调整经营结构，增设经营网点，扩大销售范围，促进了销售收入的提高。如南一百货商店销售收入比去年增加296.4万元；古都五交公司比上年增加396.2万元。

2. 费用水平情况

全局商业的流通费用总额比上年增加144.8万元，费用水平上升0.82%。其中：①运杂费增加13.1万元；②保管费增加4.5万元；③工资总额增加3.1万元；④福利费增加6.7万元；⑤房屋租赁费增加50.2万元；③低值易耗品摊销增加5.2万元。

从变化因素看，主要是由于政策因素影响：①调整了“三资”“一金”比例，使费用绝对值增加了12.8万元；②调整了房屋租赁价格，使费用增加了50.2万元；③企业普调工资，使费用相对增加80.9万元。扣除这三种因素影响，本期费用绝对额为905.6万元，比上年相对减少10.2万元。费用水平为6.7%，比上年下降0.4%。

3. 资金运用情况

年末，全部资金占用额为×××万元，比上年增加28.7%。其中：商业资金占用额×××万元，占全部流动资金的55%，比上年下降6.87%。结算资金占用额为×××万元，占31.8%，比上年上升了8.65%。其中：应收货款和其他应收款比上年增加548.1万元。从资金占用情况分析，各项资金占用比例严重不合理，应继续加强“三角债”的清理工作。

4. 利润情况

企业利润比上年增加×××万元，主要因素是：

(1) 增加因素：①由于销售收入比上年增加804.3万元，利润增加了41.8万元；②由于毛利率比上年增加0.52%，使利润增加80万元；③由于其他各项收入比同期多收43万元，使利润增加42.7万元；④由于支出额比上年少6.1万元，使利润增加6.1万元。

(2) 减少因素：①由于费用水平比上年提高0.82%，使利润减少105.6万元；②由于税率比上年上浮0.04%，使利润少实现5万元；③由于财产损失比上年多16.8万元，使利润减少16.8万元。

以上两种因素相抵，本年度多实现利润额×××万元。

(三) 存在的问题和建议

(1) 资金占用增长过快，结算资金占用比重较大，比例失调。特别是其他应收款和销货应收款大幅度上升，如不及时清理，对企业经济效益将产生很大影响。因此，建议各企业领导要引起重视，应收款较多的单位，要领导带头，抽出专人，成立清收小组，积极回收。也可将奖金、工资同回收贷款挂钩，调动回收人员积极性。同时，要求企业经理要严格控制赊销商品管理，严防新的三角债产生。

(2) 经营性亏损单位有增无减，亏损额不断增加。全局企业未弥补亏损额高达×××万元，比同期大幅度上升。建议各企业领导要加强对亏损企业的整顿、管理，做好扭亏转盈工作。

(3) 各企业程度不同地存在潜亏行为。全局待摊费用高达×××万元，待处理流动资金损失为×××万元。建议各企业领导要真实反映企业经营成果，该处理的处理，该核销的核销，以便真实地反映企业经营成果。

××市商业局财会处
200×年×月×日

思考练习

1. 财务分析报告的主要作用是什么？
2. 财务分析报告正文的主要内容有哪些？
3. 写作财务分析报告应预先做好哪些工作？

第六节　审计报告

一、审计报告概述

(一) 审计报告的概念

审计是独立检查会计账目，监督财政、财务收支的真实性、合法性、效益性，以对其进行评价和鉴定的活动。审计报告是反映审计过程与结果、表明审计评价的报告。

（二）审计报告的作用

审计具有监督性、公正性、总结性等特点，它可以在经济工作中发挥多种功能。通过审计工作可以保证会计账目、报表等资料的真实、正确和可靠性，保护国家和公众的合法权益；可以揭露被审计单位弄虚作假，贪污舞弊的行为，维护国家财经法纪；可以肯定成绩，发现问题，有利于提高管理水平和提高经济效益。

二、审计报告的分类

（一）按审计的目的可分为监督性审计报告和公正性审计报告

监督性审计报告是对被审计单位在财政、财务收支上遵守国家法律、法规的情况和资金有效使用情况进行审计后做出的书面报告，以监督和督促被审计单位遵守法律与法规。

公正性审计报告是针对被审计单位财务信息所反映的财务状况和财务成果的真实性和公允性，遵从会计准则和会计制度的情况，进行客观的鉴定并加以说明。

（二）按审计的内容可分为财政财务审计报告和经济效益审计报告

财政财务审计报告是对各级政府预算执行情况、决算以及预算外资金的管理和使用情况，企事业单位和其他经济组织财务收支情况进行评价，揭示存在的问题，提出纠正和改进意见与建议。

经济效益审计报告是对被审计单位经济效益情况进行评价，揭示影响其经济效益的问题，并对提高经济效益和管理水平等方面提出意见和建议。

（三）按审计的主体可分为政府审计报告、民间审计报告和内部审计报告

政府审计报告是由政府派出的审计小组撰写的，民间审计报告是由民间审计组织的审计人员撰写的，内部审计报告是由单位内部的审计人员撰写的。

三、审计报告的写法

审计报告一般包括标题、主送机关、开头、主体、附件说明、落款等内容。其中主体部分是审计报告的核心，报表和附件是作为据证提供的。

（一）监督性审计报告的写法

1. 标题

审计报告的标题通常采用公文式标题，一般由审计单位名称、被审计单位名称、时限、范围、文种等内容组成，如《××审计局关于××公司2000年财务状况的审计报告》。

2. 主送机关

在标题下方写明单位名称，即派出审计工作的机关或委托单位的名称。

3. 开头

开头简要说明审计工作的要素。如说明审计的依据、时间、审计内容与范围、审计程序与方式等情况。

4. 主体

主体部分的内容与模式因审计的目的、范围、方式的不同而有所差异，但通常都反映以下几项内容：

基本情况——介绍被审计单位的行业性质、机构、资金、经营成果、主要财务状况等。这个情况说明要既全面又简洁。

存在的问题——具体说明审计中发现的问题。有关问题的性质、主要情节、数量等都应一一表述清楚。这样的说明应具体而清晰。

结论性意见——对被审计单位执行国家法律法规的情况、经营管理状况和效益水平、会计资料的真实性等情况作出综合评价。如果在“基本情况”部分已表达了类似的意见，可以不再单列层次。

意见与建议——根据国家法律法规对审计中发现的问题，提出处理意见和针对性强的改进措施。

5. 附件说明

如果有附件，应在正文之后注明附件的名称、份数。

6. 落款

署名为审计单位或审计小组名称、审计组长或主审人姓名。

（二）公正性审计报告的写法

1. 标题

一般只写明文种，如《审计报告》，也有写为《查账报告》的。标题下方写明发送单位。

2. 正文

公正性审计报告的正文一般由范围段、说明段、意见段三部分构成。

范围段——说明检查验证的各主要财务报表的名称、编制日期，以及审计的依据、程序、完成情况等内容。

说明段——说明对财务报表所持意见的理由。要具体说明与意见形成相关的事项，以及这些事项对财务报表相关项目的影响。

意见段——针对财务报表的编制是否符合有关社会制度或一般公认的会计准则的规定；财务报表反映财务状况、财务成果和资金变动情况的真实性、公允性等情况发表审计意见。

3. 落款

由审计师（注册会计师）和审计单位署名、盖章。

例文 4－9

关于××市钢管厂2000年度
财务收支的审计报告

××市审计局：

根据省审计局《关于对大中型企业实行经常性审计的通知》精神和我局今年的审计工作计划，我们从2001年2月10日至25日对××市钢管厂2000年度财务收支的真实性、合规性、合法性，并结合1989年度承包经营合同规定的几项主要经济指标的完成情况，进行了就地审计，现将审计情况报告如下：

一、企业的基本情况

该厂隶属市机械工业局，是以生产各种规格的焊管和镀锌管为主的中型企业，现有职工1 283人。该厂下设四个车间和一个经济独立核算的综合厂。年生产能力为××万吨钢管。现有固定资产原值××××万元，净值××××万元；流动资金××××万元，其中定额流动资金×××万元；国家流动资金××××万元，企业流动资金××万元；流动资金借款××××万元，专项资金××××万元，专用借款××××万元，专项基金××××万元（包括专用基金×××万元）。

2000年，该厂工业总产值完成××××万元，比承包经营合同规定的××××万元的指标增长7%；实现利润留成162万元，比承包经营合同规定增长16.2%；上缴利润、完成承包经营合同规定指标的100%；归还专用借款456万元，比承包经营合同规定指标还多46万元，审计情况表明，该厂已全面完成2000年度承包经营合同规定的几项主要经济指标。但在审计过程中，也发现了一些违反财经纪律的问题，反映了财务管理和财务核算方面上的一些漏洞。

二、审计中发现的问题和处理意见

（一）1999年10月，企业将流动资金贷款逾期罚息15万元，随同正常贷款利息一起进入企业管理费，违反了《国营企业成本管理条例》（国发〔1984〕34号）第十三条“与本企业生产经营活动无关的其他费用”“不得列入生产、销售成本”的规定精神，确属挤占成本。根据《国务院关于违反财务法规处罚的暂行规定》（1987年6月16日发布）第六条规定，应处以违纪额15万元的20%的罚款——罚款金额为3万元，需如期上缴地方财政。

（二）1999年7月，未经批准擅自购买高级组合乐器一套，由企业福利费开支2.5万元，根据《关于违反控制社会集团购买力规定的处理暂行办法》，应处以没收或变价上缴财政。

（三）企业在10月末就完成了全年承包经营利润指标，对11和12两个月销售的废钢板边50吨的40万元收入，未冲减成本，记在其他应付款账户，目的是列入明年收入，为完成明年利润指标创造条件。这种做法，违反了财务制度的有关规定，应调整账目，体现2000年利润，并补交能源交通重点建设基金6万元，补交预算调节基金

4 万元。

三、评价及建议

通过对该厂2000年度财务收支的审计，总的认为该厂的改革的深入形势比较好。2000年该厂实行了全员抵押基金制度，使企业兴衰与职工利益紧密联系在一起，并推行了全员承包经营责任制，调动了全厂干部和职工的积极性，克服了市场疲软，原材料涨价的种种困难超额完成了2000年度承包经营合同规定的各项经济指标，反映了该厂领导、职工改革意识强，经营管理基础较好。但企业经营思想还不够端正，存在“留后手”思想；对有的财政法规执行得还不够认真，存在挤成本的问题，导致企业当年利润不够真实。

针对企业存在的问题，提出如下建议：

1. 企业领导应进一步端正经营思想，克服“短期行为”，正确处理好国家、企业和职工个人三者利益之间的关系。

2. 该厂财务人员业务素质较高，五名财会人员都具有大专以上学历，其中高级会计师一名，会计师二名。但是，从该厂查出的违纪问题看，不是因为财会人员业务素质差或由于政策、法规不清所造成的，而是财会人员的明知故犯。因此，建议厂领导要加强对财会人员的教育和管理，提高认真执行财政法规的自觉性，如今后再发生类似的违纪问题，将严肃处理。

附录：证明材料

审计组组长：××× （签字）

审计组成员：××× ××× （签字）

二〇〇一年二月三十日

思考练习

1. 监督性审计报告的主要内容是什么？

2. 怎样才能对发现的问题恰当地提出处理意见？

第七节　招标书与投标书

一、招标书

（一）招标书概述

1. 招标书的概念

招标书是招标人为某项科研课题、工程项目、合作经营、物资购销招揽承包对象或买（卖）方的应用文。招标书也叫招标公告、招标启示，是商业广告性文书。

2. 招标书的作用

招标是国内外经济活动中常用的一种交易形式。招标书的发出人可以是拥有科研项目的科研单位，也可以是工程项目的业主，或是大宗商品交易会的采购方。招标人在表述中公布、提出价格，利用市场竞争机制，在众多竞争投标之间优选承包者或买方，可以获得最佳的经济效益。

（二）招标书的写法

撰写标书之前，招标人必须充分搞好市场调查研究工作，了解市场信息，明确招标项目的标准和条件。在此基础上，把招标目的、图样、材料、技术要求、货样等制成文件对外公布，或供投标人索取、购买。

招标书的写法比较灵活，无固定写法，但一般须有以下内容：招标的项目名称、投标方法、投标资格、技术要求、投标和开标日期、保证条件、支付办法等。每项内容要求写得概括简练。

招标书一般由标题、正文、结尾三部分构成。

1. 标题

招标书的标题通常由招标单位名称、招标项目和文种组成。如《××市政府办公大楼建设工程招标书》。招标书的文种也有写为“招标公告”“招标通告”的，如《柳州市政府采购中心办公设备招标公告》。

有些招标书还在标题之下标出招标编号。

2. 正文

招标书的开头说明目的和依据、招标项目，也可说明招标单位的基本情况、招标范围、资金来源等内容。

招标书的正文部分要写明招标项目和招标步骤。

招标项目一般包括标的名称、价格、数量、质量、工期等内容。这是招标书的重点，要写得清楚明白、准确无误。有些招标书因数量、质量、技术要求等内容较为复杂，故不在招标书中公布，而在招标文件中详细说明。另外，也有因标的简明，为获取最优价格而不写明价格的。

招标步骤一般包括招标的对象范围、招标方法、招标文件索取或购买的方式、投标期限、开标时间与地点等项内容。将这些具体事项宜分条列项，力求写得清楚明白。

3. 结尾

结尾写明招标单位名称、地址、邮编、电话、联系人、开户行及账号等。

例文 4－10

××省粮油进出口公司国际招标公司
米粉加工项目招标通告

（世界银行贷款号：2294－CHA）

（招标编号：TCBW－923005）

根据2006年12月20日刊登在联合国《发展论坛》商业版上的本项目采购公告，特刊登此通告。××省粮油进出口总公司国际招标公司被授权利用世界银行贷款，就下列材料的采购进行国内竞争性招标：

×××

凡参加此次投标的投标商，请于2007年3月16日起（节假日、星期天除外）每天上午8：30~11：00时（北京时间）到本招标公司购买招标文件。招标文件每份售价人民币300元。如欲邮购，每份另加人民币50元。

投标截止时间为2007年4月29日上午10：00时（北京时间），逾期收到的或未按规定交纳投标保证金的投标文件恕不接受。

定于2007年4月29日14：00时（北京时间）在××省××市××路××号公开招标。

投标文件在规定时间交到以下单位：

××省计划委员会世界银行贷款项目执行办公室

地址：

邮编：

传真：

电话：

电子邮箱：

××省粮油进出口总公司国际招标公司

地址：　　　　　　　　　　　　邮编：

　　　　　　　　　　　　　　　电话：

电子邮箱：　　　　　　　　　　传真：

二、投标书

（一）投标书概述

投标书是投标人按照表述的要求，为表明自己接受招标的意愿、应标能力和条件而报送招标单位的应用文。

投标书是与招标书相对应的。投标者要根据自己的能力与具体条件，按照招标书的内容做出针对性的承诺，争取承包或承买的权力，以获得自身的经济利益。

（二）投标书的写法

投标书常采用报表的写法，内容与招标书相对应，一般包括项目的名称、完成日期、数量、价格、投标人名称、地址、联系人、电话等。投标书须对招标条件和要求作出明确的回答和说明。它的写法如下：

1. 标题

投标书的标题一般应表明单位名称和文种，如《××公司投标书》，也可以只写文种，如《投标书》。

2. 主送机关

在标题下方写明招标单位名称。

3. 开头

开头一般写依据和意见。通常第一句话引述招标书标题作为投标依据，然后表明对某标的承包承买意愿。如《××公司投标书》开头的第一句“招标文件《多层螺旋CT机招标书》已阅”，即是引述来文，这可说是答复性文书的常用写法。第二句“我公司愿意参加多层螺旋CT机项目的招标”明确表示了承买的意愿。整个开头写得简练明确。

4. 主体

由于标的性质不同，主体的内容也不尽相同。一般由以下五部分组成：

（1）投标单位的应标能力和条件。这部分主要说明投标单位的自身情况，已完成的工程质量或产品的质量性能等。如果需要说明的情况内容较多，可准备专门的文件附在文后，例文4－10《××公司投标书》就是提供了名为“资格”的文件予以说明。

（2）价格。投标书中一般只需要说明总价，费用明细情况一般由附件说明。

（3）承诺条件。主要是对招标书所开的相关条件予以答复。如《××公司投标书》一文就承诺了“根据招标文件的规定履行合同的责任和义务”“放弃要求对招标文件作进一步解释的权利”“如在开标之后的投标有效期撤标，投标保证金则由贵公司没收”等。

（4）投标书有效期。

（5）附件说明。附件说明中要按顺序一一列出附件名称。

主体在写作时要力求明确、简洁。承诺条件可以只写原则性的基本条件，具体数量、质量、技术指标等内容可由附件资料说明。

5. 落款

投标单位与代表署名并签章，并写明地址、联系方式等。

例文4－11

××公司投标书

××旅游总公司：

招标文件××号已阅，经研究，我们愿意参加所需货物项目的投标，并授权签名人××代表我方提交下列文件正本一份、副本两份。

1. 投标报价表
2. 货物清单
3. 技术差异修订表
4. 资格
5. ××银行开具的金额为××的投标保函
6. 开标一览表

签名人兹宣布同意下列各点：

1. 所附投标报价表所列拟供货物的投标总价为××美元。
2. 投标人将根据招标文件的规定履行合同的责任和义务。

3. 投标人已详细审阅全部招标文件的内容，包括修改条款和所有供参阅的资料及附件，放弃要求对招标文件作进一步解释的权利。

4. 本投标书自开标之日起 90 天内有效。

5. 如在开标之后的投标有效期撤标，投标保证金则由贵公司没收。

6. 理解你们并不限于接受最低价和可以接受任何标书的决定。

投标单位：

地　　址：

电　　话：

授权代表：

（公章）

年　　月　　日

复习要求

1. 经济活动分析报告，一是学会用文字表述对数据的分析，二是掌握开头提出问题，主体分析问题，结尾解决问题的逻辑结构。

2. 经济预测报告的要点，一是预测要准确，必须掌握大量的资料，并运用科学的方法作出分析；二是预测报告的结构模式：概况是预测的基础，预测是核心，预测应在分析经济发展规律的基础上进行，对策是落脚点。

3. 商务洽谈纪要与合同在写作内容上有严格的要求，在结构形式上具有固定模式，应重点把握。

4. 财务分析报告与审计报告在写作内容上有严格的要求，在结构形式上具有固定模式，应重点把握。

第五章　通用文书

通用文书是指党政机关、企业、事业单位都广泛使用的一类应用文，主要用于管理工作，包括处理机关事务，交流信息等，具有通用性强、适用性广泛的特点。在长期使用过程中通用文书已经形成了较为成熟的写作模式，每一种通用文书一般都有两三种固定的写作模式。

第一节　计划

一、计划的概念和作用

计划是为了完成预定实践活动而事前作的设想和打算。具体地讲，为了完成一定时期的工作、学习或生产任务，根据外部环境条件，结合本单位实际情况，对实践活动提出具体的要求，规定明确的指标，制定相应的措施，把这些内容写成书面的材料，就叫做计划。

计划有不同的名称，常见的有规划、设想、安排、打算、方案、要点等。一般来说，“规划”是比较全面而概括的长远发展计划；“安排”和“打算”指时限较短，内容比较具体的计划；“设想”表示对工作前景的初步考虑，内容较粗略的计划；“方案”往往是实施细则，比较具体和周密；“意见”和“要求”多属上级机关对下级布置工作，内容是原则性和指导性的意见。

“凡事预则立，不预则废”。有了计划，目标明确，措施具体，工作就会有条不紊，就会大大提高工作效率，顺利地完成任务；相反，如果遇事缺乏通盘考虑，那就必然会顾此失彼。

二、计划的特点

计划具有目的性、预测性、可行性和约束性四个特点。

（一）目的性

计划是针对即将要做的工作而制订的，它必须围绕目标任务进行安排和部署，因此计划具有明确的目的性。

（二）预测性

计划是对未来工作任务的预想和策划，因而具有明显的预测性。

（三）可行性

人们制订的计划，是为开展工作的执行性文件，因此必须具有可操作性，有利于实践活动的开展。

（四）约束性

人们制订计划是为了克服工作中的盲目性，以确保工作任务的顺利完成，因此计划一经批准或决定，就在一定范围内具有了规定性和约束力。有关单位和人员必须依据计划的内容开展实践活动。当然，制订计划并不排除计划在实施过程中的灵活性。

三、计划的种类

计划的种类很多。

按内容分，有单项和综合计划；按性质分，有学习、工作、生产、科研计划；按时间分，有长期、中期、短期计划；按写法与适用范围分，有普通工作计划、专业业务计划。

四、计划的基本内容

计划的基本内容，一般包括制订计划的指导思想和依据，计划的任务和指标，完成计划的措施、步骤等。

（一）依据

依据是保证计划具有科学性、预见性的重要资料。外部环境、市场状况、本单位自身的基础条件、计划期内可能出现的发展变化等，都是重要的依据，要进行认真的分析研究。

（二）目标、任务和指标

目标、任务和指标是计划期所要完成的工作。通常目标指的是奋斗方向与总任务，指标是任务的量化表现。提出一定的具体任务和要求，是制定计划的出发点，也是计划的核心内容，它明确规定做什么，做到什么程度。在提出任务时，要明确工作重心；在提出要求时，有的要提出数量、质量以及完成任务的时间。

（三）措施和步骤

措施是完成任务的保证，是实施计划的具体办法和力量部署，解决怎样做的问题。措施一般包括将采取的工作方法、手段和途径，人力、物力、财力的配置，以及如何创造条件保证任务的顺利完成。时限长的计划，往往要把工作分为几个阶段，有步骤地进行。

五、普通工作计划的写法

计划没有统一的格式，一般要写明以下几个项目。

（一）标题

计划的标题一般包括单位名称、期限、内容、计划种类四个项目，如《成都嘉义公司2008年销售计划》。计划的标题也可以省略单位名称或期限。

如果计划还不成熟，需要讨论、修改、补充，可在标题后面用括号注上“初稿”“草案”“征求意见稿”等。

（二）开头

计划的开头一般表述制订计划的指导思想、目标和主要依据。

（三）主体

主体部分具体表述任务与指标，编制计划的依据，措施与步骤等基本内容，要表达得具体明确、条目清晰。层次安排一般有两种方式：

一是任务、措施分列式。即分为“任务和指标”“措施和步骤”两大部分。这种安排方式每一层的内容单纯而明确，利于读者理解。

二是任务措施综合式。即以任务分层次，有几条主要任务就分几个层次。在每一层次中综合表述任务、依据、措施、步骤等内容。这种安排方式各种内容结合紧密，利于任务的执行。

（四）附件

附有表格和其他附件的应注明。

（五）日期

订立计划的日期，写在正文的右下方。

六、专业业务计划的写法

专业业务计划一般分为数字表格和文字说明两部分。数字表格所反映的是计划的主要内容，即“指标”。但它不能反映制订计划的依据，也不能反映保证完成任务的措施，因此，还应写文字说明。文字说明的内容一般包括三个方面：一是数字指标，要说明与上期比较的增减情况，也可以只提增减数额；二是制订计划的依据；三是实现计划的措施。

文字说明在写法上要先总后分，抓住重点，言简意明。

先总后分，是指开头要写清总的情况，即本期总的收支指标，与上期比较的增减变化数额，然后在主体部分分别写每项指标及增减的原因。

抓住重点：一是要抓住计划的重点项目作突出的说明，不要平均使用笔墨；二是文字说明部分的重点是制订计划的依据，要紧紧抓住依据这个重点，作出切合实际的、认真的分析，并把它讲清楚。这也是业务计划与普通工作计划的写法上的重要区别。

言简意明，这一点是与普通工作计划相比较而言的。业务计划的文字说明往往比较简明，有的并不将计划的基本内容都写出来，如《中国人民银行××省分行一九九五年财务收支计划编制说明》就没有写措施。

制订专业计划有两点要求：

（1）任务要具体明确，措施要具体有力。计划的任务订得越具体明确，就越便于人们去执行，也便于检查。措施是实现任务的保证，只有订得具体有力，任务才会顺利完成。不过，有些长远规划，受当时主客观条件的限制，不能订得十分具体，可以在以后的工作中再补充。

（2）要经常检查和做必要的修改。计划制订好了，就要在工作中一步一步地实施，而非束之高阁，因此要经常检查计划的执行情况。计划是预先的谋划，而现实情况是会随时发生变化的，当情况发生较大变化时，就必须对计划进行修改了。

例文 5－1

晋高县信用联社 2009 年信贷工作计划

2008 年的下半年开始，受金融风暴的影响，银行的信贷业务量有所下降。今年我社要做出相应的对策以促进信贷业务。新一年为加强我社信贷管理，提高信贷工作质量，树立风险、责任意识，做到职责分明，有序地开展信贷工作，促进我社信贷工作规范、稳健地发展，全面地完成信贷工作任务目标。

一、加强业务培训，提高队伍素质

在新的一年里，从"以内控防范优先，加强制度落实"的角度加强客户经理队伍建设。2009 年，着重抓好一线信贷人员的培训，计划在第一季度以金融法规、各项制度、经营理念和信贷业务规范化操作程序及要求等内容为重点进行普及培训，在较短时间内培养造就一批政治过硬、品质优良、业务素质高、能适应改革步伐的员工队伍。定期组织学习金融方针政策和上级文件精神，努力提高政治觉悟和业务素质，增强依法合规经营的自觉性。同时对贷款五级分类等新业务进行专项培训。

二、加强信贷管理，规范业务操作，提高信贷资产质量

一是加强对各社及信贷员贷款权限的管理，严禁各社及信贷人员发放超权限贷款。二是加大对跨区贷款、人情贷款、垒大户贷款等违章贷款的查处力度，发现一起，处罚一起。三是认真开展贷前调查，准确预测贷户收益，确保贷款按期收回。四是严格执行大额贷款管理制度。五是严把贷款审批关，严格审查贷款投向是否合法、期限是否合理、利率是否正确、第一责任人是否明确、抵押物是否真实合法，担保人是否具备担保实力、贷款档案是否齐全等，通过以上措施，确保信贷资产质量逐年提高。六是全面进行信贷档案统一模式、规范化、标准化管理，实行专柜归档、专人保管，并建立调用登记制度，保证档案的完整性。人员调离或换片，贷款档案应办理移交手续，由交出人、接交人及监交人共同在移交清单上签字，促进所辖信用社的信贷档案管理工作提档升级。

三、加大金融新产品的营销力度

近年来，我社加大信贷产品的创新力度，贷款品种不断增加，信贷服务水平明显提高，但在贷款还款方式和贷款期限的确定上还存在一些不足。为此省联社于 2007 年 11 月 14 日印发了《山东省农村信用社贷款分期还款暂行办法》。为满足贷款客户的不同需求，缓解集中还贷压力，进一步提高信贷管理水平，防范信贷风险，公司业务部

将于2009年在信贷管理中引入贷款分期还款，以完善信贷服务功能的需要，杜绝部分客户对信贷资金长期占用，风险持续积累、暴露滞后，加大信贷风险的后果。

四、加大信贷规章制度的执行力度

首先要落实“三查”制度，对银行员工素质加以培训，使每个银行员工在工作计划详细的基础上按正确的思路做事。坚持做到防范贷款风险在先，发放贷款在后，每笔贷款都坚持按“三查”的内容、要求、程序认真进行调查、审查和检查，并填写“三查”记录簿，严格考核。报联社审批的贷款都必须有信贷人员的调查报告和信用社的会办记录，都必须换人审查。其次要落实审贷分离制度，贷款发放实行审贷分离和分级审批的管理制度，各基层信用社贷款必须经审贷小组集体会办审批，大额贷款报联社审贷委员会会办审批，并且规定基层信用社发放贷款不论金额大小，每笔贷款都必须经主持工作的主任审查、登记、签字后才能发放，坚决杜绝信贷员“一手清”放贷。最后要加大违规违纪行为的惩处力度，严肃查处违纪违规人员，对因违纪违规等原因造成不良贷款的责任人实行在岗清收、下岗清收等行政处罚，情节严重者，由责任人承担贷款赔偿责任。

五、明确信贷投放重点，不断优化信贷结构

2009年将按照“分类指导、区别对待”的原则，明确信贷投向。一是提高抵押和质押贷款比重，降低风险资产。城区社在发放贷款时，应多办理抵押、质押贷款，少发放保证担保贷款，以优化信贷结构，降低风险资产，要大力发放房地产抵押贷款，提高抵押贷款占比。要合理调整贷款担保方式，对新增城区居民、个体户贷款，要最大限度地办理门市房抵押贷款、个人住房抵押贷款，城区社原则上不办理联户联保贷款，坚决杜绝垒大户贷款和顶冒名贷款。二是加大对农业龙头企业、特色农产品基地、担保公司担保贷款的支持力度。要积极支持中小企业发展，特别是对产权明晰、信誉度高、行业和项目符合国家产业政策规定、发展前景好的中小企业，要给予重点支持。

六、持续做好五级分类，确保分类结果准确无误

自2006年以来，我社全面推行了信贷资产风险分类工作，基本达到了科学计量风险、摸清风险底数、加强信贷管理的效果。但在实际工作中各社还不同程度地存在着一些问题：一是思想认识不到位，对风险分类的重要性、艰巨性认识不足；二是人员素质不匹配，距离准确运用风险分类的方式方法识别、防范和控制信贷风险还存在较大差距；三是风险分类基础性工作不牢固，风险分类制度不健全，分类程序和认定组织欠规范；四是风险管理能力不强，未能紧密结合信贷资产不同的风险类别及特点，采取有针对性的强化管理措施等。对于上述问题，2009年我社将进一步强化风险管理理念，完善工作机制，改进工作措施，将风险分类作为强化信贷管理、健全风险防范长效机制的一项重要工作切实抓好，抓出成效。

例文 5－2

××市广播电视台 2006 年工作计划

为加快发展我市广播电视台的各项事业，必须认真贯彻科学发展观，把发展与提高、继承与创新结合起来，把着眼当前与考虑长远，重点突破与整体推进结合起来。2006 年主要在以下几个方面做好工作：

一、新闻宣传求质量

提高宣传质量是我们当好喉舌，赢得受众的根本。没有质量就没有收听、收视率，就没有广告收益，也没有宣传的地位和作用。因此，必须努力提高新闻宣传质量，一要坚持正确的舆论导向。导向正确是提高舆论宣传质量的首要前提。对于广电来说，节目导向正确，并且做精做优，宣传质量就有了根本保证。二要贯彻落实“三贴近”。首先是贴近××商贸经济发达的实际，利用现有频道资源，开设商贸频道。设置一档经济新闻、一档经济生活类栏目；其次是贴近群众，继续办好《今晚九点》电视栏目和《百姓关注》广播栏目，为群众和政府部门之间架设沟通的桥梁。三要创新宣传方式，新闻宣传出新彩。要研究受众心理，以提高视听率为目标，加强节目栏目质量考评，不断提高广播电视的视听宣传效果。四是增强品牌意识，打造频道品牌和栏目品牌。2006 年将在人才、技术、标识等方面加大投入，全面提高广播电视频道的品牌含量，进一步扩大宣传的影响力。

二、经营创收求效益

经营创收是广电事业拓展的重要内容，也是加快广电发展的经济基础。一要夯实主业，保持广告创收持续稳步较快增长，明年创收计划达到 4 000 万元；二要开拓新业，形成多元经营的产业发展格局。数字电视开通两年来，已从 20 套电视节目增加到现在的 80 套电视节目和 5 套广播节目，并且完成了阳光政务与××数字化信息平台的建设。明年要继续大力推广数字电视，完善数字化信息平台建设，计划新增用户3 000户以上，使之成为新的增长点。三要加强成本核算，增强效益观念。既要开源，也要节流，要有效控制非生产性和消费性开支，严格管理，最大限度地提高资源和资金的利用率。

三、技术装备求先进

广播电视作为一个高科技的行业，只有紧跟时代步伐，用先进的技术装备武装自己，才能抓住高新技术发展带来的机遇，加快自身发展。加快技术装备建设要从两方面着手：一要整体规划，分步推进，提高广播电视数字化水平。加快广播电视节目从采编、制播、发射、传输到储存的全业务流程的数字化应用，认真组织实施广播数字化直播车购置和演播室的数字化改造等重点项目，构建节目、传输、服务等数字平台，提高广播电视节目数字化水平。二要加强技术培训。技术装备更新改造后，要对采编、制播、传输等各类工作人员进行系统培训，提出新的更高的工作要求，通过新技术的应用，提高节目采制能力、安全播出能力和设备运行维护能力。

四、管理运作求规范

当前，加强内部管理是当前××广电加快发展的一项紧迫任务。一要理顺部门管理职责，建立健全工作目标责任制。二要完善管理制度，健全管理程序。积极借鉴吸收兄弟台先进管理经验，加强人、财、物等各种资源的管理，加强宣传、技术、经营、财务和行政后勤管理。要分门别类修订完善已有的规章制度，堵塞管理漏洞，确保管理有效。三要细化管理要求，提高管理效能。加强统筹协调，做到分工协作，形成工作合力。四要出台广播电视十年发展规划，为广播电视今后发展制定目标。

五、人才队伍求优化

广播电视要加快发展，必须高度重视人才队伍建设。一要优化人才队伍结构，建立动态的能上能下、能进能出的人员流动机制和公平竞争机制，引进高学历、复合型的专业人才，为广电发展提供坚实的人才战略储备。二要打造人才队伍品牌，重点培养一批名主持人、名记者、名编辑，建立科学的绩效考核体系和公平的薪酬分配体系，对优秀的人才特别是播音主持人才实行高薪重聘。三要提高员工队伍整体素质，加强在职培训和岗位考核，鼓励终身学习教育。建立职责分明，层次合理的员工自然晋升通道和激励制度，使广大员工能把实现自我价值与做好本职工作有机结合起来，充分发挥积极性和创造性。四要营造优秀人才脱颖而出的环境。要从制度上保证干实事、出实绩的人能充分施展才华和抱负，使各类人才有地位、有成就感和荣誉感。通过事业、待遇、感情和制度等多种途径，激励人才、吸引人才、留住人才。

六、实现五个方面的突破

针对当前××广播电视发展中面临的紧迫问题，我们要集中精力、财力和人力，重点实现以下五个方面的突破：

一是打造强势媒体，做好电视频道包装。电视新闻频道、商贸频道根据频道定位和频道内各栏目定位，做好频道包装和栏目包装，力求精美、大气、贴切，展现××电视的全新形象。

二是培育商贸频道，打响品牌。××市最大的特色在于商贸业发达，××广播电视也应根据这一地域特色，重点培育商贸频道。目前商贸频道的筹建正在紧锣密鼓地进行中，我们将在人员、设备配置和资金投入等方面给予保证，力争商贸频道成为××广电的一大亮点。

三是实施有线电视网络的双向改造，为数字电视的进一步拓展创造条件。

四是加大资金投入，采用硬盘播出系统，实现两个频道播出数字化。

五是加强基础设施建设，力争新广电中心工程尽早上马。新广电中心的选址问题明确之后，我们将尽快开始实质性的工作，争取广电中心尽早开工建设。

2006 年，我台在市委市政府的领导下，将集中精力谋大事，团结协作抓落实，紧紧依靠全体干部职工，合力拼搏，务实争先，使广播电视各项事业跃上一个新的台阶。

思考练习

1. 计划的基本内容有哪些，什么是计划的核心内容？
2. 分析《晋高县信用联社 2009 年信贷工作计划》的结构特点。

3. 结合假期实践活动，制订一份计划。

第二节　总结

一、总结的概念

人们的实践活动或某项工作告一段落后，回顾过去，看取得了的成绩和存在的缺点或问题，从中找出规律性的东西，即普遍适用的经验教训，用以指导今后的工作，把它们写成书面材料就是总结。

二、总结的特点

（一）客观性

总结一般是以本单位、本部门或自己的工作为对象，对某一阶段的工作进行回顾和分析。因此，总结的内容必须客观真实，不能编造工作情况；提炼出的经验也必须符合工作实际。

（二）理论性

总结的目的不仅仅在于回顾过去的情况，更重要的是在此基础上找出成功的经验和失败的教训。总结的过程，就是把感性认识上升到理性认识的过程，也就是把具体的实践活动、工作的做法上升到理论高度的过程。善于总结，就是善于认识事物的本质和规律性，加深对事物的认识。因此，写总结应站在一定的理论高度对实践活动进行科学分析和综合，找出规律性的东西以指导今后的工作，推动工作不断前进。

三、总结的作用

（一）有助于认识的深化

总结的过程，就是把感性认识上升到理性认识的过程，也就是把具体的实践活动、工作、学习做法上升到经验教训、理论高度的过程。善于总结，就善于认识事物的本质和规律性，加深对事物的认识。

（二）有助于工作的改进

总结是对工作中的成绩、缺点，存在的问题进行总的检查，通过总结，我们对过去的工作情况就看得比较清楚，利于今后工作的改进。对于领导干部来说，经常总结，从理论和实践的结合上来研究问题，解决问题，也是改进思想作风和工作作风的重要一环。

（三）有助于沟通信息，交流经验

总结无论对内对外都是一次集中的信息交流。它不仅可以交流经验体会，提高本单位同志的认识水平和工作水平，而且可以用来向上级汇报情况，得到上级的指导和

帮助。它是沟通信息，交流经验的一种重要手段。

四、总结的种类

总结的种类按内容划分，有综合性总结和专题性总结两种。

综合性总结是指在某一时期内的全面总结，内容常常涉及单位工作的各个方面，比较全面地总结本单位一定时期内的主要工作，或者较完整地反映工作的全过程。各单位每一年度年终的工作总结，就属于这一类型。如例文 5－3《中国人民银行××市分行 2000 年工作总结》就属此类型。

专题性总结，是指一个单位在某一方面或某一问题上的专门总结。它的内容比较集中单一，在时间上一般是不定期的，而且是一次性的。

五、总结的基本内容

（一）基本情况

基本情况包括形势背景、工作过程或工作的结局、任务完成的总体情况等。有的也针对工作的主客观条件，有利条件和不利条件以及工作的环境和基础等进行介绍。

（二）成绩和缺点

总结就是要肯定成绩，找出缺点。成绩有多少，表现在哪些方面，是怎样取得的；缺点有多少，表现在哪些方面，是什么性质的，怎样产生的。这些在总结中都必不可少。

（三）经验和教训

这是总结的核心内容。取得成绩一定有经验。存在缺点一定有教训。为了巩固成绩，克服缺点，在总结时，须对以往工作的经验和教训进行分析、研究、概括、集中，并把它提升到理论的高度来表现，作为今后工作的借鉴。

（四）今后工作打算

总结的目的是扬长避短，改进工作。因此，还应针对存在的问题提出改进的意见，对今后的工作进行探索，指明努力方向。

六、总结的结构与写法

总结的结构形式，一般分为标题、开头、主体、结尾四部分，具体写法如下：

（一）标题

总结的标题一般有三种形式。一是四项式，写明单位名称、时间，内容和文种，例如《中国人民银行××市分行 2000 年工作总结》。二是主旨式，如《娄底市航务管理处春运工作总结》。三是双标题，正题一般是虚题，揭示总结的主旨，副题一般是实题，补充单位名称、时间，内容等，如《实行系统管理　规范信贷行为——柳山市工商银行 2008 年工作总结》。

（二）开头

总结的开关，一般要简述工作的背景和基本情况，说明工作是在什么条件下，在什么基础上进行的。概括介绍主要工作、主要成绩或突出的经验等，为展开正文奠定基础。这部分要提纲挈领，写得简明扼要。

（三）主体

总结的主体部分，具体介绍所完成工作、成绩和经验（或问题、教训）以及取得这些成绩和经验的原因、做法和体会。表述过程中，常举典型事例和具体数据，使之具有说服力。其结构形式，也要视总结的目的和内容而定。如写全面总结，常按照总结的基本内容来安排层次。写专题总结，常按经验安排层次。

经验和教训，在一篇总结中并非半斤和八两的关系，应该有所侧重。以经验为主的总结，教训可以从略，甚至不写。

（四）结尾

总结的结尾，一般写存在的问题或今后的努力方向。这部分应该写得简明扼要，它是主体自然发展的结果，也是整个总结的有机组成部分，应给予重视。

七、写作总结的要求

（一）突出重点，反映特色

随着时间的推移，工作的进展，每一个时期都有一些新情况、新问题、新经验出现。我们作总结，要抓住这些新东西，只有这样，才能突出重点，总结才有特色，才能充分发挥总结对工作的指导作用。

（二）实事求是，反对浮夸

写总结一定要从实际出发，实事求是。我们在总结中不能只报喜不报忧，不能添油加醋，不能移花接木，也不能在数字上无根据地随便加码。背离实事求是原则的总结，对今后工作是毫无益处的。

例文 5-3

中国人民银行××市分行
2000 年工作总结

今年，在省分行和市委、市政委的领导下，由于我们坚持执行“控制总量、调整结构、保证重点、压缩一般、适时调节、提高效益”的货币政策，重点抓了资金的适时调节，金融秩序的治理整顿和职工自身的思想建设，工作抓得及时，措施得当，所以工作开展顺利，并且取得了较好的成绩。至年底，全年银行各项存款××亿元，比上年末增加××亿元，增长××%。其中城镇储蓄存款增加××亿元，占全年各项存款增加总额的××%。各项贷款余额××亿元，比上年末净增××亿元，增长××%，新增贷款严格控制在国家下达的规模以内，货币净投放××万元，投向基本合理，结构有所调整，存款增幅大于贷款增幅××个百分点，资金紧张状况得到缓解，专业银行支付能力增强。一年来，我们主要抓了以下几项工作：

一、优化资金投向，促进经济发展

1. 优化增量，实行资金倾斜。

一是向农业倾斜。年初发放各种农贷××万元，净放××万元，保证了春耕所需资金，使春耕物资及时到位。今年夏粮收购开磅早，入库量大，资金需求大，我们做到“粮到钱到”。全年收购稻谷××万市斤，棉花××万担，我行先后提供资金××万元和××万元，使粮食收购从未打过“白条”。

二是对大中型骨干企业和重点产品实行倾斜。今年我市新增工业贷款××万元，其中新钢、江钢、新纺、前卫四个骨干企业新增贷款占总额的80%。“输血”增强了“造血”功能，企业生产形势有所好转。至年底，全市工业总产值××万元，比去年同期增长××%。

三是对外贸出口创汇实行倾斜。至年底，我行新增外贸收购资金××万元，市中行对外贸新增贷款××万元，外贸出口总值××万元，比去年同期增长××%。

四是对企业技改实行倾斜。今年全市年末固定资产贷款××万元，比年初净增××万元，主要用于新纺2万纱锭扩建、江钢炉外精炼，新钢3号烧结机等项目。其中我行新增地方开发性贷款××万元，以增强企业活力。

(1) 增加年度性贷款。(略)

(2) 增加再贷款。(略)

(3) 增加专项投入。(略)

2. 积极调剂和融通资金，填补资金缺口。(略)

二、灵活调度资金，提高资金效益。(略)

三、积极组织清欠，加速资金周转。(略)

四、整顿金融秩序，查处各种违规行为。(略)

五、加强班子建设，提高职工素质

由于加强了学习，职工政治和业务素质不断提高，工作取得了很大成绩。发行部门在人少事多的情况下，保证了进出库款的准确无误，在全省货币发行金银管理知识竞赛中，获得发行第一名、金银管理第二名。发行科作为先进单位受到省分行的表彰。金管部门参加2000年全省人行金管干部业务知识考试，获得平均成绩第一名，金管专业五项报表评比获两项第一，三项第二。今年我行办公室、国库科、金管科、金研室、计划科被评为先进科室，20名同志被评为先进工作者。

通过一年来的工作，我们深深体会到：

1. 积极争取当地党政领导和专业银行的支持是做好工作的首要条件。(略)

2. 搞好调查研究是指导金融工作正常发展的重要条件。

一是对乡镇企业进行了调查。(略)

二是对货币流通情况进行了调查。(略)

三是对经济金融形势进行调查。(略)

3. 公开办事制度是密切党群关系的重要保证。

在今年的工作中，我们也有不足之处，主要是对有些工作，会议布置较多，具体落实较少，对外宣传人民银行的地位、职能、作用不够等。

在新的一年中，我们将继续努力筹措资金，优化资金投向，整顿金融秩序，为我市经济发展做出贡献。

思考练习

1. 写作总结应怎样挖掘、提炼经验？
2. 总结安排层次的方式主要有哪几种？
3. 分析两篇例文的结构方式的差别。

第三节 调查报告

一、调查报告的概念与作用

调查报告是实际工作中常用的一种文体。对工作中某方面具体情况、某个问题、事件，进行深入细致的调查研究以后所写成的书面报告，就称为调查报告。

调查报告主要用于研究在贯彻执行党的方针、政策，上级指示中出现的新形势，成功的典型，新的经验和存在的问题，有时也用于搞清某个事情的真相。其目的在于为领导决策、指导工作或处理问题做参考，也可为本系统各个单位提供经验或教训，有助于提高工作水平，做好工作。

二、调查报告的特点

（一）针对性

调查报告主要针对工作中迫切需要解决的问题进行深入细致的调查和分析，能够比较全面、具体地反映现实情况，并根据调查材料对现实中的事实和问题进行比较深入细致的分析和研究，揭示出它的本质和规律，帮助人们提高对客观事物的认识，给人们解决问题提供思路，为领导决策提供参考。

（二）指导性

调查报告还能够用来总结先进地区、先进单位或先进人物的正面经验并加以推广，用以指导全局工作的开展；能够宣传新生事物，扶助新生事物健康成长，并给人们以启示。它还可以提出问题以引起重视和解决。

（三）客观性

调查报告的写作必须建立在客观、真实的基础上。在调查过程中，必须尽可能获取真实、具体、全面的材料。在分析时，必须客观地分析问题，得出正确的判断和结论。在写作中，必须忠实于调查材料和由材料得出的结论，用具体事实说话。

三、调查报告的种类

工作中常见的调查报告，主要有三种类型：

（一）典型经验的调查报告

典型经验的调查报告，是通过对取得突出的工作成绩的某一单位的分析研究，总结出带有普遍意义的典型经验，意在树立典型，推广经验，从而带动全局工作的开展。

（二）揭露问题的调查报告

这类调查报告是针对某些损害国家利益和人民利益的行为，违反国家政策和法纪的现象，或者工作中存在的问题所写的调查报告。这种调查报告以确凿的事实和数据，反映事实真相，说明后果，分析原因，提出处理意见或建议。例文5－4《煤矿安全生产调研报告》便属于这一类型。

（三）反映情况的调查报告

这类调查报告主要是剖析某方面的社会基本情况。反映情况的调查报告涉及的范围很广泛，社会各个领域都是它的研究对象。这类报告往往呈现出系统性、深入性的特点。

四、调查报告的主要内容

调查报告的主要内容，大体可以分为以下几个方面：

（1）调查报告的目的、时间、地点、对象、范围、方式。

（2）调查对象的基本情况。

（3）事物发生、发展变化的过程，揭示问题的现象与分析产生的原因，总结工作的成绩和问题、经验和教训。

（4）指出存在的问题，提出相应的建议。

五、调查报告的结构与写法

调查报告的结构大体上包括标题、开头、主体、结尾四个部分。

（一）标题

调查报告的标题有单标题和双标题两种形式。

单标题有的写成公文标题的形式，如《中国人民银行××市××区办事处关于三十户企业的商业信用调查》，《关于××厂申请3000吨原料麻的调查》；有的写成一般文章题目的形式，如《从一个大贪污案看银行工作的漏洞》；有的采用特指的形式，只写调查的地点或内容范围，如《兴国调查》《农村调查》《××事件调查》等。

双标题分正题和副题，正题揭示主题，副题指明调查的地点、内容或范围。如

《做好救灾工作的一条新路子——诸暨县推行家庭财产保险与救灾相结合的情况调查》。

无论单标题或双标题，都要求准确、简明、醒目，起到画龙点睛的作用。

（二）开头

调查报告的开头，常见的有以下几种：

一种是说明式。说明调查的目的、时间、地点、对象、范围、方式，使读者对调查研究的方式方法有个大致的了解。

一种是概述式。概括介绍调查对象的基本情况和全文的主要内容或要说明的主要问题，以引起读者的注意和思索。

一种是主旨式。开头摆出作者的观点，对调查事件或问题做出结论，起提纲挈领的作用。

（三）主体

主体是调查材料与作者分析研究意见的具体展现部分。不同类型的调查报告，其主体部分的内容虽然各不相同，具体写法也各有特点，很难讲出一个统一的写法，但有两点是必须把握的：一是以作者分析意见为统帅，使材料与思想观点紧密结合，夹叙夹议是常用的方法；二是文章的逻辑性要强，精心安排好主体的层次，使纷纭繁复的材料有序地展现，有力地表现观点。

（四）结尾

调查报告的结尾写法多种多样，不拘一格。有的结尾，对所调查的现状作归纳，并对其发展前景进行展望；有的结尾综述全篇主要观点，深化主题，借以加深读者印象；有的针对存在的问题，提出相应的建议；有的在正文里已把话说完，就不用结尾了。

六、写作调查报告的要求

（一）调查要深入细致

首先，写调查报告一定要把调查放在首位。要有实事求是的精神，敢于坚持真理，敢于如实反映情况，而且还要有不耻下问、虚怀若谷的气度。

其次，要明确目的。调查报告所反映的内容，无论是推广经验、揭露问题、反映情况，都应对当前的工作有参考价值，对面上的工作有指导意义。因此，调查必须有较强的针对性，可以据此做好有关准备，包括学习有关方针政策和业务知识，确定搜集材料的重点等。

再次，要掌握调查的方法。调查的方式方法多种多样，如普遍调查、典型调查、抽样调查、追踪调查，又如开座谈会、个别访问、现场观察等。调查的方式方法要随调查的目的、对象以及各种具体情况的不同而灵活掌握，择优使用。

最后，大型的或较复杂的调查要拟订调查提纲。要把调查目的，调查项目内容和要求、调查对象、调查方式方法、调查时间进度、调查人员组织分工等，写成调查提纲，使调查工作有计划地开展，以保证调查工作的顺利进行。

（二）材料要真实典型

真实性是调查报告的生命。为了做到真实，调查报告的材料既不能来自道听途说，也不能捕风捉影，主观推测，更不能笔下生花，妄加臆造。所有的材料都要认真核实，去伪存真。调查报告还应注意数字材料的真实和准确。有时一个数字的错误，可能会造成很大的影响，切不可粗枝大叶，掉以轻心。

典型材料是能够揭示事物本质的事例。典型能代表一般而又比一般突出，典型材料比一般材料更具有说服力，一篇调查报告的质量如何，往往取决于是否具有充实的典型材料。

调查报告在写作中，应用具体事实说话，只有写出真实、具体的事实，全面、完整地反映事实的本来面目，并在具体事实的基础上阐述结论，调查报告才有说服力。

（三）观点要正确鲜明

调查报告的价值大小、生命力旺盛与否，主要看观点是否正确鲜明，是否经得起实践检验。这就需要我们在调查研究的过程中认真地提炼观点，在写作中，使用各种方式，调动各种手段使观点得到有力的表现。

例文 5－4

三居县煤矿安全生产调研报告

我县是一个产煤大县，全县现有煤矿 60 个，其中年生产能力 3 万吨以上的 20 个，常年产量在 120 万吨左右，上缴税费近 1 000 万元，煤矿行业安排就业人员近8 000人，煤炭行业对全县的经济建设有着至关重要的作用。由于我县煤矿开采条件差、难度大、成本高，煤炭安全生产压力大。从 2001 年以来，我县共发生煤矿安全事故 25 起，死亡 31 人，百万吨死亡率达 8.86%，直接经济损失 138.45 万元。特别是 2003 年发生煤矿生产安全事故 12 起，死亡 17 人，百万吨死亡率达 14.16%，百万吨死亡率超过了全国、全省、全市的平均水平，给全县经济建设、社会发展带来了巨大的压力。本文通过分析我县煤矿近三年来安全生产发生的事故，找出了当前煤矿安全生产存在的主要问题，提出下一步工作的建议。

一、2001—2003 年全县煤矿事故情况

2001—2003 年，全县共发生各类煤矿生产安全事故 25 起，死亡 31 人，百万吨死亡率达 8.86%，直接经济损失 138.45 万元。

二、当前煤矿安全生产存在的主要问题

当前煤矿安全生产存在的主要问题表现在以下几个方面：

（1）从事故类别分析，3 年中共发生顶板事故 23 起，死亡 24 人，分别占 3 年事故总数的 92% 和 77.4%；其中瓦斯事故是自 1994 年我县官沟煤矿发生瓦斯爆炸，10 年后又一起重大的瓦斯爆炸。顶板事故突出，瓦斯事故再次发生，说明全县煤矿安全生产工作重点没有抓到位，预防顶板事故和瓦斯事故的措施没有到位。

（2）从事故的性质分析，3 年 25 起事故均是责任事故，事故的发生都是由于企业人员“三违”造成的，说明我县煤矿行业从业人员安全教育滞后，安全素质普遍较低，

自我防护意识较差，遵守安全生产法律法规的自觉性不强。

(3) 从事故发生的原因分析，顶板事故发生的主要原因客观上是全县煤矿基础条件差，井巷布局不合理，安全投入不够。从主观上看：有的是由于工人在工作中支护不到位，或者是支护不及时造成的；有的是处理危岩时，措施、方法不合理造成的；有的是支护材料不合要求造成的。在瓦斯事故中存在的主要问题是瓦检员配备不足，责任心不强，检查不及时，没有及时跟班作业，井下电器有失爆现象；煤矿树枝状开采还未根本杜绝，通风状况还不是非常良好，瓦斯很容易产生突然集聚，造成瓦斯事故的发生。从分析来看，事故归根到底均是由于直接操作者不按照煤矿安全生产操作规程或者是企业没有制定切合实际的、详细的、科学的操作规程，致使从业人员有章不循或无章可循，企业的管理人员又严重不负责，加之本身基础条件差，致使事故多发。

(4) 从事故发生的时间分析，25 起事故当中，在上午 10：30（含 10：30）以前发生的仅有 3 起，而 10：30 以后发生的有 22 起，也就是说在企业现场管理人员要下班，或者已经下班，或者现场管理人员没有跟班作业的情况下致使安全生产事故发生。说明了企业的现场管理责任不落实，监督不到位，工人乘机违章操作。这也是我们总结、分析事故以前所忽视的。

(5) 从事故发生的年度分析，3 年中以 2003 年发生的事故最多，也就是在煤矿行业效益明显、抢生产、争利益的时候容易发生安全事故，说明了企业老板仍然存在着重生产、轻安全的老问题。

三、对策措施

(1) 进一步提高煤矿安全生产的认识，牢固树立安全第一的思想。

煤矿安全生产关系到人民群众的生命财产安全，关系改革发展和社会稳定大局。搞好煤矿安全生产工作，切实保障人民群众的生命财产安全，体现了最广大人民群众的根本利益，反映了先进生产力的发展要求和先进文化的前进方向。做好安全生产工作是全面建设小康社会、统筹经济社会全面发展的重要内容，是实施可持续发展战略的组成部分，是政府履行社会管理职能的基本要求。全县各级各部门一定要把安全生产作为一项长期艰巨的任务，警钟长鸣，常抓不懈，克服厌战、麻痹、侥幸心理，从全面贯彻落实“三个代表”重要思想，维护人民群众生命财产安全的高度，从全面贯彻落实县的党的十一次会议精神和政府工作报告的高度，充分认识加强煤矿安全生产工作的重要意义和现实紧迫性，动员全社会力量，齐抓共管，全力推进。特别是各煤矿企业要牢固树立安全第一的思想，从安全生产的投入、教育培训、现场管理等各个方面入手，努力提高企业安全管理水平和员工素质，真正做到生产安全，减少伤亡事故的发生。

(2) 坚决贯彻国家安监局 5 号令，努力提高煤矿安全生产水平。

国家安监局 5 号令对煤矿安全生产基本条件做了明确的规定。我县煤矿由于大多开采的是极薄的煤层，井巷布局多数不合理，提升运输、开采、通风设备设施较为落后，虽通过去年停产整顿，但企业改变不大。为此，县煤炭、安监部门和产煤乡镇进一步加强煤矿安全监督管理，促进煤矿企业按照国家安监局 5 号令要求，进一步加大投入，全面改善企业的软、硬件设施，特别是在提升运输、通风、排水设备设施等方面要进一步加大投入，同时要坚决克服地方保护主义，对不符合条件的要坚决关停，从而努力改变企业安全生产的条件。

(3) 狠抓安全培训，努力提高企业管理人员和从业人员的安全意识。

当前从煤矿安全生产存在的问题来看，主要表现为企业的管理人员安全知识匮乏，在具体的安全生产管理中失误较多，不能够根据煤矿的实际情况作出具体的、科学的安排部署，而从业人员自身素质较低，自我防护意识较差，“三违”现象严重，为此作好企业管理人员和从业人员的安全培训显得尤为重要。一是县煤矿行业主管部门和安全生产综合监督管理部门要依法强化对生产经营单位的主要负责人和安全管理人员及特种作业人员的培训工作，强化对《安全生产法》等法律法规和煤矿安全生产规程的宣传教育，使取得的资格和实际管理水平形成统一，真正提高煤矿管理人员的安全管理水平；二是煤矿企业自身要加强对从业人员的培训、教育，特别是要针对各自煤矿的实际情况按照操作规程逐条逐款培训到位，真正使工人既熟悉井下开拓布局情况，又真正能够做到遵章守纪，不违规操作，确保生产安全，从而降低伤亡事故的发生。

(4) 严格各项制度的落实，降低伤亡事故的发生。

安全生产责任重于泰山，要全力降低伤亡事故的发生，必须做到严格管理。我们既要认真总结近年来煤矿安全生产上取得的成功经验，更要看到我们的薄弱环节，特别是在制度的落实上还存在着差距，为此必须要抓好：①企业要进一步针对煤矿的实际制定和完善煤矿采掘作业规程，并且按照规程要求切实加强有关管理人员的责任，真正按照规程操作。②每一个生产企业都要按照有关的法律法规制定和落实各项规章制度，真正做到“日监测、周报告、月分析”。“日监测”：每天企业现场管理人员对每一个生产环节、每一时段生产过程都要做到监测管理，及时发现和纠正各种违章行为，同时保证做到工人不出井、管理人员不下班。改变以前管理人员只上半天班，或者不跟班作业的问题。同时对每天的工作情况都要做到有书面记载，并报告有关矿领导。“周报告”：主管安全生产的副矿长要将每一周的工作情况及时梳理、总结，并报告给矿长以及有关的主管部门和乡镇人民政府。“月分析”：就是企业矿长每月要召集有关的人员对当月安全生产情况进行认真的分析，对存在的问题提出整改的意见，并安排下月工作，真正做到安全生产胸中有数。③建立严格安全检查制度，全力整改安全隐患。一方面企业自身要重视安全生产，不仅要加强安全生产的硬件设备投入，更要抓好日常安全生产的检查，特别是对井下采掘碛头、盲巷、废巷的通风瓦斯管理，对井下运输大巷、工作面的支护管理，危岩的处理，对水灾的预兆等都要严格地进行检查，制定好严密防范措施，确保生产安全。另一方面县级有关部门，特别是煤炭局片区负责人和产煤乡镇人民政府要加强对煤矿的日常安全检查，重点检查企业的采掘作业规程是否合理、通风设备设施是否完善、井下现场管理人员是否到位、特种作业人员是否配齐配足、各项规章制度是否建立和完善、安全生产预案是否制定、井下的开采布局是否合理，发现问题及时纠正，对重大隐患制定专人负责的预案，确保隐患整改及时，从而促进煤矿安全生产水平的提高。

（5）针对重点，解决难点，全面防范生产安全事故。

当前，我县煤矿安全生产上伤亡事故发生的重点是顶板和通风瓦斯两个方面，但工作上的难点还包括水患的治理。因此如何防范以上三个方面的伤亡事故，是我们下步工作的重中之重。

在顶板管理上：一是必须督促企业配齐配足专职顶板管理员，明确其具体的工作职责、工作时间、工作范围，分片分段加强巡回检查，发现问题及时处理；二是企业的操作工人必须按照作业规程，做到敲帮问顶，支护到位，成排成行，充填必须足实接顶，杜绝工作面现场空顶作业，冒险作业，在处理危岩时技术人员必须现场指挥，制定科学的方案措施方可进行，切实防止顶板事故；三是煤矿井下负责技术的矿长，必须对专职顶板员的工作和工人的支护情况进行经常性的抽查，及时解决顶板工作中的各种问题；四是煤矿企业要逐步推行“以钢代木”的支护材料，确保支护到位。

在通风瓦斯管理上：一是企业必须按照“先抽后采，监测监控，以风定产”十二字方针，全面制定企业的瓦斯管理方案，并严格按方案操作；二是全县所有的高瓦斯矿井必须配备瓦斯监控系统，其监控的范围、地点、时间必须按规程进行，并实行专人负责；三是加强通风设施的管理，严禁井下无风、微风作业，特别是要抓好碛头掘进通风管理，防止瓦斯突然集聚；四是企业必须配齐配足瓦斯检查人员和瓦检设备，并严格按照规程加强瓦斯检测，真正做到“一班三检”“一炮三检”，坚决杜绝瓦斯事故的发生；五是必须加强井下电器设备的管理，严禁井下电器失爆；六是严格井下掘进作业、放炮作业瓦斯检查员的跟班作业，防止掘进过程中瓦斯事故的发生。

在水患治理上，煤矿企业必须坚持“有疑必探，先探后掘”的原则，制定水患治理方案，特别是有水患威胁的矿井，必须对采空区、含水层的水文地质状况进行全面的了解，从而制定科学的探放水措施、方案。井下探放水工作必须按方案进行，同时明确专人负责。在洪期要加强井上下值班管理，防止洪水对矿井的威胁。

我县煤矿安全生产责任重大，我们只有按照煤矿安全生产有关法律法规和规程，采取强硬措施，扎实工作，狠抓落实，才能确保省、市所下目标任务的完成。

思考练习

1. 调查的方法有哪些，在调查中应以什么态度面对被调查者？
2. 分析《三居县煤矿安全生产调研报告》的特点，学习其写作方法。
3. 结合当前的经济热点现象，做一次调查研究，写一份调查报告。

第四节　简报

一、简报的概念

简报，顾名思义就是简明的情况报道。它是党政机关、人民团体及企事业单位编发的反映和通报情况、交流经验的一种内部文件。

在机关团体内的现行应用文中，简报是最常用的、发行量大、品类多的一种文体，有的被称作“简讯”“动态”“情况反映”“内部参考”“送阅材料”等。

二、简报的作用

（一）反映情况，推动工作

上级机关发现某些问题和情况，或者需要解释、传达文件精神，也可以利用简报形式向下传达。简报虽然不像公文那样具有法定的权威和行政约束力，但却体现了上级领导机关的意图。情况可供参考，提出的意见和要求实际上也具有一定的行政效力，可供参照执行，这对推动工作是有积极作用的。

下级向上级反映情况，常采用简报形式。日常的工作情况或者工作进行中出现的问题，及时以简报的形式向上级反映，以求得到上级的指导和帮助。另一方面，简报提供的材料和反映的情况又可作为领导机关全面工作的参考和依据。

（二）传递信息，交流经验

随着国民经济的蓬勃发展，横向联系日益加强，获取信息已成为各行各业搞好经营管理、提高经济效益必不可少的手段。利用简报，可以迅速地传递信息，使人们掌握情况，作出正确的决策；简报也可以推广新鲜经验，促进工作发展；简报还可以抄送宣传部门，为报纸、电视台等新闻媒体提供报道的线索。

三、简报的特点

（一）新闻性

简报有些近似于新闻报道，特点主要体现在真实、新颖两个方面。“真实”指报道内容真实。简报所反映的内容、涉及的情况，必须严格遵循真实性原则，时间、地点、人物、事件、原因、结果等要素都要真实。“新颖”指内容的新鲜感。简报要反映新事物、新动向、新思想、新趋势，要成为最为敏感的时代的晴雨表。

（二）集束性

虽然一期简报中可以只有一篇报道，但更多情况下，一期简报会将若干篇报道集结在一起发表，形成集束式形态。这样做的好处是有点有面、相辅相成，加大信息量，避免单薄感。

（三）规范性

从形式上看，简报要求有规范的格式，包括报头、目录、编者按、报道正文、报尾等部分组成。其中报头、报道正文、报尾是必不可少的，而且报头和报尾都有固定的格式。

四、简报的种类

简报用途广泛，种类繁多，划分的角度和标准也各不相同。

按时间划分，有定期简报和不定期简报两种。

按性质划分，有工作简报、学习简报、生产简报、会议简报等。

按内容划分，有综合简报和专题简报。

按阅读范围划分，有供领导阅读的属于机密文件的简报，也有发行较广，属于一般公开文件的简报。

下面介绍几种简报。

综合简报：主要反映本机关本部门一段时间的工作情况和问题，既有情况概述，又有典型事例，反映较为全面。

专题简报：对某项专门工作动态、进展状况的反映，一般突出某个经验或者某个问题。或向上级反映，或通报有关部门，或发给下属单位，用以推动工作。

会议简报：由会议秘书处或主持单位编写，专门报道会议情况，反映与会人员的意见和建议。

五、简报的格式写法

简报分报头、正文、报尾三个部分。

（一）报头

在简报首页的上方位置，约占该页的三分之一或四分之一，用一条粗横线同正文隔开。用醒目大字标出简报名称（一般套红），名称下面标明期序，左下侧是编发单位（部门）名称，右下侧是印发日期。密别标在报头左上角。定期收回的简报，报头右上角标注编号。报头一般都是固定的。

（二）正文

在报头粗横线之下即为正文。有的加上了编者按语，表明简报机关的主张和意图。其后即是所载文章，或为编撰，或为选载。每期简报的内容多是单一的，一般只刊登一篇文章，或几篇内容近似的短文，以求反映、报道的问题集中突出。文章的内容包罗很广，写法多种多样，但必须做观点鲜明、条理清晰、文字简练、内容精粹。

有的在正文之后还注明了材料的来源（摘自何处或由何人供稿）。

（三）报尾

在简报末页之下方位置，在两条平行横线内注明本期简报的发送范围和印发分数。

简报文章的写法灵活多样，不拘一格。有的结论在先，开门见山；有的结论在后，层层深入；有的只摆事实，不作结论，但文章有着明显的倾向性，读者很容易得出看法；有的拟定标题后一气呵成，有的在大标题下适当加上小标题。

六、简报的编辑

（一）选择稿件

选择稿件要紧扣本单位的中心工作，关注工作中的热点、焦点现象，关注新现象、新典型；稿件允许风格多样，鼓励创新，不落俗套，反对墨守成规。

简报所载文章，内容比较广泛，有工作通讯和消息性质的，有工作方法和经验介绍的，有反映工作中的新问题和典型事例的，有传达领导机关的部署和意见的等。

（二）写编者按语

按语表明编辑简报单位的主张或意图，是对选载文章的说明或批注。按语虽非指示，但它体现领导意图，要精心编写，做到旗帜鲜明、文字简要、掌握分寸。一般不用决定性的口吻，多用商量、探讨、期望的语气，如："供参考""供参阅""请认真研究""望加以对照"等。

按语的内容，有的是说明性的，用简短的文字写出发此材料的根据，此份材料的意义何在，或提供有关的背景材料，帮助读者阅读和理解。有的是提示性的，主要用于篇幅较长、内容重要的文章，摘其要点，提纲挈领地予以介绍，以便于读者阅读和领会。有的是批示性的，用于有典型意义和指导作用的材料，表明编辑简报单位对文章内容的意见和对下属单位的要求，多由单位领导同志或根据领导意见起草。

七、编写简报的要求

第一，要简。

简报的"简"字即竹片，版牍的意思，用之写文，自不能长篇大论，必须简明扼要。每期简报突出一个重点，刊登一篇或几篇内容相近的短文。字数以每期一千，不超过两千为宜；内容太多的，可分期连登，不必挤在一起。简而明，是简报赖以存在的根基。编写简报一定要做到内容集中，篇幅简短，文字凝练。需要在收集、筛选材料和分析研究上下大功夫，避免空泛的议论，避免面面俱到，不可只是堆砌材料。

第二，要快。

简报有快报的性质，要求迅速、及时。简报能否发挥作用或发挥作用的大小、快慢是一个重要因素。错过了时机，简报的作用就会大大缩小，甚至失去作用。要求快，但绝不能粗制滥造。

简和快有必然的联系：不简难快，快必求简。

第三，要实。

实即真实，实事求是，如实反映。所写内容、事件都要真实可靠，要尊重客观实际，做到客观地全面地反映事物的本来面目。道听途说、移花接木、"谎报军情"是绝对不允许的，也不能单纯地"文字加工"或"艺术处理"。必须坚持实事求是的原则，避免报道失实。

另外，简报编写还要求有的放矢，讲求针对性，而且内容要有新意。

例文 5-5

节水工作简报

第 28 期

北京节水工作办公室编　　　　　　　　　　　　2009 年 1 月 20 日

北京市节水取得明显成效

近年来，北京市政府加大节水工作的力度，节水工作取得明显成效，农业、工业和城市生活用水量显著减少。“十五”期间，北京市总用水量从 2000 年的 40.6 亿立方米下降到 2005 年的 34.2 亿立方米，平均每年下降 1 亿立方米。

在农业节水方面，通过深化产业结构调整和布局，2005 年北京市农业用水量由 2000 年的 16.5 亿立方米下降到 13.2 亿立方米。北京市郊 4 万余眼机井都装上了水表，达到可装表机井的 97% 以上，开始全面实行农业用水计量收费制，大兴、朝阳、海淀等区县还实行了 IC 卡计量收费。地热机井、矿泉及纯净水已全部完成装表任务。北京还将利用世行贷款大力发展节水灌溉，2005 年完成节水灌溉面积 30 万亩。

在工业节水方面，北京对五大电厂实施节水项目 20 项，其中 2005 年，五大电厂已投资 4 590 万元，年节水 459 万立方米。20 个项目全部完成后，五大电力企业年节水可达 1.45 亿立方米，相当于 70 个昆明湖的蓄水量。“十五”期间，北京市工业用水量从 10.5 亿立方米下降到 6.8 亿立方米，工业用水重复利用率从 2001 年的 89.25% 提高到 2005 年的 91%。

在生活和服务业节水方面，北京市对 29 380 个社会单位进行用水计划管理，机关事业单位压缩供水指标 12.5%，社会单位总用水量从 2001 年 16.4 亿立方米下降到 2004 年的 14.3 亿立方米。2005 年全市共推广节水器具 210 万套件，居民家庭节水器具普及率达到 77%。

在“十一五”期间，北京市将进一步完善水价体系，充分发挥市场配置水资源的作用；建立节水奖罚机制；建设水资源调配保护机制；加强与周边地区水资源合作，建设长期跨区域调水合作机制；加快农业用水市场化；推进节水的社会化管理，建设政府与社会联动的节水管理机制。

思考练习

1. 作为简报的编辑，在选择稿件时要注意些什么？
2. 怎样才能写好编者按语？
3. 根据学校会议或班级会议写一份简报。

第五节　规章制度

一、规章制度的概念

规章制度是各种条例、制度、办法、章程、规则、细则等的总称，是规定人们道德规范和行为准则的有法规性约束力的应用文。

章程一般用于政治、经济、文化等团体的组织纲领。如党章、团章以及某些学术团体的会章等。

条例用于颁布政府的重大法令，其特点是章节条款的序列严密。如《中华人民共和国居民身份证条例》(一九八五年九月六日六届人大常委会第十二次会议通过)。

规定、规划、细则、须知是一定业务范围内有关人员或人民群众必须遵守的具体行政法则。

规范、守则是机关、团体、企事业内部成员行为的共同准则或道德标准，如《中学生守则》。

公约是由群众会议订立，要求大家共同遵守的，如《服务公约》。

制度是带有普遍性原则的规章制度，如财务制度、资金管理制度、统计制度。

国家领导机关、企事业单位、科室班组以及商店与公共场所都可以通过规章制度来规定人们应该遵守的事项、履行的职责范围或达到的目标，以保证公务、工作、学习、生活的正常进行。

二、规章制度的作用

(一) 贯彻、执行党的方针、政策

规章制度根据党的方针政策，结合本地区、本部门的实际情况而定，它是方针政策的具体化。比如银行根据党的路线、方针、政策制定了各项规章制度，有章可循，保证了银行在国民经济中发挥促进和监督作用。

(二) 工作、生活的规矩和准绳

建立和健全各项规章制度，是保证各项工作正常开展和充分发挥部门职能作用的基本条件。建立健全合理的规章制度，反对无章可循和有章不循的倾向，我们就能统一步伐，协调行动，提高办事效率，分清是非界限，井然有序地工作、学习和生活。

三、规章制度的写法

规章制度一般由标题、正文、具名和日期四个部分构成，其写法如下。

(一) 标题

标题应表明规章制度的性质，其位置居中。有的要标出有效期限，有的要加上单位名称。如系草案或暂行、试行的，可在标题内写明，也可加放在标题下面。如《会

计人员职权条例》《中华人民共和国财产保险条例》《中等专业学校学生守则》（试行草案）等。

（二）正文

正文是规章制度的主体部分，其写法大致有以下两种：

（1）直接分条写。即一条一条地写出大家应当共同遵守的事项。规则、守则、准则、公约等常采用这种写法。如《中国人民银行职工守则》，共十条，为银行职工共同遵守的事项。

（2）分章列条款写。有的规章制度，特别是国家或政府主管部门发布的法规性的规章制度。由于内容比较多，涉及面比较广，机构也比较复杂，就要先分章节，列条款来写。一般分为总则、分则、附则等几个部分。总则说明本章程的宗旨、目的、意义和一些基本原则，分则说明要求执行的具体事项和办法，附则说明适用范围、揭示权限、生效日期等。每一章加上小标题，每章之下包括若干条，分别写出规定的事项。每条的序数全篇通排，不分章单排，这样行文严密，便于检查和称引。条下设款，用序码标明，每条单排，写出条目下的规定事项。如《会计人员职权条例》共七章：第一章是总则部分；第二至六章是分则部分；第七章是附则部分。分则部分包括了“工作职责”“工作权限”“总会计师”“技术职称”“任免奖惩”“附则”六个方面的内容。这个条例总共二十条；若干条为一章，加上小标题，目的是给这几条归个类，使读者看了条款清楚，便于掌握。

分章分条时，要注意条目之间的内容在逻辑关系，使人看了不但条款清晰，而且知其来龙去脉。

（三）具名

具名写在正文的右下方。如已在标题中写明了单位名称的，或由政府机关随文件颁发的，可不再具名。

（四）日期

日期写在具名下面，写明具体的年、月、日。

四、写规章制度的要求

（1）订立规章制度，必须符合党和政府的政策法令，并切合本单位或本部门的实际情况。

（2）规章制度的条文要求简单、明确、具体，最好是一条一个内容，这样便于记忆、执行和检查。条文的内容要切实可行，语气要肯定，概念要准确，要明确写出必须怎么做。

（3）在执行过程中要经常检查，发现不适合的地方，及时修改或补充。

（4）单位内的规章制度，可以抄写张贴；实施范围较广的，可以在报刊上登载。

复习要求

1. 计划的要点，一是计划的基本内容：依据、任务与指标，措施与步骤；二是从结构上掌握计划标题与开头的写法及主体安排层次的方式。

2. 总结的要点，一是将工作实践提高到理性的高度来认识，并提炼出经验（或教训）；二是总结的基本内容；三是从结构上掌握总结的写法。

3. 调查报告的要点，一是调查报告的种类和不同种类调查报告的主要内容；二是调查报告的写作要求。

第六章　新闻报道

第一节　新闻概述

一、新闻的定义

新闻是新近发生或变动的事实的报道。

上述定义强调了三个要素："新＋事实＋报道。"首先，新闻要"新"，这主要表现在事实发生或被发现的时间要新。其次，它应该是新近发生的事实。"新近发生的事实"表明了新闻报道的客观性。事实是客观存在的，新闻报道只是对客观存在的事实的记录和传播。最后，事实要成为新闻报道，必须经过传播者选择，并借助语言、文字、图像等符号载体及时传播。新近、事实、报道是构成新闻的三个基本因素。这是关于新闻的比较科学的定义。

二、新闻要素

（一）什么是新闻要素

新闻要素，是指新闻事实的主要构成因素。我们在新闻写作中首先应当交代新闻要素，这是新闻写作的基本要求，同时也是把事实报道清楚的起码条件。

新闻要素一般包括何时、何地、何人、何事、何故，通称"新闻五要素"，又称"五个 W"。因为五要素的英文都是以"W"开头的：When、Where、Who、What、Why。1945 年延安《解放日报》曾发表短论，指出新闻必须有五个"W"，"犹之乎人的头脸必须有耳、目、口、鼻一样，缺少一件，就会不成样子"。写新闻应当写明新闻要素，这已是新闻界的一种常识，因为新闻本身就是由这五个要素构成的。即使只是一条百来字的简讯也不例外。

例文 6－1

沈阳足球队今天下午在广州越秀山体育场以 2∶1 力克火车头队，获得全国足球甲级队联赛 B 组第二名和晋升 A 组资格。

上半时沈阳队先得 1 分，下半时火车头队回敬一球。延长期中，沈阳队再次破门，火车头队却在难得的罚点球机会中将球射中门柱弹出。

上面这条简短的新闻电讯，仅 150 字，但新闻五要素样样具备：

何时——今天下午。

何地——广州越秀山体育场。

何人——沈阳足球队。

何事——获得全国足球甲级队联赛 B 组第二名和晋升 A 组资格。

何故——以 2∶1 力克火车头队。

随着新闻事业的发展，西方新闻界又提出了另外一种观点，认为现代新闻写作应当在“五要素”的基础上再加一个要素，即“新闻六要素”：五个“W”加一个“H”(How，怎么样)。“新闻六要素”的说法有一定合理性，近年来已被我国新闻界广泛接受。

(二) 为什么在新闻写作中必须交代新闻要素

(1) 这是新闻事实的构成规律所决定的。

任何一件事、一种现象，总有它发生的时间和空间，总有其特定的内容和来龙去脉，并且往往离不开人的活动。因此，在新闻写作上必须把新闻事实的诸要素交代清楚。

(2) 这是为适应新闻受众需要所决定的。

人们之所以需要新闻，主要是想了解周围世界变动着的事实，以便从中获知各种信息。新闻写作如果对其构成要素不作交代，或时间、地点不明，或来龙去脉模糊，新闻受众就无法清晰地了解事实真相，就得不到完整的信息，甚至会对报道的新闻事实产生疑问。

(3) 这是新闻写作必须用事实说话的规律所决定的。

作为事实的构成因素，正是新闻的具体表现。新闻要用事实说话，就必须对新闻要素作出清楚无误的交代，新闻要素越是交代得清楚、准确，越能增强新闻的真实感和说服力。

三、新闻体裁

新闻体裁是指各种新闻的外在文体形式。目前，国内外新闻界对新闻体裁分类有多种学术观点，至今尚无统一的定论。各种分类法相互区别又相互交叉。目前国内新闻界比较认同的是将新闻分为消息、通讯、新闻调查、新闻专访、新闻特写等，因为它们有相对的稳定性。

(一) 消息

消息是以简要的语言文字迅速传播新闻信息的新闻体裁，也是最广泛、最经常采用的新闻基本体裁。

消息主要告诉人们发生什么事情（包括新的情况、经验、问题等），往往只报道事情的概貌而不讲详细的经过和情节。

(二) 通讯

通讯是一种运用多种表现手法，比消息更详细、更深入和更形象地报道新闻事件和新闻人物的新闻体裁。

通讯大体上可分为四类。人物通讯、事件通讯、工作通讯与风貌通讯。

(三) 新闻调查

新闻调查是由媒体相对独立完成、以记者调查为主要方式、揭示不为人知的新闻事实的深度报道形式。

西方新闻界认为新闻调查是报道某些人或某个组织企图掩盖的新闻。我国新闻界认为，新闻调查是展示崭新的未知事实的一种深度报道。新闻调查应当充分挖掘未知事实。

(四) 新闻专访

新闻专访是就某一重要新闻事件或众所关注的问题访问有关人士，然后以谈话纪实的方式加以报道的一种新闻体裁。

新闻专访专题性强，内容集中，能灵活运用多种表现手法，适宜报道重要新闻。

(五) 新闻特写

新闻特写是一种“再现”新闻事件、人物或场景的形象化报道。它强调视觉印象，以描绘为主要手法，往往截取事件发展进程中的某个片断或画面，绘声绘色，给人以特写镜头般的印象。

(六) 深度报道

深度报道是一种完整反映重要新闻事件和重点社会问题，追踪其来龙去脉，探讨其根源实质，揭示其影响意义等的具有较高层次、较深程度的新闻报道方式。

(七) 其他

其他新闻报道体裁还包括采访札记、记者来信、记者述评、工作研究等。

四、新闻写作的基本要求

(一) 新闻事实的客观真实准确

新闻事实的客观真实准确是新闻写作的第一条要求。记者在新闻写作中所涉及的时间、地点、人物、事件及原因等基本事实必须真实准确，不容许有半点虚假和模糊。在新闻写作中，不仅基本事实必须真实准确，而且人物、事件的细节也必须真实准确。同时所引用每一个背景材料、数字、引语、各种名称、史实等都要准确无误。

(二) 用具体事实说话

用具体事实说话是新闻写作的第二条要求。它包括以下内容：

1. 写具体事实

用具体事实说话是新闻写作的一项重要原则，这就要求每一句话都有具体明确的事实，尽可能不用抽象的词语。

2. 交代消息来源

在新闻消息报道中交代消息来源：把材料归属于消息提供者或“注明出处”是一

条十分重要的原则。它能够使报道更客观、更可信，同时能避免法律上的问题。

在消息写作中，有两种情况不需写明出处：①起码的常识性的事实（如职务、履历等），以及公认的事实；②记者亲眼目睹的事实。

3. 事实与意见分离

新闻消息写作要求事实与意见分离，即不在报道中直接和随意地发表自己的意见和评论。这是新闻消息客观性原则的重要基础。

4. 用事实解释事实

用事实解释事实指的是，在新闻报道中记者不应自己出面对事实进行解释，而是应通过提供充分的背景事实来“客观地解释”新闻事实，不是记者主观评价。

（三）禁止虚构和合理想象

在新闻写作中应禁止虚构和合理想象是新闻写作的第三条要求。在新闻写作中，这是违反新闻客观性原则的一种突出表现。

（四）用背景材料充分揭示新闻价值

在新闻写作中记者应用背景材料充分揭示新闻价值是新闻写作的第四条要求。记者首先应当找出哪个事实是“不寻常”的事实，并且应当用“寻常”事实与“不寻常”的新闻事实形成比较、烘托，充分揭示该事实的新闻价值，这样才能使读者真正理解该新闻事实的“不寻常”，激起读者的兴趣。这就是“用背景材料充分揭示事实的新闻价值”的含义。

五、新闻的真实性

（一）什么是新闻的真实性

新闻的真实性是指新闻必须反映客观存在的事实。新闻不能报道虚假的不存在的事情，如果一条新闻报道的不是真实发生的事实，那么人们是不会相信它的。新闻的真实性是新闻采访与写作的基本要求，同时也是新闻的生命。

新闻的真实性要求记者真实地反映和记录客观发生的事实，不能虚构和夸大事实，不能编造假新闻。

例文 6-2

湖北五峰勾兑散酒致 4 人死亡

本报武汉 3 月 25 日电　（记者张志峰）近日，湖北省五峰土家族自治县发生多起散装白酒致人中毒事件。该县处置疑似甲醇中毒事件领导小组新闻发言人、五峰县委宣传部部长王云洋介绍：截至 25 日 22 时，五峰县共有 4 人因疑似甲醇中毒死亡，12 人住院接受治疗。目前，核实未销出库存假酒 2 966 千克，追回已销假酒 3 350 多千克，还有 170 多千克正在追缴中。

3 月 23 日以来，五峰警方陆续接到报警，五峰镇社会福利院和采花乡黄家台村共有4人饮用散装白酒后死亡。当地公安、质监等部门赶到现场调查取证，对死者曾饮用的散装白酒进行检验，初步结果表明甲醇超标。事发后，当地政府启动食品卫生应急预案三级响应，紧急组织2 000多人连夜走村串户，劝阻村民不要饮用散装白酒。对全县在售散装白酒一律就地封存，禁止销售，向周边长阳、宜都通报这一信息，防止问题散装白酒流入。

销售散装白酒的嫌疑人王某等人目前已被警方控制。据交代：今年3月15日，他们从宜都市聚能日化商店购进工业甲醇3.74吨，共勾兑假酒6 500千克，已出售3 360多千克，主要销往五峰镇、采花乡宋家河、长乐坪镇白鹿庄等地。

（人民日报，2009-03-26）

例如上面这条新闻，报道的是湖北省五峰地区有人用工业甲醇勾兑假酒，导致4人死亡。这个事实必须真实发生。如果这条新闻报道的事情没有发生，那么，当这条新闻刊登出来时，人们会纷纷指责这是一条假新闻，并要求新闻媒体加以更正。如果我们的新闻媒体无视人民群众的要求，那么大家就不会相信我们的新闻媒体，新闻也就失去了生命。新闻的真实性不仅要求记者在报道这条新闻时，必须真实地反映和记录客观发生的事实，而且不能虚构和夸大事实，如果当地只死了4个人，记者任意夸大人数，那也是违背新闻真实性原则的。

新闻的真实性要求新闻媒体在报道新闻时，应做到以下三点：

（1）具体事实的真实。包括每一个细节、背景材料的真实、准确；

（2）事物总体的真实。即新闻报道的全部事实，与现实中的情况总体一致；

（3）能反映事物的本质和规律以及因果关系。

（二）新闻真实与事实真实的区别

新闻要报道客观发生的真实事实，但新闻真实不等于事实真实。因为新闻所反映的事实是经过选择的事实，这是一条基本规律。新闻是由人来报道的，在新闻报道中，记者对其所报道的内容有一个选择过程。记者不会把他所看到和所采访到的所有事实都加以报道，而是会根据报道主题加以选择，只报道与该新闻主题相关的内容，剔除其他不相关的、尽管也是客观存在的事实。例如，记者报道某某公司举行的产品推销会，他通常只会报道这次会议的基本情况以及该公司推出的产品，而不会报道在会议举行中间哪一位去了一次厕所，哪一位吐了一口痰。

新闻不可能做到绝对真实，记者在采写的过程中需要对事实进行选择，这是不容怀疑的。另外，记者在进行新闻报道时，不可避免地会带入自己的观念以及个人的情感，这也是一种普遍情况。

（三）新闻报道的两种基本方式

记者采写新闻进行新闻报道，通常有两种基本方式，即客观报道和主观报道。

什么是客观报道呢？客观报道是一种在新闻写作中客观、忠实、朴素地叙述事实的报道方法。这种报道方法通常要求记者不要直接表露自己的观点和情感，而应做到事实与意见、情感分离。

客观报道有以下主要要求：

（1）写具体事实；

（2）交代消息来源；

（3）事实与意见分离；

（4）用事实解释事实。

例文 6－3

大巴坠江　20 双眼睛告别人间美景

昨日，四川平武县境内发生特大交通事故，死亡人数已升至 20 人

本报记者邓孝政刘忠为您现场报道

昨日上午 9 时许，九黄环线平武县古城镇附近发生一起特大交通事故。一辆车牌号为渝 A92666 的中国旅行社重庆分社豪华旅游大巴前往九寨沟，行驶至四川省平武县古城镇新路湾时，怀疑超速行驶，坠入涪江。据目前初步统计，此次事故已造成 20 人死亡，4 人失踪。21 名生还者中多人伤势严重。

事故地点　C 形急弯路下是急流洄水

昨日下午 3 时许，记者赶赴事发现场。在离事发现场数千米外，沿涪江边都有搜救人员驾着船只在打捞，记者经过时，目睹两人被打捞上岸。该段九黄环线的交通已暂时中断，过往车辆禁止通行，以挪出空间实施救援。记者看见，出事地点是一处呈 C 形的急弯。滔滔涪江在这里形成一个巨大的洄水，出事大巴栽在江中，只剩下车顶露出水面。马路上，各方救援人员聚集，正在观察地形、水域，商议营救方案。3 辆吊车停在路边，但据了解它们的起重力量都不够。

警方正在登记打捞上来的死难者物品，背包、食品、衣服——数小时前，这些普通的东西还和主人在一起，但也许它们永远再无法回到主人手中。警戒线外，无数当地人赶来围观，有些人甚至跑到附近的山头张望。

亲历目击　江面上密密麻麻全是人

“想都想不到出事！”记者找到了事故的第一目击者古城道班工人刘云，他也是第一个跑去救援的人。据刘师傅称，事发时，他和另一名道班工梁小敏正埋头清扫路面。“嗖！”上午近 9 时，出事豪华大巴呼啸着从他身边疾驶而过，速度很快，吓了他俩一大跳。“这么快的速度！”刘师傅忍不住向梁小敏说，话没说完，大巴已冲出了 300 米远。突然，大巴失去控制，一头撞上右边山体的挡土墙，发出惊天动地的响声。接着，大巴猛地急转，左偏斜冲了 20 多米，一头栽向涪江！豪华大巴在下坠过程中，接连翻了两次，车体不断碰撞上河堤。刘师傅说，他亲耳听见车里传来惊恐万分的叫声：“啊——！”随后，豪华大巴栽进滚滚涪江中，江水迅速淹没了车顶。

“出事了！快救人！”事故发生得如此突然，刘师傅愣了好一会儿，才反应过来。他让梁小敏站在公路上拦车，他自己则匆匆跳下河坎，跑向江边。由于豪华大巴连番撞击，挡风玻璃已破裂脱离，两侧的玻璃也多处破裂，旅客在江水的冲击下，从豪华大巴里漂了出来，在江水中沉浮，有些旅客则攀住车体或者爬上车顶，一时间，江面上密密麻麻全是人！湍急的江水裹挟着受伤的旅客，向下游漂去。情况异常危急！赶到河边的刘师傅见状，伸出铁锹拦截。“快抓住！”有两名旅客慌乱间抓住铁锹，被刘师傅拖上了岸。为减轻重量，一些旅客脱掉身上的衣服。这时，在附近抄电表的古城电厂职工钟凯和当地民权村支部书记龚丽等人经过，急忙赶来。几人奋力相救之下，将8人成功救了上来。过往车辆拉起伤者，火速送往医院。但更多的旅客则漂向下游，或者困在车上。刘师傅知道下游有渡船，急忙让路人通知拦截。

紧急救援　小男孩凄厉哭叫回荡江面

有车掉进涪江的消息迅速传开，当地村民紧急赶来，离事发现场约1千米的古城镇政府也组织了大量救援人员赶来。不少救援人员不顾寒冷，跳进江水中打捞。随后，消防官兵、警方以及平武县各方救援人员紧急赶到，展开了更大规模的救援。据参加现场打捞救援的当地村民称，由于事发突然，涪江河水湍急，缺乏冲锋舟等工具，救援人员只得用轮胎等，游到车边和河中，将获救旅客抬到轮胎上，推向岸边。

后来，蛙人也潜入江水中，游进大巴中，拖出被卡在车内的旅客。据目击者称，在救援过程中，虽然有不少旅客获救，但身体明显受到伤害，不是腿断了，就是手断了，全身鲜血淋漓，令人触目惊心。一个只有六七岁大的小男孩趴在一个旅行包上，惊恐地大哭："爷爷！奶奶！"凄厉的哭叫在江面上回荡。众人试图赶去救援，但小男孩漂到下游一漩涡处，被恶浪吞噬不见了。据悉，靠近公路一侧的大部分旅客获救，但另一侧的旅客则伤亡严重。据统计，事后共打捞起19具尸体，23人被送往医院，其中一人因伤势过重，抢救无效死亡。

昨日下午4时过，50吨大吊车赶到现场，准备起吊豪华大巴。在救援过程中，豪华大巴部分车顶已被锯开。消防官兵爬上豪华大巴，用钢索将车两侧牢牢固定。

随后，吊车启动，先将大巴慢慢拉至岸边，随后起吊。6时30分许，大巴终于被拉出了水面，斜趴在河堤上。记者远远看见，大巴色彩斑斓，但损伤严重。此时天色已经黯淡，为确保安全，救援工作被迫停止，大巴暂时搁置在河堤边。当晚，有专人看守，以确保取证。

昨日晚9时许，重庆失踪乘客家属获知亲人出事后，连夜驱车赶往绵阳。

幸存者讲述　我在水中看到一线光亮

53岁的刘国学是重庆长江电工集团的职工，他和妻子、同事一行10人参加了中国旅行社前日在重庆发团的"九黄五日游"，并于当日下午抵达江油。昨日上午7点40分左右，乘客们在江油上了车后，开始还闲聊了一会儿，后来就渐渐各自休息起来。车行至出事地点前不远时，刘国学觉得有点无聊，想看看车前的情况，于是就从座椅上起身，并坐到了汽车前部的车厢上。突然，他看见车子要碰到右侧的山壁了，司机抓了一下方向盘，盘子猛地一甩，车子就向左侧冲去。刘国学称，车子在冲下河前，还从车窗中甩出了好几个人。之后，刘国学脑中便一片空白。他清醒过来时自己已经完全在水中了。他试着睁开眼睛，看到了一线光亮，便使劲从车内爬出，并朝岸边游去，虽然他当时是朝上游的岸边游去，非常费力，但他终于还是游上了岸。刘国学非常担心妻子的安危，又准备下河救妻子，但不一会儿，他看见自己的妻子也在出事地点的下游上了岸。起来后，刘国学在岸上大声喊"救命"，并掏出手机准备打电话求救，但手机已经无法使用了。刘国学看到有人游到水中，将天窗打开后，用绳子拉起来一名乘客。刘国学称，当时还有一些人漂到下游去了，但他们一起出来的10个人，只有“3个人起来了”。

事故透析　出事大巴无跑旅游线路资质?

据重庆市运管局相关负责人透露：“渝A92666不属旅游车，属单线车。”

昨日下午5时，记者来到重庆运输集团公司第一分公司。该公司办公室有关负责人告诉记者，事故发生两个小时后，重庆运输集团公司第一分公司相关负责人等10多人立即驱车赶赴事故现场。

重庆运输集团公司第一分公司一位不愿透露姓名和职务的工作人员对记者说，司机刘伟至今有15年驾龄，今年3月份开始到该公司开车。出事的大巴车与该公司属于挂靠关系，挂靠时间也才半年多。这名工作人员对“出事大巴车有没有运营旅游线路的资格”没作正面回答，但他说，该公司主要以货运为主，客运业务比较少，并且很少搞像这次跑旅游线路这样的业务。

昨日，经记者多方核实，驾驶肇事客车的驾驶员叫刘伟（已证实死亡）。据刘伟所在公司透露，刘伟是第一次跑九寨沟，可能对路况不太熟悉。“我们最初派了双驾（两个驾驶员），但不知什么原因，又取消了一个……”而按规定，长途车辆须配备两名或两名以上的驾驶员轮流驾驶。

（重庆商报，2005-07-24）

以上这篇新闻报道，就是一篇典型的采用客观报道方式采写的新闻。该新闻把主要落笔点放在客观具体地叙述事实上，新闻的主要内容就是记者在事故现场看到的以及采访到的客观事实。在写作中，记者非常注意交代新闻来源，凡是不是自己亲眼所见，均详细交代了消息的提供者，如事故的第一目击者古城道班工人刘云，亲历车祸事故侥幸逃生的刘国学。记者同时非常注意只客观记录事实，不随意发表意见，做到了事实与意见分离。对于读者“这辆车为什么会出事故”的疑问，记者也非常熟练地运用了“用事实解释事实”这一原则，他完全没有自己站出来进行猜测，而是通过采访重庆市运管局相关负责人以及出事司机所属重庆运输集团公司第一分公司的相关同事所获得的事实材料来回答读者的相关疑问。

什么是主观报道呢？主观报道是一种在新闻写作中记者直接表露自己对新闻事实的主观意见、主观情感的报道方法。

主观报道有以下几种形式：

（1）记者在主要报道事实的同时隐晦添加了个人情感和主观评论；

（2）记者直接对事实进行主观解析；

（3）记者直接发表主观评论；

（4）记者报道其他专家的主观意见。

需要注意的是，在新闻报道中，客观报道与主观报道并不能绝对地分离，在新闻实践中，这两种报道方式通常交叉运用。主观报道方式并不等于虚构和夸张，主观体现在对新闻事实的评价和分析，而不是对新闻事实的虚构和夸张。

例文6-4

美军占领巴格达：贼获得了解放

罗伯特·费斯克

这是掠夺者的节日。他们洗劫了德国使馆，把德国大使的办公桌扔到了使馆院子里。一群中年男子，戴着面纱的妇女和尖声叫喊的儿童争来抢去地穿过领事办公室，莫扎特的唱片和德文历史书从楼上的窗户中纷纷落下。我抢救出了欧盟盟旗——它正插在签证处外的一滩水里。几个小时后，斯洛伐克大使馆也遭到了破坏。从20世纪80年代起就一直致力于保护上百万伊拉克儿童生命的联合国儿童基金会遭受了一股盗贼的洗劫，他们把崭新的复印机摞在一起，联合国关于儿童疾病、流产率以及营养方面的文件如瀑布般一泻而下，散落在地上。

美国人也许认为他们“解放”了巴格达，但成千上万的窃贼对解放一词似乎有不同理解，他们以家庭为单位，开着卡车和汽车在城市里巡逻，搜索战利品。

美国对巴格达的控制充其量只能称为微弱——这一事实在昨晚几名士兵在一起自杀性爆炸事件中身亡后表现得尤为明显，而爆炸地点就在周三推翻了萨达姆·侯赛因一座雕像的广场附近，那场推倒雕像的镜头是精心导演策划出来的。

整整一天，美国军队都在同据说是来自阿拉伯地区其他国家的萨达姆拥护者进行枪战。四个多小时的时间里，海军士兵在巴格达中部地区的清真寺与之激烈交火，此前曾有传闻说萨达姆·侯赛因及其统治集团的高级官员在此逃跑，不过后来事实证明这个传闻是错的。作为占领者，美国有责任保护在其控制地内的大使馆以及联合国办事处，然而昨天它的军队看着盗贼们运送一车桌椅出了德国使馆前门而无动于衷，并扬长而去。

这是耻辱，是一种顽疾，是盗窃癖的一种表现形式，而美国军队却高兴地对此熟视无睹。在城市的一个路口，我看到美国海军陆战队的狙击手站在高楼楼顶，扫视下面的街道，提防潜在的自杀性爆炸者，然而就在下面的大路上，一队盗贼堵塞了交通——有两名盗贼正开着偷来的双层汽车，里面塞满了冰箱。

我观察到，整户整户的家庭顺着底格里斯河沿岸抄家，被抄者有萨达姆的半个兄弟同时也是前内务部长、前国防部长易卜拉辛·哈桑，萨达姆最亲近的一名安全顾问萨顿·夏科尔，阿里·侯赛因·马吉德——他因对库尔德人使用毒气而被称作“化学阿里”，上周于巴士拉被杀，以及萨达姆的私人秘书阿贝德·莫德。盗贼们都是驾着卡车、货柜车、大巴甚至是营养不良的驴拉板车而来，把这些人豪宅里的值钱货席卷而去。

以上这篇新闻报道，就是客观报道方式与主观报道方式结合得非常紧密的新闻报道。记者在报道美军占领巴格达、很多巴格达市民开始洗劫外国使馆、联合国儿童基金会、萨达姆亲信的豪宅等事实的同时，也把自己对美军的不满非常清晰地表露了出来。

第二节　消息写作

一、消息是新闻的基本体裁

消息是我国新闻媒体最常用、最基本的新闻体裁形式。

消息主要告诉人们发生了什么事情（包括新的情况、经验、问题等），往往只报道事情的概貌而不讲详细的经过和情节，是以简要的语言文字迅速传播新闻信息的新闻体裁，也是最广泛、最经常采用的新闻基本体裁。

消息能够最快捷、最方便地传播新闻信息。消息最大的优势在于它报道篇幅短小，内容简明扼要，这就为迅速传播信息提供了有利的条件。刚刚发生的事，一经消息报道，很快就传开了。学会写消息，就为掌握其他新闻体裁的写作奠定了良好的基础。

二、消息的种类

（一）动态消息

1. 动态消息的概念

动态消息，又称“纯新闻”，是最常见的一种消息类型，也是用以传播信息的主要消息品种。

2. 动态消息的特点

动态消息以迅速简洁地报道新近发生的事件、反映事物发展过程中的新动态为基本特征。它的内容集中单一，一般一事一报，简明扼要，时效性强。动态消息一般三五百字，具备新闻六要素（何时、何地、何人、何事、何因、如何）。动态消息中的“简讯”（又称“简明新闻”），仅用一两句话交代新闻事件的概况，一般不交代事情的发生过程和背景情况。

（1）突出“动态”。这类消息反映新闻事实发生、发展的最新变动状态，最能体现新闻“新”的特征和优势。它在形式上可以是简讯，叙述新近发生的事实梗概；也可以是一句话新闻或标题新闻。当然，更多的是短消息，简要报道事实变动经过和前因后果，新闻“五要素”或“六要素”较为齐备，让受众了解新闻的基本事实。

（2）时效性强。新闻时效是新闻在一定时间内所产生的社会效果，新闻发生与新闻传播的时间差愈小，其效果愈大；反之，则效果愈小以至失去时效。动态消息一般报道事件性新闻，无论是突发性或是可预知的，事件的变动时态非常明显，什么时候发生、什么时候有了发展变化都是确定的。因此，动态消息的写作，通常注重时间要素，特别强调新闻的时效性，当天的新闻事件当天报道，甚至与事实发生的同步就要作出反应。

（3）一事一报。一条动态消息往往集中报道一件事，或者只反映事实发生和发展的一个阶段、一个侧面。消息从总体上看，一事一报作为它的体裁特征之一，也是根据消息的主要品种——动态消息的特点形成的。

例文 6－5

我国第一艘无人飞船发射成功

北京时间2001年1月10日1时0分，我国自行研制的“神舟二号”无人飞船在酒泉卫星发射中心发射升空，10分钟成功进入预定轨道。这是我国载人航天工程第二次飞行试验，它标志着我国载人航天事业取得了新进展，向实现载人飞行迈出了重要的一步。

……

例文 6－6

英警方讯问霍金受伤事件

据新华社电　英国《每日镜报》18日报道，英国剑桥郡警方已开始就霍金可能受其妻子伊莱恩·梅森恶意伤害一事向尚在医院中的霍金提出问讯。警方发言人表示，即使现年62岁的霍金不愿开口，他们也一样可以提起诉讼。目前已经有3名给霍金做过护工的人对53岁的梅森提出指控。

（二）综合消息

1. 综合消息的概念

综合消息是对同类事物或一事物的多侧面的归纳综合报道，主要用以反映新动向、新成就、新问题等。

综合新闻在写作上要求：尽可能揭示新闻来源，以证明“综合”的科学性与可信性；要尽可能做到点面结合，既有一般的面上情况的概括叙述，又有具有个性特点的细节材料给人以具体生动的印象；综合要有明确的意图，尽可能“用事实说话”，避免空泛的议论。

例文 6－7

追缴欠税 大小S榜上有名

对明星欠税，中国内地税务部门和中国台湾地区税务部门一样，都是严惩不贷。岁末将至，昨日有媒体报道：中国台湾地区财政部门赋税机构于11月30日开会讨论欠税追缴案，将大小S、王力宏、吴宗宪、余天、任贤齐等众多明星锁定在追讨清查的名单中。一时间，弄得明星们人心惶惶。

台湾明星赚欢

这些年来，台湾演艺、影视市场都不景气，周杰伦、刘若英、张信哲、周华健、徐若瑄、任贤齐、余天、吴宗宪、张惠妹、迪克牛仔、徐怀钰等台湾明星，都争先恐后到内地发展，并拍摄广告，收入颇丰。如张惠妹参加内地拼盘演出，出场费一次就高达人民币60万，周杰伦出场费一次高达人民币80万，任贤齐50万，刘若英40万，张信哲35万，周华健40万。据悉，台湾艺人在内地获得的不菲收入，回到台湾必须申报。

艺人收入多，自然容易被查税单位盯上，像吴宗宪、张惠妹等都曾被追讨数百万税金。据报道，今年7月，大小S被传5年少报上千万的收入，补税金额约700万元人民币，尽管徐妈妈一度否认被追税，但财政部门赋税机构却没有否认。相关官员甚至说，大小S收入那么高，如果以前没有将她们列为查税对象，以后也要列入，决定对大小S重新查税。

偷漏税款巨大

据了解，台湾明星偷漏税款巨大。在这次中国台湾地区税务部门锁定的清查“黑名单”上，余天、王力宏、大小S都是重点清查对象。余天去年上通告、拍广告，加上主持，全家收入超过200多万人民币，被税务部门通知补税120万人民币。余天的税款已清查了一部分，并将在本周结案。王力宏2005年共有20场商演、7个广告，加上唱片版税，总收入达2 000多万人民币，大S去年收入大概1 000多万。吴宗宪、林志玲等当红艺人也在检控之列。

明星纷纷喊冤

昨晚，记者迅速连线几位台湾明星的经纪人，他们都代表艺人喊冤。

任贤齐的经纪人小柯很严肃地告诉记者：我们无论在内地还是台湾，都很遵守税法，按章交税，说我们涉嫌偷税，纯属无稽之谈。小柯还表示，所有账目都已委托专业会计师处理，不是小齐刻意漏税，至于补缴税款得看官司结果决定。

据报道，余天的妻子李亚萍也大喊冤枉：“我们没有漏税，只是制作单位直接将钱汇进余天的户头，不是汇进公司，才被认为未照规定汇款。”大S的妈妈也为女儿抱屈：“我们绝对不会逃漏税，请税务部门尊重艺人，而不要把艺人当贼看。”

成都暂无发现

据了解，因种种原因，内地与台湾税务业务目前还没有直接往来。昨晚，记者采访成都一位税务部门负责人，该负责人说，这几年海峡两岸文化交流增大，内地人口多、市场大，吸引了很多台湾明星到内地拍戏、拍广告、参加商业演出，台湾明星收入颇丰。但由于成都税务部门加大了管理，把台湾明星纳税与内地明星纳税一起归口严格管理，比如台湾明星与内地企业、演艺公司所签的合同、收转账务、银行流水，都查得清清楚楚，所以目前在成都还没有台湾明星逃税的现象发生。

（华西都市报，2006-12-04）

从上面这篇例文我们不难看出，综合消息是综合同类性质，又各有特点的多种新闻事实的一种报道形式。这类消息把不同地区所发生的具有相同性质的动态性事实综合到一起，表现一个共同的主题。

2. 综合消息的特点

（1）不受空间限制。由多件新闻事实组成的综合消息可以用来报道各地区、各系统在同一时间或不同时间发生的事实，这体现了它的综合性。当然，这多件新闻事实应当是具有同类性质的。

（2）表现共同的主题。综合消息所报道的多件新闻事实，何时、何地、何人、如何等新闻要素各异，表面上似乎互不关联；实质上，它们既不是随意的拼凑，也不是简单重复，而是选取各自具有个性特点的事实，从不同侧面来阐明共同的主题，使之成为一个有机的整体。

（3）报道面广，声势大。综合消息就某项工作、某项活动、某一成就或某一方面的问题，综合反映全国范围或一个省（市、自治区）、市（地）的有关情况、动态、成就、经验或值得注意的倾向等。这就可以让受众宏观纵览事物发展的规模和声势，比较全面清晰地认识全局性的概貌。

三、消息的导语

（一）消息导语的概念

导语是消息中有一定独立性和统领性的开头部分。它要求简明扼要地表现出消息中最重要、最新鲜的内容（核心要点），充分揭示新闻价值，同时唤起读者的注意。

消息导语具有提纲挈领、概括要点、引导全文、激发读者阅读兴趣的重要作用，被看成是记者的“硬功夫”，故有“导语写好了，消息就至少写好一半”之说。因为导语提出了全篇报道的中心点，后面的主体部分就易于沿着它而“顺理成章”地展开叙述。而站在读者的角度，我们可以将导语的功能理解为全篇报道的“导读”部分。

例文 6－8

上海破获50亿元洗钱案

据新华社电　上海反洗钱部门日前透露，在央行上海总部及银监、工商、公安等多个部门近日联合展开的整顿虚假验资专项行动中，破获了一起涉案金额达50亿元人民币的地下钱庄洗钱案件。

早在三年前，央行上海总部就与上海市公安局建立了情报会商制度。2003年以来，央行上海总部共向公安部门移送可疑交易线索44起，协助破获一批重大案件。据介绍，这起特大洗钱案的破获，是上海市反洗钱联席会议制度建立以来，上海反洗钱工作的一次重大突破。目前，此案还在进一步处理中。

（南方都市报，2006－12－04）

上面这条消息，第一自然段就是它的导语。这段导语概要性地介绍了这条消息的核心内容：上海反洗钱部门日前破获了一起涉案金额达50亿元人民币的地下钱庄洗钱案件。而后面的内容是对导语的进一步展开和补充。

（二）导语写作的基本要求

（1）突出显示核心要点。突出显示核心要点是导语的最基本功能，它告诉读者一个简明又相对完整的基本信息：发生了何事。导语可以有多种不同的表现方式，但在内容上都必须突出显示事实的核心要点。

（2）充分揭示事实的新闻价值。充分揭示事实的新闻价值是导语的另一个重要功能，它向读者表明这一新闻事实究竟“新”在何处。一个事实总是因其具有某种新闻价值才能作为新闻进行报道。因此，新闻不仅是叙述事实，更重要的是叙述一个“不同寻常的事实”。这种“不同寻常性”正是公众的兴趣所在，它必须在导语中就给予充分揭示，以产生最好的报道效果。

（3）吸引读者。吸引读者也是导语的重要功能之一，同时又是衡量导语是否成功的最直接标志。写作导语时，我们应该站在读者的立场，思考“什么才是最能引起读者兴趣和关注的”这一问题，并以此为选择，写出最佳的导语。

（4）简练。简练是导语写作的又一条要求。简练特别体现在导语的整体形式及语言的表达方式上，因此，我们应该尽可能在几十字的范围内把事实的核心要点表述得通俗、清楚，并使之具有更高的可读性。

四、消息的倒金字塔结构

（一）倒金字塔结构的概念

倒金字塔结构是按重要性递减的方式来安排报道内容层次和各项事实材料的一种消息结构方式。它以最重要的事实开头，依次递减，以最不重要的事实结尾。

倒金字塔结构也称“倒三角”结构，引自西方。这种结构在对新闻内容的安排上，头重脚轻，上大下小，犹如倒置的金字塔或倒置的三角形，因而得名。

倒金字塔结构是消息写作中比较特殊的一种结构方式，这种结构一反我国传统作文结构方式，按重要性递减次序来安排报道内容和各项事实材料，而不是按时间顺序或其他方式来进行安排，这和我们日常写作习惯是不相同的。它集中体现了消息写作的特殊性。

（二）倒金字塔结构的特点

倒金字塔结构的特点是，一开头，先突出新闻事实的要点、特点或轮廓，以及对事实的评价，再按内容重要性程度的递减次序展开新闻。

例文 6－9

法医生完成世界首例超远距离遥控手术

据新华社今晨专电　法国一医疗机构19日宣布，一名身在美国的法国医生日前通过遥控机器人为远在大西洋彼岸的一名法国妇女成功实施了胆囊手术。这是迄今为止世界上进行的第一例超远距离遥控手术。

手术是于9月7日进行的，接受手术者是一名68岁的妇女。在长达54分钟的手术中，身在美国纽约的医生通过观看监视器，操纵两只装有内窥镜、手术刀和镊子等手术器械的机械臂，为那名妇女成功切除了发生病变的胆囊组织。整个手术进行得非常顺利，患者目前已经康复出院。

据报道，此类手术的最大障碍就是距离遥远所产生的图像和声音信号的延迟，因为这会影响到医生在手术中的具体操作。但法国电信公司的最新传输设备已经将这种延迟减小到150毫秒（一毫秒等于千分之一秒）以下，基本对手术没有影响。

据悉，手术中的机器人名为“宙斯”，由一家美国公司设计。

（成都商报，2001－09－20）

上面这条消息就是一条典型的倒金字塔结构的消息。该消息第一段是导语，它概括了最重要的事实：一名身在美国的法国医生通过遥控机器人为远在大西洋彼岸的一名法国妇女成功实施了世界上第一例超远距离遥控手术。第二段是对导语的补充和展开，具体介绍手术的实施情况。第三段是对导语的进一步补充，介绍这类手术的技术难点。最后一段是附加的补充材料，介绍机器人的名字和设计它的公司。

仔细阅读上面所举的倒金字塔结构消息，我们可以发现，这类消息从最后一段开始删，可以在任何一段停下来，剩下的部分仍然是完整的报道，直到只剩下导语，就成了一条简讯，这是倒金字塔结构消息非常重要的一种特性。这种特性使它始终把最重要、最新鲜的新闻事实放在消息的最前面，因此便于编辑处理。

五、消息的非倒金字塔结构

（一）非倒金字塔结构的概念

非倒金字塔结构是与倒金字塔结构相对而言的其他消息结构的统称。广义上讲就是指采用散文化或故事化写法的消息结构样式。

（二）非倒金字塔结构的题材

适用于非倒金字塔结构的题材，主要是那些带有故事性、戏剧性、情景性、人情味等色彩的事件或事物，对于这类题材的报道，采用非倒金字塔结构来写，常常会有很好的效果。

（三）非倒金字塔结构的特点

非倒金字塔结构的报道大多数已经不是严格意义上的“消息”。

（1）它们有一定的消息特点，篇幅短小，报道新闻事实简明，一般没有强调突出核心要点的“消息导语”。

（2）不像倒金字塔结构的“纯消息”那样，以简明扼要和迅速传递新信息为宗旨，而是着重于“再现事实情景”和“透视事实情理”，非倒金字塔结构更适合用于表现那些带有故事性、戏剧性、情景性、人情味的事实。

（3）在写法上糅合了散文或特写的风格，更灵活，更少限制性。

（4）报道更具可读性。

（四）非倒金字塔结构的常见结构类型

非倒金字塔结构有多种常见结构类型，如时间顺序结构，故事范式结构、并列式结构、散文式结构、悬念式结构等。

1. 时间顺序结构

时间顺序结构是一种整个报道按照事件发展的时间先后顺序来叙述事实过程的写法，这是一种传统和比较自然的叙事体方式。它写起来较方便，特别是不受导语规则的限制，开头可以灵活地处理，可以从事件发生的起点写起，也可以描绘一个有特色的情景来吸引读者的兴趣。

时间顺序结构有如下长处：

（1）构思行文比较方便；

（2）可以保持较完整的故事性；

（3）容易清楚地反映事件发生发展的脉络。

时间顺序结构在写作中应注意：机械地叙述事件过程容易造成报道呆板平淡，因此，这种写法要注意善于运用穿插技巧。

2. 故事范式结构

故事范式结构又叫华尔街日报叙事体，它是一种有人物、有情节，亲切、具体、通俗易懂、引人入胜的报道方式。

故事范式结构有如下优点：

（1）通俗易懂，不枯燥，使新闻报道具备很强的可读性；

（2）能让人们在有滋有味地欣赏故事的同时理解事实的意义和背景，从而加深对新闻事实的印象。

故事范式结构常常采用“以点带面”或“一滴水见太阳”的方法，让受众在理解故事、理解人物命运的同时理解故事和人物背后真正的新闻。

故事范式结构一般常用于报道各种富有情节性、人情味的新闻，在警匪题材、法制题材等报道中也被大量应用，近年来，许多严肃、刻板的经济报道中也大量采用这种报道方式。

3. 并列式结构

并列式结构是按照事件发展的逻辑关系来展开新闻事实的一种结构方式。

并列式结构有如下优点：

（1）非常适合复杂内容新闻的表达；

（2）能迅速帮助读者抓住新闻要点，便于读者阅读；

（3）便于记者组织材料和清晰写作。

并列式结构适用于那种一个事件有多个不同的方面，它们相互之间呈并列关系的新闻事件。它的写作方式一般为先写出一段概括性导语，然后依次列出小标题，展开这一事件的各个方面。

4. 散文式结构

散文式结构是指消息写作中一种比较轻松、自由的结构方式，它有别于倒金字塔结构和其他结构，在层次段落的安排以及语言表达方面，更多地采用散文手法。

散文式结构的消息，在写作上更灵活，不受任何拘束，轻松自由，随意发挥，就像写散文一样，可以充分展示自己的才华。

5. 悬念式结构

悬念式结构是一种开头设置悬念，以吸引读者，其后大体上按照事件发展的时间先后顺序展开新闻事实的结构方式。这种结构主要适用于那些具有令人意外的传奇性、戏剧性转折变化的事实。

悬念式结构的突出特点在于，全文从开头形成的悬念保持到结尾，在全文结尾处才最后揭示事实的关键，形成出人意料的高潮。

在结尾处强烈地打动读者的写法戏剧性效果突出，使读者能对整个故事产生更深的印象，并回味无穷。

悬念式结构的写作要点在于，开头设置的悬念要有强烈的吸引力，并要将悬念一直保持到结尾，在结尾处才揭示事实的关键，形成出人意料的高潮。如果过早揭示事实，就难以产生令人回味的效果。

第三节　通讯写作

一、通讯的概念

通讯是一种运用多种表现手法，比消息更详细、深入和形象地报道新闻事件和新闻人物的新闻体裁。

通讯与消息具有明显的区别。消息是传递简明信息的新闻，而通讯是把简明信息写成故事的新闻。消息就是快速简明地“告诉你一件新鲜事”，而通讯则是耐心地“给你讲一个新闻故事”。

二、通讯的分类

目前国内较为习惯的通讯分类，是从报道内容上把通讯分为：人物通讯、事件通讯、风貌通讯、工作通讯四类。

三、通讯的基本特性

1. 故事性

消息强调对事实的概括介绍，简明告诉读者发生了什么事。通讯侧重于展示事物发展的过程，把它的典型情节和细节再现出来，给读者讲述世界上发生的真实生动的故事。因此，写通讯与写消息在观念上的最大差异就是要有“讲故事”的意识和感觉。

2. 注重“再现”形象

通讯的故事性主要是由一幅幅图景、一个个形象连接而成的。因此，通讯写作应使采访到的事实材料在你的作品中再现或“还原”为各种“形象”：人物形象、事物形象、情景形象。

通讯写作成功与否的关键是作品中的形象是否能给读者以深刻的、难以忘怀的印象。形象的关键是细节描绘，它要求特色、具体、清晰、生动，让读者透过你的文字，“看到”当时独特的情景画面和状态，感受到独特的气氛和人物个性。

3. 注重写人物个性

事因人生，人以事现。无论是人物通讯、事件通讯，还是工作通讯或风貌通讯，一切事情总是人的行为构成的。没有人，就没有故事；人苍白了，故事也苍白。通讯写作应使人物个性在每一个短短的情节中得到鲜明地展现。

情节、细节和人物个性是通讯写作的三要素。这三个要素是讲故事的基础，也是通讯的“血肉”。

四、通讯主题

通讯主题是一篇通讯通过对新闻事实的描述及特定形象的再现所表达的中心思想。

通讯主题是记者构思的基础，是通讯结构的支柱，是记者筛选材料的标准。记者首先会探寻这个事实最不同寻常的特性，确立一个主题，然后才能够根据主题选择所需要的材料，并围绕主题，把材料组织成一个集中、完整的故事。

五、人物通讯写作

（一）人物通讯的概念

人物通讯是一种较完整地再现新闻人物独特个性形象的通讯体裁。通讯是讲新闻故事的新闻。人物通讯就是“讲述新闻人物的故事”的新闻。

（二）人物通讯的题材范围

人物通讯写什么，以什么样的人物为写作对象，在这个问题上存在过一些不正确的观念。过去许多教材都认为，人物通讯应当写先进个人和先进集体，写英雄模范，而不应当写其他人物。这种观念已经不能适应时代发展的需求。

总体来说，人物通讯的题材范围和写作对象应当是那些在社会生活中“有不同寻常的生活内容”、能引起人们关注和兴趣的各类新闻人物。他们可以是英雄人物，有非凡壮举或贡献，为社会所崇敬的人物；也可以是杰出人物，即在改革开放大潮中涌现出来的一些突出的新型人物；还可以是平凡的特色人物，即在日常生活中能够感动我们的普通老百姓；甚至可以是反面人物。

（三）人物通讯的写作

1. 人物通讯究竟写人的什么

人物通讯是“讲述新闻人物故事”的新闻。讲故事并不仅仅是讲一个人做了什么事，而是应当较完整地再现新闻人物独特的个性形象。如果仅仅讲他做了什么事，就只是工作或生活记录，是一本普通的流水账。一个人的独特形象关键在于他做事的独特个性展现，即人物的行动和语言，人物的个性内涵。因此，我们应用细腻的笔触描写人物的行为和他的语言，突出他的个性内涵，使特定人物的个性形象在文字中鲜活起来。

人物通讯是人物个性形象审美价值的展现。人物通讯写作的基本观念应该是：以审美价值为主导，真实地再现“这一个”人的独特个性形象。

2. 怎样写人物个性形象

在人物通讯写作中，情节、细节、人物个性，这三个要素仍然是讲故事的基础，是人物通讯的“血肉”。

人物通讯的情节是由人物的行动和语言以及他与周边人物的关系构成的，因此我们写故事情节就是写人物具体的、独特的行动和语言，写他怎样处理他与周边人物的关系。人物通讯的典型细节是包含在人物具体的、独特的行动和语言中的，人物具体的、独特的行动和语言写细腻了，也就写出了典型细节，也就有了真实感人的基础。人物的个性内涵实际上就是具体写出人物的思想和他的精神品质，回答“人物怎样做?”“他为什么要这样做?”“他怎能做到?”这三个问题。这是我们写作人物通讯特别应当下重笔进行浓墨重彩描绘的地方。

3. 人物通讯写作应注意的问题

（1）不要采取记流水账的写法，应用浓墨重彩着重写人物个人经历中一个或几个典型情节和典型故事，其他必须交代的经历则用简笔交代。

（2）不要只是采用叙述方式，应更多地采用描写手段，用细腻的笔触着力反映人物在特定的情节中独特的行为、独特的行为方式、独特的语言。

（3）不要孤立地写你的主人翁，而应把他放在特定的背景环境中，写出他怎样处理他与周边人物的关系。

复习要求

1. 准确把握新闻定义、新闻要素、消息、导语、倒金字塔结构、通讯等基本概念。

2. 理解新闻写作的基本要求。

3. 理解动态消息、综合消息各自的特点，理解动态消息与综合消息的区别。掌握消息的写法。

4. 理解消息倒金字塔结构的特点，掌握倒金字塔结构消息的写作。

5. 理解通讯的特点，掌握人物通讯的写作。

第七章 司法文书

第一节 司法文书概述

一、司法文书的概念

司法文书是司法机关及非讼机关、当事人及其代理人依照法定程序，在进行诉讼或与诉讼有联系的非诉讼活动中，依据事实、适用法律、法规制作并适用的具有法律效力或法律意义的文书。

司法文书的概念有广义与狭义之分。广义的司法文书指在国家法制活动中形成的一切具有法律效力和法律意义的文书。狭义的司法文书专指司法机关即人民法院、检察院、公安机关和监狱管理机关在办理各类诉讼案件中依法制作的法律文书。

二、司法文书的特点

司法文书有以下特点：

（一）鲜明的人民性

我国的法律是以保护人民、维护法制为根本目的的。司法文书是反映诉讼程序与实体结果，确认法律行为、有关法律事实的真实性和合法性的文书，它当然具有保护人民、维护法制的性质。我国刑事诉讼法规定刑事诉讼的任务是："保证准确、及时地查明犯罪事实，正确应用法律，惩罚犯罪分子，保障无罪的人不受刑事追究，教育公民自觉遵守法律，积极同犯罪行为作斗争，以维护社会主义法制，保护公民的人身权利、财产权利、民主权利和其他权利，保障社会主义建设事业的顺利进行。"刑事司法文书是实施刑事诉讼法的工具，它制作的目的就是要惩罚罪犯，保护人民。民事、行政等司法文书是为保证实现民事诉讼任务和行政诉讼任务而制作的，它的目的是为了维护社会秩序和经济秩序，保护公民、法人和其他组织的合法权益，维护和监督政府依法行政，这是它人民性的体现。

（二）法定的强制性

司法文书是以国家强制力为保证的。制作司法文书是为执行法律，它体现了司法机关的职能运行，是具体实施法律的书面材料。司法文书的强制性表现在两个方面：

1. 必须执行，不具有任意性

司法文书是国家强制力的体现，司法文书一经司法机关制定颁发，任何机关、企业、单位和个人都必须执行或认可，不得违抗；否则，就要承担相应的法律后果。对于拒不执行人民法院的裁判文书的，《中华人民共和国刑法》（以下简称《刑法》）第三百一十三条明确规定：“对人民法院的判决、裁定有能力执行而拒不执行，情节严重的，处三年以下有期徒刑、拘役或者罚金。”

2. 非经法定程序不得改变

在实践中，司法文书一经作出，即使其在认定事实、适用法律上确有错误，或处理不当，也不能随意更改。必须严格依照一定的法律程序，经有关机关复核审定，才能依法作出变更。其他任何机关、单位和个人都无权变更。这是法定强制力所决定的。

（三）制作的合法性

司法文书的制作必须符合法律规定，并按法律规定的诉讼程序制作文书。司法文书制作的合法性表现在四个方面：

1. 司法文书制作主体由法律规定

司法文书制作主体由法律规定，非法定的制作主体不得制作司法文书。例如，《中华人民共和国民事诉讼法》第四十九条规定：“公民、法人和其他组织可以作为民事诉讼的当事人。”这条规定赋予了公民、法人和其他组织制作民事司法文书，参与民事诉讼的权力。又如，《中华人民共和国行政诉讼法》规定：“判决书应当由合议庭的组成人员和书记员署名。”也就是说，这类司法文书的制作者只能是人民法院审理案件的合议庭的组成人员或者独任审判员。

2. 司法文书制作以法律为依据

制作司法文书必须有法律依据，没有法律依据不能随意制作司法文书。制作的合法性，是司法文书法律效力存在的基础。我国三大诉讼法及有关法规和司法解释对司法文书的制作都有相应规定。制作的合法性，是司法文书的生命力所在。

3. 要正确适用实体法

司法文书的制作应当遵守以事实为依据，以法律为准绳的原则，符合实体法的规定。司法文书叙述案件事实、引用材料、分析证据、陈述理由、表述结论时都要正确适用实体法，否则，不会得到法院的支持。

4. 要符合法定程序

制作司法文书必须符合法定程序。刑事案件不能制作、适用民事司法文书，行政案件不能制作、适用刑事司法文书，经济纠纷适用的是民事诉讼程序，只能依法制作使用民事司法文书，而不能制作使用所谓的经济司法文书。同样，一审程序只能制作与一审程序相适应的司法文书，而不能制作与二审程序相适应的司法文书。特定的法律关系和法律程序必须制作与本法律关系和法律程序相适应的具有特定内容的司法文书，而不能制作与本诉讼法律关系和法律程序不相适应的司法文书。

程序的合法和实体的合法，是司法文书有效性的重要保证。制作、使用司法文书不仅内容要符合法定程序规定，在文书的提交、移送、拟稿、审核、签发、宣布、送达等具体运行环节上，也要符合法定的程序。非经法定的程序、手续制作的文书是无效的。

（四）形式的规范性

司法文书具有很强的规范性，它是内容合法与形式规范的统一体。形式规范是司法文书区别于其他文体的重要标志，同时也是保证司法文书效力的重要条件。司法文书的规范性表现为：

1. 样式格式化

司法文书一般都具有比较规范的格式化样式，不同性质的司法文书，其格式也不相同。制作司法文书必须要按规范的格式制作。司法文书格式化的要求是：内容要素立项简明、格式固定、层次清楚、标准统一。制作、使用司法文书，要严格遵守规范，逐项拟写，不能随意改变格式，增减内容要素。

2. 结构程式化

司法文书的结构都比较程式化。结构程式化是指司法文书结构具有相对固定的样式标准。具体表现为：第一，不同的司法文书具有各自不同的样式标准，文书的结构样式基本上是固定的；第二，内容事项要素化。司法文书的内容都由若干要素构成。如当事人项包括姓名、性别、年龄或出生年月日、民族、籍贯、文化程度、职业、住址等。又如正文表述事实，一般都要写明事实和理由、诉讼请求等事项。

3. 用语规范化

司法文书必须使用符合法律规定的法律专业术语，不能使用地方俗语和口语化的语言，用语要符合法律规范。这是司法文书的基本要求。例如：当事人和其他诉讼参与人的称谓，案件的由来表述等，都有固定用语，不得任意使用。

三、司法文书的作用

（一）保证国家法律、法规的具体实施

司法文书制作的目的是为了具体实施法律，没有司法文书，法律法规的实施就没有载体。刑事司法文书的运用具体贯彻实施刑事法律，保证了法律对于犯罪的惩治和人民的保护，达到减少犯罪的目的。民事司法文书和仲裁文书的具体适用，使民事法律得以正确实施。这有利于调节民事经济法律关系，保障当事人的合法权益，促进和发展社会主义市场经济。

法律、法规只有具体贯彻实施才能产生效用，法律实施的一个重要方式是司法文书的具体运用。总之，只有通过司法文书的具体制作和运用，才能体现国家法律的严肃性和司法的公正性。

（二）保证诉讼活动依法进行

司法文书的制作和使用，是保证诉讼活动依法进行的基本条件。只有依法正确制作和使用司法文书，诉讼活动才能正常进行。人们制作和使用司法文书，其目的就是要以法律为武器保护自己的合法权益。同时，有了合法制作和使用的司法文书，司法机关才有了判案的依据。没有司法文书，人们正常的诉讼活动就无法进行。这是十分浅显的道理。随着我国法制建设日益完善，人民的法律意识日益增强，对在各种民事、

行政活动中出现的纠纷，当事人在协商调解无效时，依法进行诉讼活动已成为公民的正当选择。在这种情况下，人们只有依法制作司法文书才能确保诉讼活动得以正常进行。

（三）司法活动的客观记载

司法文书是司法活动的客观记载。任何一项诉讼活动，从立案起诉、证据收集、开庭审理，到判决执行，各个诉讼环节和诉讼程序，都要依法制作相应的司法文书。在这个过程中，这些司法文书就构成了整个案件的诉讼案卷。当这个案件判决和执行完毕，这些文书就成为这个案件的司法档案。因为正是这些司法文书，客观忠实地记录了这个案件从立案起诉、证据收集、开庭审理，到判决执行的全部过程，它是整个案件最可靠的文字材料。

四、司法文书的种类

司法文书有多种分类法，根据司法机关现有的规定和司法学者的通行观点，现行司法文书一般有四种分类法。

（一）以制作司法文书的机关职能为标准进行划分

以制作司法文书的机关职能为标准进行划分，我们可以把司法文书分为侦查文书、检查文书、裁判文书、监狱文书、仲裁文书、公证文书、律师文书、诉状、申请书等。这其中，每一类文书又包括若干种具体的司法文书。如侦查文书可分为立案文书和破案文书等，诉状可分为起诉状、答辩状、反诉状等。

（二）以诉讼的性质为标准进行划分

以诉讼的性质为标准进行划分，我们可以把司法文书划分为刑事诉讼文书、民事诉讼文书、行政诉讼文书。这其中，每一类文书又可以按不同的审级和不同的诉讼程序来划分。如，刑事诉讼文书可以分为一审程序的刑事裁判文书、二审程序的刑事裁判文书、死刑复核程序的刑事裁判文书、审判监督程序的刑事裁判文书和执行程序的刑事裁定文书等。

（三）以司法文书的性质和用途为标准进行划分

以司法文书的性质和用途为标准进行划分，我们可以把司法文书划分为侦查类文书、起诉类文书、裁判类文书、执行类文书等。这其中，每一类文书又可以再进行细致的划分。如，侦查类文书可以分为勘验文书、搜查文书、委托检验鉴定文书、通缉文书、补充侦查报告书等。

（四）以司法文书的格式为标准进行划分

以司法文书的格式为标准进行划分，我们可以把司法文书划分为拟制类文书、表格类文书、填空类文书、笔录类文书等。同样，这其中，每一类文书又可以再进行细致的划分。

目前，我国公安、检察、法院等各司法机关根据自身业务的特点和实际工作的需要，都对自己本部门的司法文书种类作出了具体的规定。

公安部制定的《公安机关刑事法律文书格式（样本）》，共分8大类、95种文书格式。即立案、破案文书、律师介入文书、强制措施文书、询问文书、调查取证文书、延长羁押期限文书、侦查终结文书、补充侦查、复议复核文书。

最高人民检察院制定的《人民检察院刑事中诉讼法律文书格式（样本）》，共分为8大类、109种文书格式。即立案文书、侦查文书、强制措施文书、审查起诉文书、公诉文书、抗诉文书、羁押限期文书、法律监督文书、辩护代理文书、通用文书。

最高人民法院制定的《法院诉讼文书样式（试行）》，共分为14大类、314种文书格式。即刑事案件裁判文书40种、民事案件裁判文书49种、行政案件裁判文书12种、决定命令类文书19种、报告批复类文书21种、笔录类文书15种、证票类文书7种、书函类文书22种、通知类文书39种、公告布告类文书11种、涉外民事案件专用类文书29种、书状类文书21种、其他类文书11种。

第二节 诉状的概念、作用和种类

一、诉状的概念

诉状是当事人为维护、实现自己的权益，依法向人民法院提出某种诉讼请求，或一方当事人针对另一方当事人的诉讼请求和理由提出抗辩的文书。

在我国社会生活中，人与人之间，人与单位之间，人与政府之间，单位与单位之间，单位与政府之间，总会发生各种纠纷、矛盾。这些纠纷、矛盾就其性质和内容来看，少数属刑事案件，多数属民事案件。如债务、财产、婚姻、继承、其他权益等。这些案件，一部分可以通过调解和仲裁加以解决，另一些，则需要到人民法院，请求法院依法维护自己的合法权益，通过法院判决才能解决问题。

当事人到法院请求法院依法维护自己的合法权益，就必须依法向法院提供诉讼文书，陈述有关事实、理由，提出诉讼请求。当事人依法向法院提出诉讼请求的书面材料，就是诉状。

二、诉状的作用

诉状是当事人为维护、实现自己的权益，依法向人民法院提出某种诉讼请求，或一方当事人针对另一方当事人的诉讼请求和理由提出抗辩的文书。诉状有两个作用：①当事人以诉状的形式行使法律赋予的权力，依法提起诉讼或其他请求事项，以维护自身合法的权益；②人民法院通过对诉状进行审查，决定是否受理案件，并进入正常的诉讼程序或其他法律程序，以达到保护人民的合法权益、惩罚罪犯、维护社会正常秩序的目的。

三、诉状的种类

诉状虽然有许多种，但通常我们可以以三种方式分类：

（1）按照诉讼性质，可分为刑事诉状、民事诉状、行政诉状；

（2）按照内容，可分为起诉状、答辩状、反诉状、上诉状；

（3）按照审级，可分为一审诉状、二审诉状。

四、应注意各种不同的诉状所适用的诉讼性质和审级程序

不同性质的诉状，适用于不同性质的案件。如刑事案件只能使用刑事诉状，民事案件只能使用民事诉状。法律身份不同的当事人，只能使用适合自己法律身份的诉状。如原告首先要提起起诉状，被告可以使用答辩状，也可以使用反诉状。审级不同，也只能使用不同的诉状。起诉状是专门用于提起诉讼的。上诉状是一审当事人不服一审判决，向上一级法院提起诉讼时使用的诉状。一审可以使用起诉状，也可以使用答辩状和反诉状，但不能使用上诉状；二审可以使用上诉状，也可以使用答辩状和反诉状，但不能使用起诉状。

诉状的形式虽然多种多样，但对于我们当代大学生而言，并不是每一种诉状我们都必须掌握，通常而言，我们只需要掌握以下几种应重点掌握的诉状：①起诉状；②答辩状；③反诉状；④上诉状。

第三节　起诉状

一、起诉状的概念

起诉状是公民、法人或其他组织为维护和实现自身合法权益，向人民法院提起诉讼的文书。

起诉状包括刑事自诉状、刑事附带民事自诉状、民事起诉状、行政起诉状等。

二、起诉状的作用

起诉状主要有以下作用：

（一）向人民法院提起诉讼请求

起诉状的主要作用是向人民法院提起诉讼请求。事件一方的当事人原告需要在起诉状中陈述事件的经过和主要事实，阐述诉讼理由，并向人民法院依法提出保护自身合法权益的诉讼请求。这是起诉状的作用之一。

（二）启动诉讼程序

我国法律规定，除公诉类案件外，其他案件一律采用“不告不理”的原则。即起诉应向人民法院递交起诉状。起诉是法院立案的依据，没有起诉状，法院不能受理案件，更不能启动诉讼程序。

（三）审理案情的基础

原告凭借起诉状，向人民法院反映案件事实、列举证据，阐明自己的诉讼理由，

提出诉讼请求。人民法院以起诉状作为审理案件的基础，并根据控辩双方反映的事实、列举的证据来判案。起诉状是人民法院审理案情的基础。

三、起诉状的格式

最高人民法院于1992年和1993年，分别制定和进一步规范了起诉状的格式，这是制作起诉状的依据。我们制作起诉状，必须按照规范的格式进行制作，不能随心所欲地写作。

起诉状的基本格式如下（以民事起诉状为例）：

民事起诉状（公民用）

原告：______性别：______年龄：______民族：______籍贯：______职业：______

单位：____________身份证号码：____________住址：____________

被告：______性别：______年龄：______民族：______籍贯：______职业：______

单位：____________身份证号码：____________住址：____________

案由：____

____。

诉讼请求：____

____。

事实和理由：____

____。

证据和证据来源：____

____。

此致

______人民法院

起诉人：（签章）

年 月 日

附：合同副本______份。

本诉状副本______份。

其他证明文件______份。

四、起诉状的写作

起诉状必须按照上述格式进行写作，不符合格式要求的起诉状将会导致法院不受理。

起诉状的开头按上述格式写作，原告和被告的应写信息应尽量写清楚。

起诉状的正文包括案由、诉讼请求、事实和理由、证据和证据来源几个部分。

案由：简要写明案件由什么引起，是什么性质的案件。

诉讼请求：诉讼请求是原告向法庭提起诉讼的目的。这部分内容应当明确、具体，符合法律规定。各自独立的请求事项应分项列出，最后一项通常写诉讼费用的负担要求。

事实和理由：事实和理由是起诉状最重要的部分，事实是法庭判案的依据，应依照事件的基本要素叙述，写清楚时间、地点、人物、事件、原因、结果，这六个要素必须齐全。在文字表述中层次应当清晰，双方争执的焦点应当突出。要着重把于己方有利的事实全部阐述清楚，不能漏掉重要事实。理由部分应着重论证纠纷的性质及被告应负的法律责任，同时突出原告请求的合法性。这一部分应充分列举证据，凡有利于支持诉讼请求的相关证据都要交代清楚，同时应引用相关法律条文进行分析，把法理讲清讲透，语言表达应有理有据有节，这样才能获得法官的支持。

证据和证据来源：这一部分原告应向法院列举所有可供证明的证据。如果涉及人证，就应写明证人的姓名、住址、职业、工作单位。其他书证、物证则应写明来源及由谁保管，并向法院提供复印件，以便法院调查。

需要说明的是，有些简单案件，正文部分可以只写诉讼请求、事实和理由两部分内容。

起诉状的结尾部分应写明受诉法院名称、署名、时间和附项。

例文 7－1

民事起诉状

原告：陈××　　性别：男　　年龄：××岁　　民族：汉族　　籍贯：××

住址：东莞市城区××路××号　　职业：东莞市××布料店业主。

电话：13×××××××××　　身份证：××××××××××××××××××

被告：东莞市××有限公司，地址东莞市东城区××路××号。

法定代表人：李××　　身份证：××××××××××××××××××

电话：13×××××××××

诉讼请求：

1. 判令被告支付货款人民币××万元，及从××年××月××日起，按银行同期贷款利率计算的利息（暂计至××年××月××日为××元）。

2. 本案诉讼费由被告负担。

事实与理由：

原告与被告于2003年1月15日签订销售协议以来，原告按时供应布料给被告。被告收货签收后，双方对数结算，被告欠原告货款人民币××万元，期间已支付货款人民币××万元，现被告尚欠原告货款人民币××万元。经原告多次催收未果。因被告不履行还款义务，依照《民法通则》等有关法律，向贵院提起诉讼，判决被告支付货款人民币××万元及利息××万元。

此致

东莞市人民法院

起诉人：陈××（单位盖章）

法定代表人：

二〇〇八年七月二十三日

附：销售协议副本×份。

本诉状副本×份。

其他证明文件×份。

第四节 答辩状

一、答辩状的概念

答辩状是被告或者上诉的对方当事人，针对原告的起诉状或者上诉人的上诉状作出答复和辩驳的文书。

答辩状包括民事答辩状、刑事（自诉）答辩状和行政答辩状。

二、答辩状的特点和作用

答辩状有如下特点：

（一）答复性

答辩状是原告或上诉人递交了起诉状或上诉状，启动了诉讼程序，被告人或被上诉人应诉的一种文书。在答辩状中，被告人或被上诉人对原告或上诉人的指控应当进行回答，以维护自己的合法权益。答辩状的目的就是答复对方。

（二）论辩性

答辩人主要通过答辩状来进行论辩，明确表明对对方意见的态度和异议，通过论辩来阐明自己的理由，保护自己的合法权益。

答辩状的作用如下：

（1）充分体现了诉讼当事人在诉讼活动中权利平等的原则；

（2）有利于法庭全面了解案情，以达到公正审判的目的；

（3）有利于维护被告人或被上诉人的合法权益。

三、答辩状的格式

最高人民法院于1992年和1993年，分别制定和进一步规范了答辩状的格式。这是制作答辩状的依据。我们制作答辩状，必须按照规范的格式进行制作，不能随心所欲地写作。

答辩状的基本格式如下（以民事答辩状为例）：

民事答辩状

答辩人：______性别：______年龄：______民族：______籍贯：______职业：______

单位：______身份证号码：______住址：________________________

答辩案由：答辩人因______一案（或：答辩人因______对______一案所提上诉），提出答辩如下：

答辩理由：____。

答辩意见：____。

此致

__________人民法院

答辩人：

年　月　日

附：本答辩状副本______份

四、答辩状的写作

答辩状必须按照上述格式进行写作，不符合格式要求的答辩状将会导致法院不受理。

答辩状的开头按上述格式写作，答辩人的应写信息应尽量写清楚。

答辩状的正文由答辩案由、答辩理由、答辩意见组成。

答辩案由：一般写“答辩人因______一案（或：答辩人因______对______一案所提上诉），提出答辩如下”。

答辩理由：作为应诉的答辩状，这是最重要的部分，也是全文最核心的部分。这一部分必须针对原诉中提出的事实、理由和请求，进行答复和辩驳。在写法上，一定要摆出充分的事实和充足的理由来反驳对方，阐明自己的观点和意见，证明他非而己是。答辩状的辩驳性很强，往往针锋相对，极力驳倒对方。

答辩意见：这一部分应当在充分阐述理由的基础上，鲜明地提出自己的观点，说明自己的答辩理由正确、合理、合法，指出对方的错误，提出自己的主张，请求法庭采纳自己的意见，依法判决。

答辩状的结尾应依次写明受诉法院名称、署名、时间和附项。

例文 7-2

民事答辩状

答辩人：____性别：____年龄：____民族：____籍贯：____职业：____

单位：______________身份证号码：____________住址：______________

答辩案由：答辩人娄××因侵害公司股东权益纠纷一案，提出答辩如下：

答辩理由：答辩人认为，起诉状所述侵害股东权益的行为并不存在，答辩人进行招商引资活动是职务行为，不属于人民法院民事诉讼的受案范围，法院应驳回原告的起诉，理由如下：

一、××水泥厂招商引资行为符合××市、×××县人民政府的有关文件精神

由于××市及×××县属于经济不发达地区，为实施开放带动战略，鼓励招商引资，促进对外开放和经济发展，保护引资人、中介人的合法权益，两级政府均制定了一系列鼓励招商引资的政策，如《××市招商引资奖励办法》《××××县对外开放、招商引资优惠政策》等，××水泥厂在资金不足的情况下，进行招商引资是符合××市、×××县人民政府的有关文件精神的。

二、××水泥厂招商引资行为符合生产经营实际情况

××水泥厂在经过改制之后，为了扩大生产经营规模、符合环境保护的要求，经×××县经济贸易局、×××县人民政府、××市环境保护局、××市发展和改革委员会批准，决定建设30万吨水泥生产线，并将厂址迁移到××××镇。为做好该项目的准备工作，××水泥厂与××××镇第四居民区签订了《建水泥厂征用草牧场协议》，协商征用××××镇第四居民区100亩（1亩≈666.67平方米）草场。同时，××水泥厂还与朝重集团建材机械制造有限公司签订了购买水泥机械设备的协议，购买了磨机等生产设备，为扩大生产经营规模作了前期准备工作，但因无法筹集到生产资金，招商引资是唯一的选择。

三、××水泥厂招商引资行为系经过××水泥厂股东、董事集体决策而做出，并经主管部门×××县经济贸易局同意

因扩大生产经营规模的需要，急需资金，该厂股东无力出资，银行不予借款，同时又因××市发展和改革委员会明确规定“资金来源为全部由企业自筹或招商引资解决”，因此××水泥厂股东和董事一致决定采取招商引资的方式筹集资金，并决定由董事长娄××全权处理此事。×××县经贸委亦同时发文“同意赤峰××水泥厂法定代表人娄××同志负责项目的招商引资，项目建设、项目管理和项目还贷工作。”

四、向招商引资中介人支付经费是公开的，由企业财务人员具体运作

虽然招商引资工作由娄××负责，但其他股东，如刘×等也知晓并参与其中，特别是有关款项支付，均在水泥厂财务账面上有明确记载，并经股东、董事、财务负责人丁××同意，绝非娄××的个人行为。

五、王××的借款行为是对××水泥厂的负债，不应由娄××个人承担责任

王××招商引资未成功，如果要追回所支取的款项，债权人应该是××水泥厂，

由水泥厂向王××本人主张权利，娄××作为企业负责人，不应承担此民事责任。

答辩意见：综上所述，娄××作为××水泥厂的董事长，进行招商引资属于执行股东会、董事会的决议，并经×××县经济贸易局同意的履行职务的行为，该种行为非个人行为，其与公司股东之间的关系，不属于平等主体之间的民事法律关系，不符合《中华人民共和国民事诉讼法》第一百零八条规定的受案条件，请贵院裁定驳回原告的起诉。

此致

××市中级人民法院

答辩人：娄××

二〇〇八年五月十三日

第五节　反诉状

一、反诉状的概念

反诉状是在已经开始的诉讼程序中，被告以本诉的原告为被告，以抵消或吞并对方诉讼请求为目的，向同一人民法院提出与本诉有关的新的诉讼请求时使用的文书。

反诉状包括：刑事自诉案件反诉状、民事反诉状、行政反诉状。

二、反诉状的特点和作用

反诉状有如下特点：

（1）反诉状是被告撰写的司法文书，原告不能撰写反诉状；

（2）被告反诉原告只能在原告诉讼请求被法庭受理，诉讼程序已经启动的情况下才能提出；

（3）被告反诉原告，是因为认为原告在同一案件中同时也侵犯了自己的合法权益，因此，才会针对原告在同一案件中对自己控告提起反诉。

反诉状有如下作用：

（1）被告提起反诉，能够维护自己的合法权益；

（2）被告提起反诉，能够进一步帮助法官了解案件的全部真相；

（3）被告提起反诉，能够在一定程度上或全部抵消或吞并对方的诉讼请求。

三、反诉状的格式

最高人民法院于1992年和1993年，分别制定和进一步规范了反诉状的格式，这是我们制作反诉状的依据。我们制作反诉状，必须按照规范的格式进行制作，不能随心所欲地写作。

反诉状的基本格式如下（以民事反诉状为例）：

民事反诉状

反诉人（本诉被告）：____性别：____年龄：____民族：____籍贯：____

职业：________________单位：________________

身份证号码：________________住址：________________

被反诉人（本诉原告）：________________________________

案由：反诉人就______一案，对被反诉人提起如下反诉。

反诉请求：____

____。

事实与理由：____

____。

证据和证据来源，证人姓名和住址：________________

此致

______人民法院

反诉人：

年　月　日

附：

1. 本诉状副本______份。

2. 证据______份。

3. 证人姓名______，住址______。

四、反诉状的写作

反诉状应当按照上述格式进行写作，不符合格式要求的反诉状法院不受理。

反诉状的开头按上述格式写作，反诉人的应写信息应尽量写清楚。

反诉状的正文由案由、反诉请求、事实和理由、证据和证据来源组成。

案由应写明"反诉人就______一案，对被反诉人提起如下反诉"。

反诉请求是反诉人向法庭提起反诉的目的。这部分内容应当明确、具体，符合法律规定。各自独立的请求事项应分项列出，最后一项通常写诉讼费用的负担要求。

事实和理由：事实和理由是反诉状最重要的部分，事实是法庭判案的依据，应依照事件的基本要素叙述，写清楚时间、地点、人物、事件、原因、结果，这六个要素必须齐全。在文字表述中层次应当清晰，双方争执的焦点应当突出。要着重把于己方有利的事实全部阐述清楚，不能漏掉重要事实。理由部分应着重论证纠纷的性质及被告应负的法律责任，同时突出反诉人请求的合法性。这一部分应充分列举证据，凡有利于支持诉讼请求的相关证据都要交代清楚，同时应引用相关法律条文进行分析，把法理讲清讲透，语言表达应有理有据有节，这样才能获得法官的支持。

证据和证据来源：这一部分反诉人应向法院列举所有可供证明的证据。如果涉及人证，就应写明证人的姓名、住址、职业、工作单位。其他书证、物证则应写明来源及由谁保管，并向法院提供复印件，以便法院调查。

需要说明的是，有些简单案件，正文部分可以只写反诉请求、事实和理由两部分内容。

反诉状的结尾部分应写明受诉法院名称、署名、时间和附项。

例文7－3

民事反诉状

反诉人（本诉被告）：××县××乡人民政府

法定代表人：孙××，男，××岁，主持工作的副乡长，住××乡政府院内。

被反诉人（本诉原告）：××县×××供销经理部

法定代表人：陈××，经理，住××县×××供销经理部家属院。

反诉请求：被反诉人与我乡签订红麻种购销合同和麻皮收购合同各一份。第一个合同被反诉人没按规定质量标准供货，从根本上违约；第二个合同被反诉人从未履行，给我乡造成直接经济损失××元，被反诉人应予赔偿。请求法院并案审理，依法判决。

事实和理由：××××年××月××日，被反诉人与我乡签订了红麻种购销合同和麻皮收购合同各一份。红麻种供货品种规定为“青皮三号”，纯度95%，杂质10%，出芽率85%，植株两米内无花无杈。同年7月份通过工商行政管理局等单位派员到麻田实地检查鉴定证明：被反诉人所供品种为已被淘汰的“向阳号”杂种，青秆的占不到50%，两米内既开花又发杈，产量极低。

我乡按合同规定购买被反诉人红麻种6 400斤（1斤=500克），多发货15斤，计6 415斤。因品种质量存在严重问题，在播种的后期群众均不敢下种，只种下红麻种3 897斤，剩余2 513斤，尚存我乡，造成浪费，此责任应由被反诉人承担。

收购麻皮合同规定：每亩下种4斤，我乡应种植红麻1 600亩，每亩产熟红麻××斤，每斤单价为0.7元、0.6元、0.5元。因品种质量出现了问题，实种面积974亩，少种626亩，以每亩500斤，每斤××元计算，直接损失××××××元，已播种的974亩，通过准确测产，每亩减产125斤，以每斤××元计算，又给我乡造成实际损失××××元。以上两项共给我乡造成直接经济损失××××××元。

已播种的杂种红麻收获后，我乡多次督促被反诉人依照合同规定开磅收购，以减少双方的经济损失。遗憾的是，被反诉人置法律和合同规定的违约责任于不顾，一拖再施，一再违约。××××年××月××日前，就应该将麻皮收购完毕，至今被反诉人也没有开磅收购，给我乡的资金周转造成巨大困难。被反诉人本应答复我乡的要求，即依法协商因被反诉人的过错给我乡造成的实际经济损失和麻皮收购事宜，非但不如此，反而无理争诉。我乡坚决要求被反诉人赔偿我乡××××××元的实际损失。

此致

_____县人民法院

反诉人：××县××乡人民政府
法定代表人：孙××
××××年××月××日

附：1. 本诉状副本2份

2. 物证2件

第六节 上诉状

一、上诉状的概念

上诉状是诉讼当事人或者依照法律规定有权提出上诉的其他人，不服人民法院的第一审判决、裁定，在法定的期限内向上一级人民法院提起上诉，请求撤销、变更原裁判或者重新审理的文书。

上诉状包括：刑事上诉状、民事上诉状、行政上诉状。

二、上诉状的特点和作用

上诉状有如下特点：

（1）上诉状是原告或被告不服一审法院的判决，在法定期限内向上一级法院提起上诉请求的文书；

（2）原告和被告都可以提起上诉；

（3）上诉的目的是请求撤销、变更或者重新审理原一审法院的判决。

上诉状有如下作用：

（1）上诉状是原告和被告双方合法权利的体现，法律规定不论是原告还是被告都有权上诉；

（2）上诉引起二审程序的启动；

（3）上诉可以给当事人再次提供保护自己合法权益的机会；

（4）上诉体现了在诉讼活动中当事人双方和一审法院之间的法律关系是平等的。

三、上诉状的格式

最高人民法院于1992年和1993年，分别制定和进一步规范了上诉诉状的格式，这是我们制作上诉状的依据。我们制作上诉状，必须按照规范的格式进行制作，不能随心所欲地写作。

上诉状的基本格式如下（以民事上诉状为例）：

民事上诉状

上诉人：____名称：____住所：____电话：____法定代表人：名称：____职务：____

委托代理人：姓名：____性别：____年龄：____

民族：______职务：______工作单位：________________

住所：________________电话：______

案由：上诉人因______一案，不服______法院于______年______月______日______字第______号判决，现提出上诉。

上诉请求：____

____

____。

事实和理由：____

____

____。

此致

______人民法院

上诉人：______（盖章）

法定代表人：______（签章）

______年______月______日

附：

1. 本上诉状副本______份。

2. 有关证明材料______件。

四、上诉状的写作

上诉状应当按照上述格式进行写作，不符合格式要求的上诉状法院不受理。

上诉状的开头按上述格式写作，上诉人的应写信息应尽量写清楚。

上诉状的正文由案由、上诉请求、事实和理由、证据和证据来源组成。

案由应写明“上诉人因______一案，不服______法院于______年______月______日______字第______号判决，现提出上诉”。

上诉请求是上诉人向法庭提起上诉的目的。这部分内容应当明确、具体，符合法律规定。各自独立的请求事项应分项列出，最后一项通常写诉讼费用的负担要求。

事实和理由：事实和理由是上诉状最重要的部分，事实是法庭判案的依据，应依照事件的基本要素叙述，写清楚时间、地点、人物、事件、原因、结果，这六个要素必须齐全。在文字表述中层次应当清晰，双方争执的焦点应当突出。要着重把于己方有利的事实全部阐述清楚，不能漏掉重要事实。理由部分应着重论证纠纷的性质及对方应负的法律责任，同时突出上诉人请求的合法性。这一部分应充分列举证据，凡有利于支持诉讼请求的相关证据都要交代清楚，同时应引用相关法律条文进行分析，把法理讲清讲透，语言表达应有理有据有节，这样才能获得法官的支持。

证据和证据来源：这一部分上诉人应向法院列举所有可供证明的证据。如果涉及人证，就应写明证人的姓名、住址、职业、工作单位。其他书证、物证则应写明来源及由谁保管，并向法院提供复印件，以便法院调查。

需要说明的是，有些简单案件，正文部分可以只写上诉请求、事实和理由两部分内容。

上诉状的结尾部分应写明受诉法院名称、署名、时间和附项。

例文 7－4

民事上诉状

上诉人：北京私立新东方学校　　住所：××××××××××××

电话：×××××

法定代表人：姓名：××× 职务：×××

委托代理人：姓名：××× 性别：× 年龄：××

民族：×× 职务：×× 工作单位：××××××××××××

住所：×××××××××××× 电话：×××××

案由：上诉人因美国教育考试服务中心（英文简称ETS）和美国研究生入学管理委员会（英文简称GMAC）诉北京私立新东方学校通过大量复制、出版和发行“ETS”享有著作权和商标权的GRE考试试题，获取巨大非法利益，要求赔偿1 000余万元一案，不服北京市第一中级人民法院于××××年××月××日××字第××号判决，现提起上诉。

上诉请求：根据中华人民共和国《××××法》第××章第××款之规定，北京私立新东方学校认为最高只能赔偿50万元人民币，特请求判令撤销北京市第一中级人民法院于××××年××月××日××字第××号判决。

事实和理由：北京私立新东方学校认为，第一，试题作为文字性作品，并不代表作者的思想，因而不应受著作权法保护。第二，新东方并不是强制性地给学员提供这些材料，学员有可能通过其他渠道获得。另外，这些材料是学习材料，是非正式出版物。第三，依据著作权法，认为其在课堂教学过程中使用这些材料并不构成侵权。第四，教材封面标明的“TOEFL”“GRE”“GMAT”等字样不侵犯商标权。第五，一审法院要求北京私立新东方学校赔偿美国教育考试服务中心（英文简称ETS）和美国研究生入学管理委员会1 000余万元人民币过高。

此致

北京市高级人民法院

上诉人：北京私立新东方学校（盖章）

法定代表人：×××（签章）

××××年××月××日

附：1. 本上诉状副本×份。

2. 有关证明材料×件。

复习要求

1. 理解司法文书的概念。

2. 掌握司法文书的特点，重点掌握法定的强制性、制作的合法性和形式的规范性。

3. 理解司法文书的作用，重点掌握四个作用。

4. 掌握诉状的概念和种类。

5. 理解起诉状、答辩状、上诉状、反诉状的概念、格式和写作，重点掌握四种诉状的写作。

第八章　学术论文

第一节　学术论文概述

一、学术论文的定义

学术论文是用来进行科学研究和描述科研成果的文章。

科学分为自然科学和社会科学两大类，前者包括物理、化学、生物、天文地理等工科专业；后者包括文学、历史、哲学、经济、法律等文科专业。凡是进行自然科学研究和社会科学研究并且描述这些科研成果的文章就是学术论文。

我们在理解这个定义时应把握两层含义：

其一，学术论文的范围限制在科学研究领域，非此领域的文章，不能算学术论文，如一般议论文、新闻报道、报告文学、杂文、散文等都不能算学术论文。

其二，并非科学领域的所有的文章都是学术论文，而只有表达科学研究新成果的文章才是学术论文。科幻和科普作品不能算学术论文。

二、学术论文的特点

（一）创见性

学术研究要求提出新思想、新见解、新观点、新理论，要求要进行新的探索，要求要创新。学术论文的价值在于它的内容是研究者所取得的科研成果。科研成果的最基本的要求是新颖，具有独创性，所以一篇学术论文的内容绝不应是空泛的、陈旧的、拾人牙慧的，这要求一篇学术论文所表达的必须是新的研究成果。

那什么是新成果呢？所谓新成果指的是，在科学领域中发现了别人没有发现过的，或没有涉及的理论问题、思想观点、实验总结。可以分为两个层次：一种是指增加人类知识总量的创造性的工作；另一种是指创造新知识以后，将新知识运用到现有的领域或者新的领域的活动。

学术论文的创见性是学术论文最重要的特性。学术论文没有提出创造性的新思想、新理论，没有对新知识的创造性应用，就不是一篇合格的学术论文。

（二）理论性

学术论文具有很强的理论性。学术论文主要运用概念、判断、归纳、推理等思辨的方法，深刻探讨和研究对象的本质和规律，并使之在高度概括和升华的基础上成为

理论。学术论文不是灵感瞬现的突发奇想，不是零星散乱的感性偶得，不是天马行空的奇妙幻想，更不是心血来潮的梦中臆辞。学术论文必须在科学世界观的指导下，通过运用科学原理和科学方法，分析和解决科学领域的具体矛盾、具体问题。学术论文的理性思维水平越高，理论价值就越高。

（三）科学性

科学性是学术研究的基础。学术研究的任务是要揭示客观事物的发展规律，揭示客观真理，并指导人们的实践行动，因此，学术论文的论点、论据和论证必须具有科学性，要能够经得起实践的检验。

三、学术论文的分类

学术论文可按多种不同的方式进行分类，分类方式不同，就会有不同的学术论文类型。通常我们可以按以下几个方式来进行分类：①按研究对象分，我们可以把学术论文分为自然科学学术论文和社会科学学术论文；②按研究手段分，我们可以把学术论文分为理论研究类学术论文和应用研究类学术论文；③按作者的身份和写作目的分，我们可以把学术论文分为学术论文、科研报告、学位论文、学年论文、毕业论文。

（1）学术论文：主要指专业或业余科研人员，在各种专业学术期刊上发表的或向科研部门提交的反映学术研究成果的论文。这类学术论文反映了各个学科领域最新最前沿的科研成果，反映了本学科发展的最新动态，对我国各学科发展起着重要的推动作用。

（2）科研报告：主要指科研工作者向上级或有关部门报告自己研究工作的经过和进展情况而形成的书面文字材料。这类科研报告通常是以科研工作者的研究心得及成果为核心内容，但它比学术论文写得更详细，更具体。既可以写成功经验，也可以写失败教训。

（3）学位论文：主要指学位申请者为获得学位而写的学术论文。这类学术论文的主要作用是考察学位申请者的研究水平，为授予相应的学位提供依据。学位论文有学士论文、硕士论文、博士论文三类。

（4）学年论文：主要指部分高等院校及科研机构对本单位培养的学生的学习状况和研究水平进行年度考察而要求学生撰写的论文。这类论文并不是每一个高等院校和科研机构都会要求其学生撰写，一般是根据导师的要求和安排进行撰写。

（5）毕业论文：主要指高等院校或科研机构所培养的本科生、研究生在毕业时撰写的学术论文。

四、学术论文和一般议论文、科普文章的区别

1. 学术论文和一般议论文的区别

（1）写作目的不同。一般议论文是就一般问题发表自己的意见，这种意见是个人看法的表达，作者一般不求被证明为科学真理；学术论文是就某一专业领域的学术问题发表研究者所取得的科研成果，作者的目的是希望自己的研究能够全面揭示或部分

揭示科学真理。

（2）写作内容不同。一般议论文通常只讨论现实生活中的一般问题，写作内容较浅，通常没有学科专业性；学术论文主要从学科专业角度研究现实生活中的某类问题，研究内容较深，学科专业性较强。

（3）写作要求不同。一般议论文通常采用通俗语言写作，力求所有读者都能读懂；学术论文通常采用专业术语写作，一般只要求专业人员能读懂。

（4）论证方法和论证逻辑严密性不同。一般议论文的论证方法比较简单，通常只运用普通逻辑进行推理论证；学术论文往往采取多种方法并进或交叉论证，并更多地借助于实验数据、统计数据作为论据进行论证，运用现代科技手段加以检验求证。一般议论文仅要求符合普通逻辑的推理论证原则，学术论文则要求符合科学的推理论证原则。学术论文逻辑严密性大大强于一般议论文。

2. 学术论文和科普文章的区别

（1）写作目的不同。作者写作科普文章是为了向读者介绍科学知识；作者写作学术论文是为了发表自己对某一学科专业问题的研究成果。

（2）写作内容不同。科普文章的内容是介绍过去已经被证明了的科学知识和科学原理；学术论文的内容是要阐述作者自己在某个学术领域的新发现和新见解，这些新发现和新见解是过去没有被认识、没有被证明或人们的认识存在偏差的。

（3）写作要求不同。作者写作科普文章总是力求用最简单、最通俗易懂的语言阐明深奥的科学知识和科学原理，以便大家都能读懂；作者写作学术论文通常更多地采用专业术语，不求普通大众读懂，只求不出现专业漏洞。

第二节　学术论文的选题

学术论文选题是从事学术研究，写作学术论文的第一步，同时也是十分重要的一步。选好论题，是论文成功的一半。论题不仅影响学术论文的内容，而且影响学术论文的质量。

一、学术论文的选题原则

（一）注重积累，注意了解有关学术信息

要选好学术论文的论题，首先应当注重积累，这应建立在对已有资料和研究成果的全面把握的基础上。注重积累就是要尽早做好各种准备工作，注意收集与自己选题相关的各种资料，注意随时了解有关学术信息，做到心中有数。应在自己熟悉的或有兴趣的某个范围里较广泛地阅读有关的研究论文和学术动态资料，掌握信息，看看别人已经研究了什么问题，想想还有什么问题值得研究，并且应对所选专业方向长期坚持研究，认准目标“挖山不止”，以“专”求“精”。

（二）选题应难易适中，不宜太大

学术论文选题要坚持难易适中的原则，选题不宜太大。学术研究，选题宜小。应“小题大做”，不能“大题小做”。论题范围大了，论述难以深入，难以透彻。有的学生在选题时，盲目求大，好高骛远，选了力所不及的论题，以至花了很大精力，仍然无法深入。因此，选题最好是在力所能及的范围内选择较小的论题，扬长避短，在主客观最佳点上选出符合自己实际能力的、难易适中的论题。

（三）注意在专业范围内选题

学术研究需要一定的知识基础。在专业范围内选题，能够发挥自己的专长，为研究的顺利进行打下基础。选择与所学专业不相干的课题，就等于在自己一无所知的领域开垦，那样做必然事倍功半，得不偿失。学生们撰写学位论文，一定要在专业范围内选题。因为学位论文是用以评定作者对本门学科基础理论，专业知识和基本技能掌握的程度。若选非专业选题，将不符合学位论文的要求。

（四）注意论题的学术价值和现实价值

学术论文选题要注意论题的学术价值和现实价值。应尽量选择本学科研究领域的前沿课题，能填补本学科研究领域空白的课题，实践中亟待解决的课题，国家和社会需要的、有发展前景的课题，避免选题过于陈旧。

总体说来要把握以下原则：

（1）要了解“行情”。不但要了解前人对这一问题的看法和观点，更要关心当代人的研究成果，同时还要了解国外的研究成果。

（2）要尽量选择学科前沿课题。

（3）要尽量选择研究空白课题。

（4）要扬长避短，充分发挥自己的知识和能力水平。

（5）要注意题目大小适中，尽量选择较小的题目。

（6）要尽量选择对传统观念提出质疑的课题和有争议的课题。

二、学术论文的选题方法

学术论文有以下几种常用的选题方法：

（一）削铅笔法

削铅笔要从外面一道一道地往里削，慢慢削到当中的铅笔芯。我们搞学术研究也要从一个宽广的领域开始，逐渐进入一个我们所熟悉、所关心的问题。

（二）自创性选题法

在自己平时专业学习积累中发现问题，积极钻研，对老师在课堂上介绍的一些重要观点刨根究底，多问几个“为什么”，产生强烈的求知欲，从而从这些问题中自拟论题。

（三）比较寻疑法

通过对自己所占有的文献资料的广泛、深入的阅读、研究，认真筛选，在比较鉴别中寻找到有价值的“疑点”，对这个“疑点”产生强烈的兴趣，从而形成自己的选题。科学研究必须有“疑点”，对这些疑点深究下去，往往能够产生非常好的论文。

（四）实际问题探求法

对自己在实际生产活动、实际工作，以及在社会生活中遇到的问题，从理论上进行深入的探究，从而写出比较有深度、有应用价值的论文。

以上四种方法是一些比较常见的学术论题选题法，这些方法都需要作者发挥主观能动性，积极依靠自己较深厚的社会生活积累和知识积累进行选题。当然，运用上述方法有一定的难度，需要大学生们在实践中逐步掌握。

第三节　学术论文的资料收集

学术论文的资料收集是学术论文写作的基础。论题选定之后，我们通常需要花大量时间，围绕论题范围尽可能全面地搜集各种资料。一个小小的题目，往往需要占有很多资料。有些文章只有几千字，可收集的资料却有几十万字，数百万字。

全面搜集资料是开展科学研究很重要的一个环节，是科研工作的基础。因为科学研究的全过程始终建立在资料的基础上。资料搜集与科研之关系，就像“水之积也不厚，则其负大舟也无力”一样。科研实力和水平首先在于资料的充分占有，能搜集到最新鲜、最生动、最全面资料的人，其写作的论文往往也最有价值。

资料一般分为以下三种：

（1）事实材料：事实的记载和叙述，实验的记载和叙述。

（2）理论材料：各种经典著作，各种权威学术观点，自然科学的公理、原理和定理，社会生活中人们认同的各种道理。

（3）数据材料：社会科学和自然科学中的各种统计数据，国家有关部门的各种统计数据，科学实验中得出的各种数据，调查研究中得出的各种数据。

一、收集资料的原则

（一）客观性原则

对各种事实的记载和叙述，对各种数据和理论的使用，必须掌握客观性原则。应客观真实地记录、引用，完整地展示材料、数据所反映的真实情况，对其尽可能地进行核实。不能随意歪曲、篡改事实、数据和理论，不能随意加上感情色彩，不能以自己的好恶随意对材料进行取舍。在摘录和引用著作和有关文献时，不能断章取义，不能有意篡改。

(二) 广泛性原则

收集材料应多多益善，应尽可能广泛和深入。要有“事实、理论、数据”等各方面材料，这些材料应做到“有古有今，有中有外，有点有面，有正有反”，这样在论证时，才能做到“古今参照，中外印证，点面结合，正反相成”，具有较强的说服力。

(三) 典型性原则

收集材料应尽量选取具有典型意义的、最具代表性和普遍意义的材料，这种材料能深刻反映事物的本质，具有较强的说服力。

(四) 思辨性原则

收集材料除了要遵循客观性原则、广泛性原则和典型性原则外，还应遵循思辨性原则，即对材料要进行理论思辨。对同一材料，要用全面的、辨证的、历史的眼光去看待，去取舍，去运用，去论证。

二、搜集资料的方法

(一) 调查

收集材料应尽量争取获得第一手资料。要获得第一手资料就应亲自去调查研究。在人文社会科学研究中，有许多材料必须通过调查才能获得，并且只有通过深入调查，认识才会更加深入。调查是搜集第一手材料的最好方法。调查的主要方式有：

1. 普遍调查

普遍调查是把有关范围内所有的对象逐一进行调查，这种调查搜集到的资料全面但肤浅。

2. 典型调查

典型调查是从有关范围内挑选出最有代表性和最具有典型意义的对象进行调查。这种调查搜集到的资料具有典型意义，但难以全面。

3. 抽样调查

抽样调查是把调查对象进行总体分类，从每类中按随机抽样原则抽取出若干样本进行调查，并通过样本数据统计来推算总体情况。这种调查搜集到的资料具有比较准确的科学依据，但不排除偶然性成分。这种调查方式兼有普遍调查和典型调查两者的优点。

4. 对比调查

对比调查是在一定范围内选取不同对象或同一对象不同时间的状况进行调查，以找到相互差别。对比调查可与典型调查和抽样调查结合起来运用。

至于调查形式，又可以分为座谈调查、访问调查、问卷调查、查阅原始材料调查等各种形式。调查在科学研究中日益受到重视，我们应力争在科学理论指导下开展有效的调查，搜集到更多更新更典型的资料。

(二) 观察

观察也是搜集第一手资料或验证间接资料的有效方法。观察可以直接获得系统的科学事实，是认识发展的基础和源泉，是科学发展的重要途径。观察是人们对事物感性认识的一种主动形式，是对研究对象有计划、有目的地用感官考察的一种方法。

观察应做好观察记录，应把感知认识用文字、音像、图片等方式记载下来，记录要客观、准确，完整有序，不要轻视细节或现象。

（三）实验

实验是研究者利用专门的仪器和设备，对研究对象进行积极的干预，尽可能排除外界各种因素的影响，人为地变革、控制或模拟研究对象，以便在最有利的条件下进行观察和研究，从而获得经验事实的一种搜集资料的方式。实验有两个目的：观察迄今未知或未释明的新事实以及判断为某一理论提出的假说是否有大量可观察到的事实作为基础。

（四）文献检索

文献是人类知识用文字、图形、符号、声音、图像等手段记载下来的，有长远历史价值或当前实用价值的资料。文献检索是搜集间接资料的一种有效的方法。我们应尽可能地利用图书馆和互联网进行文献资料检索，可手工检索和计算机检索。目前我国所有的城市都建立了计算机检索系统，几分钟就可以扫描几万、几十万甚至几百万篇文献资料目录，具有检索速度快、效率高、内容新、范围广、数量大的优越性。特别应学会使用各种数据库检索文献资料。例如：利用中文学术期刊全文数据库查询系统和人大复印报刊资料查询系统检索查询最新出版的学术期刊；利用各大图书馆图书检索系统检索查询最新出版的学术专著；利用中经网统计数据库检索查询各种经济数据等。

第四节　学术论文的写作要求和基本格式

一、学术论文的写作要求

（一）要有见解独到，有一定创新性的论点

学术论文的论点和一般议论文的论点一样，都必须鲜明深刻。除此之外，学术论文更要求论点应见解独到，有一定的创新性。学术论文不能简单地重复前人已经阐述过的论点，学术论文贵在创新，贵在提出前人没有提出过的见解。

（二）要有翔实、准确、有说服力的材料

学术论文的论点必须以大量翔实、准确、有说服力的材料作为支撑，如果材料不翔实，不准确，自己的论点就很难使人信服。

（三）要有严谨而富于逻辑的论证和结构

学术论文不同于一般议论文，在论证逻辑以及论证结构上应该更加严格缜密。学术论文通常是按提出问题，分析问题，解决问题的方式展开，这样有利于结构的完整和行文的条理清晰。

（四）要有较浓厚的理论色彩

学术论文是一种典型的理论文章，在写作中我们应注意增强文章的理论性。不要仅仅满足于罗列一般材料，而应当着重在理论阐述和理论分析上下工夫，使学术论文达到较高的理论深度。

（五）要用简洁、准确、平实的语言

学术论文不是文学作品，不是一般议论文。我们在写作学术论文时，应尽量使用简洁、准确、平实的语言，不要使用华丽浮躁、富于夸张性的、容易引起歧义的文学语言。

（六）格式和资料引用应规范化

写作学术论文往往需要引用大量文献资料，我们应该严格按照有关学术规范，标示注释、注脚、参考文献等。同时应按规范的格式写出标题、作者、摘要、关键词等。

例文 8－1

基于共同治理模式下的银行公司治理结构

杨元泽

［摘要］从公司治理结构的理论和实践发展经验看，企业公司治理模式的选择受到股权结构、市场发育程度和制度环境等多种因素的制约。单纯强调“股东至上主义”思想的单边治理模式与银行的稳健经营原则是相矛盾的，它必然削弱债权人对管理层监控的动力和能力。考虑到我国商业银行股权比较集中，国有股权比例较大，金融市场发育程度远低于西方发达国家以及金融业实行分业监管等基本现实，我国的银行业更适合选择利益相关者理论所倡导的多边共同治理模式。在充分考虑利益相关者的基础上，保持各方利益的均衡，构建一个反映我国银行业发展特点、各利益相关方共同参与、相互制衡的多边“共同治理”模式。

［关键词］商业银行；公司治理；利益相关者；共同治理

到2006年年底，我国已按加入WTO的承诺，取消对外资银行的限制，中资银行将面临更为激烈的市场竞争。在激烈的市场竞争面前，从股份制改造到上市融资，我国各主要商业银行在改革中成效显著。但是，必须看到，无论是股份制改造还是公开上市都只是改革的手段，而不是目的，商业银行要保持长久竞争力，就必须继续进一步完善现代商业银行制度，即通过有效的改革不断完善公司治理。特别值得注意的是，中国一些上市公司存在的诸多问题已经打破了改善企业公司治理“一股就灵”的天真设想。与一般工商企业和西方的现代商业银行相比，我国国有控股商业银行在治理结构方面的问题更为复杂。比如：亚洲开发银行2003年的专题报告就明确指出，在亚洲各国银行业中，与经营者的“内部人控制”相比，股东对金融机构的过度控制对金融机构的危害可能同样不可忽视。所以，选择一种合理的公司治理模式非常重要。

本文将从公司治理模式的一般演进及其发展趋势出发，讨论决定银行业公司治理的基本约束条件，在借鉴现代企业理论关于银行公司治理的最新成果与国际实践经验的基础上，根据我国商业银行治理结构演进的基本逻辑，分析我国国有商业银行公司治理上市后所面临的诸多新问题。

一、公司治理模式的演进及其评述

公司治理是一个多角度、多层次的概念，一般可以从狭义和广义两方面去理解。其中，狭义的公司治理是指所有者，主要是股东对经营者的一种监督与制衡机制，即通过特定的制度安排，来合理地配置所有者与经营者之间的权利与责任关系。在这种狭义内涵中，公司治理的目标集中体现在保证股东利益的最大化，防止经营者对所有者利益的背离。其主要特点是由股东大会、董事会及管理层所构成的公司治理结构的内部治理。广义的公司治理则不局限于股东对经营者的制衡，而是涉及广泛的利益相关者，包括股东、债权人、供应商、雇员、政府和社区等与公司有利害关系的集团。对于广义的公司治理而言，公司治理的意义在于通过一套包括正式或非正式的、内部的或外部的制度或机制来协调公司与所有利益相关者之间的利益关系，以保证公司决策的科学化，从而最终维护公司各方面的利益。在这里，从广义上看，公司已不仅仅是股东的公司，而是一个利益共同体，公司的治理机制也不仅限于以治理结构为基础的内部治理，而是利益相关者通过一系列的内部、外部机制来实施共同治理，治理的目标不仅是股东利益的最大化，还要保证公司决策的科学性，从而保证公司各方面的利益相关者的利益最大化（于东智，2005）。

对传统的企业理论而言，企业的资本所有者被视为企业当然的所有者与剩余索取者，而企业则自然是为所有者赚钱的工具。受这种以物权界定企业产权的传统思维和资本本位的影响，从贝利与米恩斯（Bede and Means，1932）最初提出现代企业的所有权与经营权的普遍分离现象开始，到其后以契约理论为核心的现代企业理论，不管是资产专用性理论、委托代理理论、还是证券设计理论，都将股东至上主义视为不容置疑的教条（杨瑞龙，2000）。其基本逻辑就是，股东为企业投入了大量的专用性资产，承担着企业经营的边际风险，是企业主要的剩余索取者，因此，自然应当拥有对企业的剩余控制权，并在企业中处于支配地位。这种根据“股东至上”理论所设计出来的公司治理结构，理论上通常称为单边治理结构，即以遵从股东的意志和利益为公司治理的基本原则（其结构一般如图1所示）。这种治理结构模式在英美等国家显得比较普遍（李维安，2002）。

然而，随着科学技术的进步与信用制度的发展，现代企业的融资结构日益复杂，除股东投资外，人力资本等非物质资本在企业中的地位不断上升，其他类型的专用性资本投入也更加重要，股东是公司专用性资产的唯一提供者这一假设逐渐不再成立。越来越多的事实表明，在许多大公司，股东在公司里并不是唯一的具有真实所有权的利益集团，其他参与者也经常进行公司专用化投资，这样，这些投资也就同股票资产处于相同的风险中，这些参与者也分享剩余利润并分担剩余风险。在此情况下，经营者的行为不仅会影响股东利益，还关系到债权人、雇员、供应商、顾客、社会和政府等多方利益相关者的利益。并且除了经营者外，在有限责任原则下，股东也可能会滥

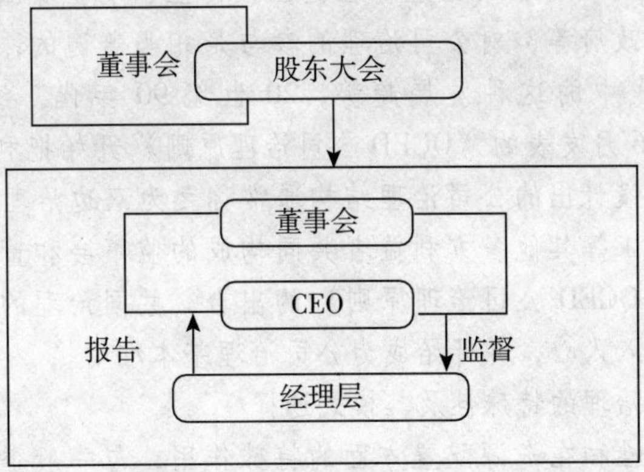

图 1 遵从“股东至上”理论指导的单边治理模式

用其对企业的有限责任来侵害债权人等其他利益相关者的利益，使企业成为“股东外在地转嫁侵权损失的工具”。因此，“将股东作为公司的唯一所有者是一种误导”，公司治理的目标不能狭隘地设定为股东利益最大化，企业经营者也不应仅仅对股东负责(科利，2006)。公司治理在架构上必须要安排一套自我约束和相互制衡机制，以协调企业的出资人、债权人、经营者、生产者等利益相关者之间的利益和权利关系，确保利益相关者的权益能够受到尊重，使其有适当可行的程序可以参与公司治理，在其权益遭受不当侵害时，有“寻求救济的机会”。这种综合考虑各方利益的治理结构（如图 2 所示）遵从“利益相关者”理论指导的双边治理模式理论，我们通常称之为“利益相关者理论”。

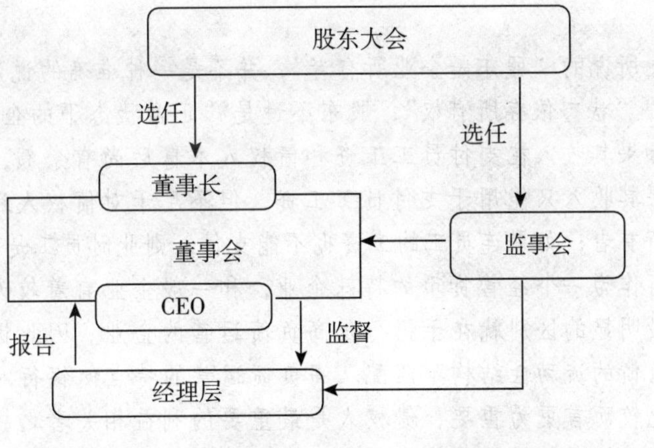

图 2 遵从“利益相关者”理论指导的双边治理模式

根据这种利益相关者理论，企业的目的不仅仅为了股东利益最大化，而应该同时考虑其他参与人（包括职工、债权人、供应商、用户、所在社区以及经理人等）的利益。股东利润最大化不等于创造财富的最大化，各利益相关者的利益最大化才是现代企业追求的目标，它将社会公平和经济效益结合起来。因此，各利益相关者都应该成为企业的所有者，共同参与公司治理。在德国、荷兰、瑞士等欧洲国家，典型的利益相关者如员工、地方政府等，对公司治理的参与是相当普遍的，这种治理结构模式也比较常见。面对实践中的这种发展趋势，20世纪90年代，经济合作与发展组织（OCED）于1999年6月发表的《OCED公司治理原则》开始把利益相关者放在重要的位置。根据这种理论设计出的公司治理结构通常称之为双边治理结构（如图2所示），也就是说，通过由职工等其他多方利益者共同构成的监事会和董事会一起完成对公司的共同治理。随着《OCED公司治理原则》的出台，共同治理的观念在特定行业、特定法系的国家日益深入人心，并开始成为公司治理基本准则。

二、银行业公司治理的特殊性及其模式选择

由于经营的特殊性和在资源配置方面的特殊作用，与一般企业相比，银行业具有其独特的行业特征，如银行准入的限制、预算的软约束以及资本结构上的高负债比、资产交易的非透明性和极为严格的行业管制和监管等，所有这些特征都在一定程度上对构成商业银行公司治理机制的各要素产生了影响，导致商业银行公司治理机制与一般企业公司治理机制的差异化。大量实证研究表明，与相同规模的制造业企业相比，商业银行在其内部治理的股权结构、董事会人员构成、董事会结构、高级管理层的激励机制等方面均存在着较大的差别。此外我们必须看到，在现代经济体系中，商业银行还承担着创造和供给货币、维持资金清算与支付等社会职能，商业银行的良好运行直接关涉社会各方的利益，因而更应当注意尊重利益相关者的治理原则（蔡鄂生，2003）。所以，如果说关于股东至上主义和利益相关者主义的争议在一般公司治理领域还难分高下的话，那么在商业银行公司治理问题上，许多专家则认为应该坚决支持利益相关者主义的观点（窦洪权，2005）。具体地说，提出这样的观点主要是因为：

（一）银行的资本结构决定股东并不必然是银行的所有者，债权人是重要的利益相关者。

一般意义上所说的“股东是企业所有者”，并不是一种准确的说法。事实上，企业所有权只是一种“状态依存所有权”，股东不过是“正常状态下的企业所有者”。对一个企业而言，如果其收入在支付员工工资和债权人本息后尚有余额，此时股东是企业的所有者；如果其收入只能用于支付员工工资，但不足于对债权人还本付息，此时债权人是企业的所有者；如果连员工的工资也不能支付，则此时员工是企业的所有者。

而商业银行作为一个经营货币的特殊企业，和一般企业有着较大的区别。商业银行与一般企业最明显的区别就在于银行是高负债运营的企业。因此银行运作的杠杆率很高，资产和负债的流动性结构不匹配。高负债运营的特点使银行对债权人的责任与对股东责任相比较而言更为重要，债权人是最重要的利益相关者之一。由于商业银行的债权人是由众多不具有信息优势且不具备监督控制积极性的存款者构成，因此商业银行的债权人集团缺乏一般企业债权人所具有的对企业的监督与控制能力。不可否认，商业银行的债权人和股东利益有一致的一面，但是在某些情况下，债权人的利益会与股东的利益产生冲突。例如，在银行正常业务往来过程中不能支付到期债务时，董事会却可能决定对股东进行分红。这种现象在一般企业中是不常见的，因为一般企业在这种情况下会产生流动性不足的问题，而商业银行通常可以通过吸收新的存款来获得流动性，即便在其流动性正常的情况之下，仍有隐藏潜亏的可能性。而且如果银行倒闭，较低的自有资本充足率使得债权人利益的损失要远远大于股东利益的损失。由于信息不对称，这些分散的债权人在银行业绩较差时往往会选择“用脚投票”，即通过挤兑来试图减少自身损失，其结果只能是加速银行的倒闭甚至会引发金融体系的动荡，最终债权人和股东都会蒙受更大的损失。鉴于此，让商业银行的债权人在事前和事中参与公司治理比让其“用脚投票”对股东和债权人都更为有利。

（二）外部性的存在要求银行重视利益相关者，重视整个金融业的稳定。

由于外部性的存在，现代企业在追求经济效益的同时，还必须承担一定的社会责任。许多企业都已经认识到单纯追求经济利益只是一种短期行为，一个企业要想获得长足发展，在承担经济责任之外，还需承担法律责任和道德责任等社会责任，并试图在这些责任之间寻找到一个合适的均衡点。而对于商业银行而言，其在运营过程中不可避免地要对其所处的环境（企业利益相关者）发生影响。这种影响可能是正面的，如满足了客户的需要，增加社会就业，向政府上缴更多的税收。也可能是负面的，如解雇员工导致失业增加、危害社会稳定等。迫于外部的压力（如工会、政府的法律）或提高企业经济绩效的需要，银行在追求经济效益的同时必须承担一定的社会责任。而且由于银行自身的特殊性，它比一般企业有着更大的外部性。作为金融业的基础，银行的倒闭可能会引发“多米诺骨牌”效应，危及整个金融体系的安全，因而银行要承担比一般企业更多的社会责任。外部性的存在决定了商业银行必须重视“利益相关者管理”。

（三）员工参与治理可提高银行绩效。

信息经济学认为，雇员比企业的外部股东更具有信息优势，而雇员的信息优势和参与机制能够提高企业决策质量和监督效率①。青木昌彦（2001）的分析表明，股东和员工双向控制下的企业的成长率高于股东单边治理的情况。银行员工在长期的工作和协调中形成的专门的信息交流方式和交易网络的长期稳定关系构成了银行专用性资源的源泉，员工通过这种专用性人力资本投资承担了一定的经营风险，从而使员工的利益与银行息息相关。对于银行业这样一个人力资本密集型的行业，这一点尤为重要。因此，允许员工参与银行公司治理，不仅可以维护员工自身合法权益，客观上也维护了物质资本所有者的权益，节省了物质资本所有者的监督成本，从而使得银行治理更富于效率。

银行业更适用共同治理的观点在美国2007—2008年爆发的次级贷款危机中得到了最好的验证。可以看到，此次次级贷款危机的发生与美国银行业崇尚的单边治理结构有着直接的关系。一方面，在美国银行业的公司治理模式中，很多银行的董事长和首席执行官是合二为一的，这直接导致权力过于集中带来的缺乏风险监控。另一方面，美国式的公司治理结构特别强调外部董事和独立董事，但现实是很多董事缺乏对金融工具和金融风险防范方面的专业知识，因此这些非执行董事通常无法有效履行自己的

① 雇员的信息优势是指雇员比企业出资者掌握更多的企业内部信息，对企业经营过程中存在的问题有更加深刻的了解和认识。

责任，有意无意地放任了银行业体系风险的大幅度上升，再加上由于资本市场对盈利的高度渴望，董事会往往还经常对首席执行官们的创新行为予以奖励，其结果也鼓励了风险的进一步上升。这突出地表现为银行高层管理者领导力只知道追求企业的最大利润，忽视甚至是漠视了市场的基本法则（高利润必然伴随高风险）。在失衡的治理结构下，盈利了经理层可获巨额红利，但风险发生了却不过是换一家公司而已。正如媒体对美国金融界的批评那样："这比赌场还糟。毕竟在赌场赌钱，输赢还都是自己的钱。"于是乎银行业为赚取比其他业务更高的按揭业务佣金，放松了各种基本标准，对次级贷申请人审核不严。据统计，美国银行业2007年40%的次级贷款是被自动授权的，而商业银行贷款申请的审批时间最长也不超过一周。治理结构失衡带来的缺少对申请者信用和偿贷能力的评估就成为导致次贷危机的最根本诱因。在宏观经济较为有利的情况下即经济高涨、房价上涨、利率较低的背景下，过度竞争导致的"信用风险膨胀"问题就暂时被"虚假的繁荣"所掩盖。但是，这种过度竞争导致的外延式发展方式存在着致命弱点，那就是无法抵挡系统性风险的冲击。一旦经济形式不佳，利率上升或房价下跌，借款人的套利活动就无法获益，违约风险大幅上升。随着流动性的收紧，各金融机构的资金链也变得十分脆弱，很容易断裂，金融风暴也就随之而来。

从微观的企业层面看，在危机发生前，房利美和房地美两家美国最大的房屋贷款机构使用的杠杆比率竟达到33倍，其结果是收益很高，但风险也极大。因为治理失衡导致经理层只赚不赔，再加上政府缺乏监管，风险的爆发只是时间问题。而高盛之所以能够成为这次危机中倒闭风波的幸存者，就在于其不同于一般美国金融企业的治理结构模式。正如我们所知，高盛长时间实行合伙制，这是大家认同的较好的风险控制机制之一。在这里，合伙制强调的共同治理要求对共同利益进行高度的争论、调解和互相监督。尽管高盛已成为上市公司，但合伙制仍得以保持。因此，高盛公司有比较严格的问责制，同时还提高参与风险控制人士的地位、名誉和奖励回报。可见在金融业，对于商业银行这些关系整个金融系统稳定的关键企业，为了保障长期、健康、稳健的发展，确立利益相关者主导的"共同治理"的治理原则至关重要。特别是经历了此次次级贷款危机，美国式银行治理结构模式需要做出重要的调整。

三、我国银行业公司治理改革的模式选择：确立共同治理的原则

从治理结构理论和实践的发展来看，任何一个企业选择公司治理模式都不能任意而为，它要受到股权结构、市场发育程度、制度环境、文化背景等多种因素的制约，我国银行业在选择公司治理模式时也应如此。根据我国金融业市场发展和监管制度，考虑到我国商业银行股权比较集中，国有股权比例较大，金融市场发育程度远低于西方发达国家①，金融业实行分业监管的基本现实，我国的银行业更适合选择利益相关者理论所倡导的多边共同治理模式。我国银行业选择多边共同治理模式可兼顾各利益相关者的目标，不仅有利于商业银行自身的利益，而且有利于利益相关者的利益和社会整体利益。从我国商业银行公司治理结构中暴露的诸多问题来看，在既有的银行改革

① 就金融业的市场结构看，我国目前仍属于银行主导型金融体系，银行业在企业融资和金融业中居于主导地位，银行的稳定对于经济和社会的稳定至关重要。

过程中，国有商业银行一直作为国家实施金融控制战略的基本工具，完全遵从了股东的利益需求。但在整个改革过程中，国有控股商业银行治理忽视了产权主体的平等问题，始终只在体现个别利益相关者利益的角点上求解，各方的利益一直未能得到很好的平衡和协调，结果使得国有商业银行的治理结构始终建立在没有监督能力和监督动力的政府代理人单方参与监控的单边治理基础之上，表现为一种典型的“股东至上主义”。因此，面对上市后各商业银行治理中出现的种种问题，其根本解决在于适当的调整治理模式的取向，改变简单学习美国式公司治理结构的做法，实现银行治理结构模式的革新，遵循“利益相关者至上”的理论和逻辑。因此，国有商业银行治理结构要想有根本改善，就应该坚持利益相关者共同参与的共同（多边）治理模式，既要保证各方的共同参与，同时还须有一个完善的制衡与协调机制，保证各方利益的均衡，构建和设计一个反映我国银行业发展特点、各利益相关方共同参与、相互制衡的“共同治理”模式。

中国《上市公司治理准则》作为当前中国公司进行治理的规范性文件，虽然对利益相关者问题有所关注，但是其中对利益相关者参与公司治理的规定还很不到位，至于银行业公司治理所面对的特殊问题更是少有提及。因此，我们有必要根据银行业的特点设计出一个真正有效的基于利益相关者共同参与的公司治理制度。在本文提出的商业银行多边“共同治理”的组织结构与框架中（如图3所示），多种要素产权平等的原则得到了有效的贯彻，在此基础上，通过有效的多边双层制度设计保证利益相关者，包括股东、债权人、员工和客户乃至国家的声音能够通过有效的渠道加以表达，进而使其权益得到有效保护。在这里，不仅要重视股东的权益，而且要关注包括债权人、客户和职工在内的其他利益相关者的利益；不仅要强调股东对经营者的权威，还要关注其他利益相关者的实际参与（既包括决策的共同参与，也包括监督的相互制约）。在这里，共同治理的理论基础就是利益相关理论。共同治理的目标是合理平衡各利益相关者间的利益，实现利益相关者利益最大化的目标，并以此来安排利益相关者在公司治理中的权力（杨瑞龙，2000）。对于我国银行业而言，实现多边共同治理，一方面要确保各利益主体可以通过银行章程等正式制度安排来确保每个产权主体具有平等参与银行所有权分配的机会，另一方面，又依靠相互监督的机制来制衡各产权主体的行为，从而利用适当的投票机制和利益约束机制稳定各方合作的基础，达到各产权主体行为统一于商业银行经营效益提高这一共同目标之上。

为了使共同治理的原则落到实处，我们还需要特别强调在改革中应该通过设计有效的制度使利益相关者明确其在公司治理中的特殊地位，从而加强自身合法权益的保护意识，使其主动地参与到公司治理当中，也就是说，激励利益相关者为公司长期绩效的提高而努力。在我国，许多弱势权益主体往往不注重对自身利益的保护，这固然与市场经济意识薄弱、法律体系不完善有直接关系，还有一个重要的原因就是缺乏对自身权益保护的有效激励。对利益相关者的激励也是如此，如果不能有效地激励他们对损害自己权益的行为说“不”，就不可能在公司内部真正形成有效的制衡和监督，就不能真正形成共同治理，也无法实现公司治理的目标。就改进的具体措施来说，我们可以考虑采用一些简单直接的方案，比如可以采用职工持股计划、债权转股权计划以

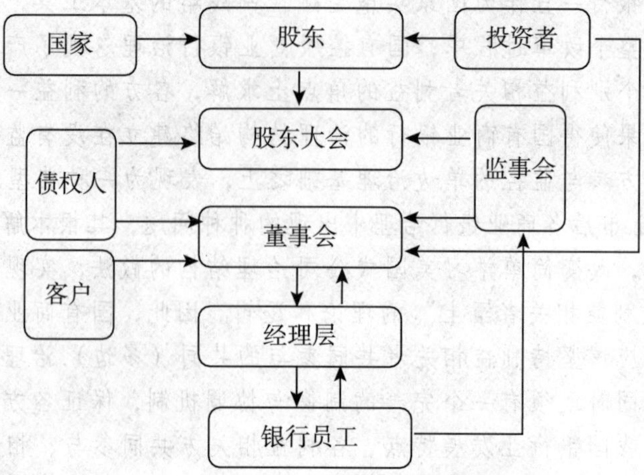

图3　商业银行共同治理结构的组织与框架设计

及为利益相关者提供有效沟通的机会和途径等，这些都是国际上经常采用的手段。只有通过这些有效的制度安排，各利益相关者才能充分履行其职责，才能够真正贯彻和实现共同治理的精神，从而推动银行长期绩效的提高。

四、完善我国商业银行共同治理的相关建议

随着我国各主要商业银行上市，为符合上市的基本要求，各商业银行公司治理的基本架构已经初步具备，但这种基本架构距离有效往往还存在较大的差距和不足。从形式上看，虽然各商业银行建立了“股东大会—董事会/监事会—经理层”的治理结构，但实际运行过程中却因为普遍缺乏良好公司治理的基本要素，而无法发挥其真正的作用，正如专家们指出的，完成公开上市之后，一方面是大股东凭借控制权无视小股东利益现象没有从根本上消除，另一方面，某些国有控股金融机构“内部人”控制问题仍然普遍存在（文君，2006）。因此，我们必须根据共同治理的基本原则和思路进一步完善公司治理。为了有效地实现共同治理，对于商业银行治理结构在公开上市后的进一步改革，我们提出以下的建议：

（一）进一步完善股东大会制度。

要进一步完善股东大会制度，有效地解决国有股“一股独大”和中小股东“搭便车”问题。在这里，可行的方法之一是改革股东大会过于简化的“一股一票”投票制度，对大股东的权力进行适当的限制。如实行分段投票制度、累积投票制度、代理投票制度等。只有通过这些对股东大会投票制度的创新与改革，才能对国有股代表“廉价投票权”形成制约，也才能使股东大会决策充分表达全体股东的意愿，维护全体股东权益，从而促进商业银行的健康发展。

（二）健全对董事会和董事的评价机制。

只有董事会的职权与责任对称、贡献与收益匹配，才能加强董事会运作的有效性，才能强化董事会的战略管理功能与责任，强化董事会的集体领导作用，才能避免出现董事会被个别关键人物控制的局面。商业银行应以此为基础，进一步根据巴塞尔银行监督委员会《加强银行治理结构》的指导性文件和人民银行颁布的《股份制商业银行公司治理指引》，完善董事会所属专业委员会：风险管理委员会、审计委员会、薪酬委员会、提名委员会、关联交易控制委员会，还有其他类型的专业委员会，如治理委员会、执行委员会、合理性委员会等。

（三）进一步改进和完善监事会制度，扩大其职权范围。

要避免监事会形同虚设的问题，就要明确界定监事会监督与董事会监督职能范围，避免职责不清、重复监督，确保监督有效、制衡有力，允许并鼓励中小股东运用累积投票方式选举其信任的股东代表和外部监事进入监事会，以制衡大股东、董事会、经营者的控制权，维护自身权益。在这里，我们可以借鉴德国的经验，通过银行内部员工持股的方法使职员成为股东，然后，通过职工代表大会选举进入董事会，也可以借鉴日本公司监事会的经验，赋予每位监事独立行使监督职能的权力，建立监事经常工作制度。还可以借鉴美国的经验，既赋予监事会监督评价职能，又赋予其重大经营决策职能。

（四）切实建立符合现代商业银行要求的经理人员选拔机制。

重点是废除国有控股商业银行的行政级别和行政任命制，避免经理人“官僚化”，建立完全市场化的经理人资源配置机制。在银行经理人员选拔标准方面应突出道德素质、专业理论素质、政策法规意识、经营管理能力、行为偏好和个人价值追求等标准。同时，要健全银行内部人尽其才机制，废除银行经营层管理人员只升不降的制度安排，形成一种能够保证经理人员在银行业务扩张与发展过程中，既大胆开拓，又谨慎决策，稳健经营，提高经营效率，实现利润最大化的机制安排。相反，对不称职的、经营管理素质低的经理人员予以解职或解聘。要重视从银行经理人员市场上通过公开竞聘选拔，从银行外部引入银行经理人员，在操作上完全由银行董事会根据透明、合理的程序和银行内在要求独立地选聘银行经理人。同时完善经理人选聘的决策支持系统，包括推动经理人中介行业的发展，建立银行家资源信息库等。

（五）通过国家监管和舆论监督保障债权人和客户等其他利益相关者的利益。

在共同治理的范畴中，监管层和舆论媒体作为第三方在整个治理结构中至关重要，理应对公开上市商业银行的经营和管理起到监督作用，通过监管和有效的舆论监督保障其他利益相关者如债权人和客户的根本利益。

总之，国有控股商业银行公司治理建立及完善才刚刚开始，要走的路还很长。国有控股商业银行在独特历史条件下形成的许多独特问题，特别是股权高度集中问题、代理人的非市场选择问题以及代理人不可能真正对经营决策后果负责问题和超多层级的“内部人”控制问题等等，仅仅依靠照搬西方银行的公司治理机制安排很难解决。特别是从此次美国的次级贷款危机中，我们看到，即使是美国银行，其自身的治理结构也面临方向上的抉择。因此，要解决这些问题，必须在分析银行治理结构演进的基础上，结合中国特殊国情和国有控股商业银行的现实情况，作更深刻的变革，进行更多的制度创新。

参考文献：

[1]蔡鄂生. 银行公司治理与控制[M]. 北京：经济科学出版社，2003.

[2]窦洪权. 银行公司治理分析[M]. 北京：中信出版社，2005.

[3]李维安. 公司治理[M]. 天津：南开大学出版社，2002.

[4]马倩. 探索国有商业银行公司治理结构构建之路[J]. 发展，2006（2）：73－75.

[5]青木昌彦. 比较制度分析[M]. 上海：上海远东出版社，2001.

[6]文君. 国有商业银行公司治理的内部人控制问题[J]. 武汉金融，2006（6）：45－46.

[7]小约翰·科利. 什么是公司治理[M]. 北京：中国财政经济出版社，2006.

[8]杨瑞龙. 企业的利益相关者理论及其应用[M]. 北京：经济科学出版社，2000.

[9]于东智. 公司治理[M]. 北京：中国人民大学出版社，2005.

（金融论坛，2008，12）

上面这篇论文，是一篇典型的学术论文。该论文要素齐备，格式规范，符合学术论文的基本格式要求。

第五节　毕业论文的写作和答辩程序

毕业论文是高等院校或科研机构所培养的本科生、研究生在毕业时撰写的学术论文。毕业论文撰写和答辩通常要经过以下程序。

一、选择题目

高等院校或科研机构所培养的本科生、研究生在毕业时，导师通常会提前向学生发布毕业论文参考选题，供同学们选择。这些参考选题一般包含了本学科领域各个方面的前沿研究课题，对同学们选择自己的论文题目具有一定的指导作用。在一般情况下，这些参考选题通常都比较大，概括了该领域的某个前沿方向。在选定了某个参考选题后，还需要对该选题作进一步的细化，将题目缩小，以便更好把握。当然，也可以不在导师提供的参考选题中选择自己的毕业论文题目，而是自己选择毕业论文题目，这也是可以的。

选题时应注意把握本章第二节所学的选题原则。

二、撰写开题报告

撰写开题报告是进行毕业论文写作的第二个环节。所谓开题报告通常为一份表格，如表 8－1 所示。

表 8-1　　××××大学本科学生毕业论文（设计）开题报告表

<table>
<tr><td>论文（设计）名称</td><td colspan="5"></td></tr>
<tr><td>论文（设计）来源</td><td></td><td>论文（设计）类型</td><td></td><td>导　师</td><td></td></tr>
<tr><td>学生姓名</td><td></td><td>学　号</td><td></td><td>专　业</td><td></td></tr>
<tr><td colspan="6">开题报告内容：（设计目的、要求、思路与预期成果；任务完成的阶段内容及时间安排；资料收集计划；完成论文（设计）所具备的条件因素；写作的基本思路等。）</td></tr>
<tr><td colspan="6">指导教师签名：　　　　　　　　　　　　　　日期：</td></tr>
</table>

论文（设计）类型：A—理论研究；B—应用研究；C—软件设计等；

表8-1的内容应依次认真填写，重点是填写开题报告内容。对这部分内容，应分项逐项认真填写，通常应撰写400字左右的内容。填写完表格初稿后交给导师审阅，并征求导师的意见。如导师认可，则应请导师签名，并将导师签字认可的开题报告上交学院。

三、收集资料

收集资料是撰写毕业论文的第三个环节。在这个环节中，主要由学生自己进行工作，并根据本章第三节所学内容，认真做好资料收集工作。初学论文写作尤其应重点运用以下两种方法收集相关学术资料：

第一种，到图书馆查询本专业学术期刊。同学们应花费较多的时间，到图书馆认真查询近几年本专业若干种具有代表性学术期刊，期刊刊物通常不应低于10种，期刊刊期应包括近几年该刊所出版的每一期刊物。查询时应着重围绕与自己选择的毕业论文题目相关的学术论文进行收集，并把每一篇都复印下来。查询完成后进入研读阶段。在这期间，同学们应花费较多的时间认真分析哪一些问题前期学者已做了深入研究，哪一些问题前期的研究尚不够深入，哪一些问题前期尚未涉及，并在分析总结的基础上确定自己的研究主攻方向。

第二种，利用中文学术期刊全文数据库查询系统和人大复印报刊资料查询系统检索查询最新出版的学术期刊，利用各大图书馆图书检索系统检索查询最新出版的学术专著，利用中经网统计数据库检索查询各种经济数据等。用这种方法，同学们也需花费大量时间。同时也必须把近几年本专业若干种具有代表性学术期刊每一期刊物都查询到。查询时应着重围绕与自己选择的毕业论文题目相关的学术论文进行收集，并把每一篇都复制下来。复制完成后同样要进入研读阶段，并应花费较多的时间认真分析前期学者的研究成果，并在分析总结的基础上确定自己的研究主攻方向。

四、提出论点

提出毕业论文的论点是一项具有决定性意义的工作。一篇论文的好坏，在很大程度上取决于该论文的论点是否新颖，是否有所创新。因此，同学们应尽量从自己的研究中找出具有创新意义的论点。

五、编写论文提纲

编写论文提纲是一项十分细致的工作，并需要大量的劳动。因为论文提纲能够清晰地提示论文的整体思路和每一段落的写作内容，这需要同学们花费大量的精力进行认真细致的思考。在编写论文提纲的同时，同学们实际上已把该论文每一段落所需的材料作了细致的安排。一份好的论文提纲，能够清晰地反映该论文的整体思路和主要写作内容，因此，编写时应仔细斟酌，反复推敲。

论文提纲编写好了以后，应交给指导教师审阅，并取得指导教师的认可。

六、起草与修改论文

起草论文应按照论文提纲来写，并认真梳理自己的思路。在论文起草过程中，初写论文的同学常常会陷入思维混乱的境地，写着写着，就偏离了主题，偏离了提纲。在这种情况下，千万不要着急，也不要慌乱。应该提醒自己冷静下来，仔细整理自己的思路，回归到论文主题上来。在论文起草过程中，有时候会产生一些新的想法，或者出现一些新的亮点。这时，应冷静判断，如果这些新的想法和新的亮点能够提升论文的质量，则应修改论文提纲，按新的思路写下去。

论文起草完以后，同学们应把论文放一放，休息几天，换换脑筋，这有助于保持清醒。休息几天后，然后再对论文进行仔细的修改。

修改完成后，同学们应将论文交给导师审阅，并根据导师的意见再进行修改。一篇论文，通常要修改多次才可以定稿。

七、规范论文格式

毕业论文修改完成后，同学们应根据本章第四节要求认真规范论文的格式。通常情况下，学校会出台有关毕业论文规范，同学们应根据该规范和学术论文的格式要求进行排印，不符合格式要求的论文不能进入答辩程序。

八、答辩

毕业论文答辩是最后一个环节。在这个环节中，学校通常会把教师和学生都分成若干个小组，每个小组有 3 ~5 个教师和学生若干。学生应事先将自己的毕业论文复印若干份，并在答辩的前几天将论文交到本小组每一位答辩教师手中。答辩时一般先进行抽签，先抽到的同学先进行答辩。答辩时同学们按顺序依次走进答辩室，先用 5 ~10 分钟时间进行论文陈述，讲解论文的写作情况和论文的主要论点。接着，教师们会根据你的论文进行提问，主要考查学生对论文资料的熟悉程度和对相关问题的研究深度，如果学生能流利地回答，则一般会顺利通过答辩。

复习要求

1. 理解学术论文的概念，准确把握学术论文的特点。
2. 理解学术论文和一般议论文、科普文章的区别。
3. 掌握学术论文选题的原则和方法。
4. 掌握学术论文资料收集的方法。
5. 掌握学术论文的基本格式。
6. 试写一篇学术论文。

主要参考文献

[1] 西篱. 商务应用文大全 [M]. 沈阳: 沈阳出版社, 2009.
[2] 刘宏彬. 新编应用文写作教程 [M]. 北京: 新华出版社, 2008.
[3] 刘大林. 现代实用文写作 [M]. 2 版. 成都: 西南财经大学出版社, 2004.